Wiederholen und Überprüfen

Im **Merkkasten** ist das Wichtigste zusammengefasst.

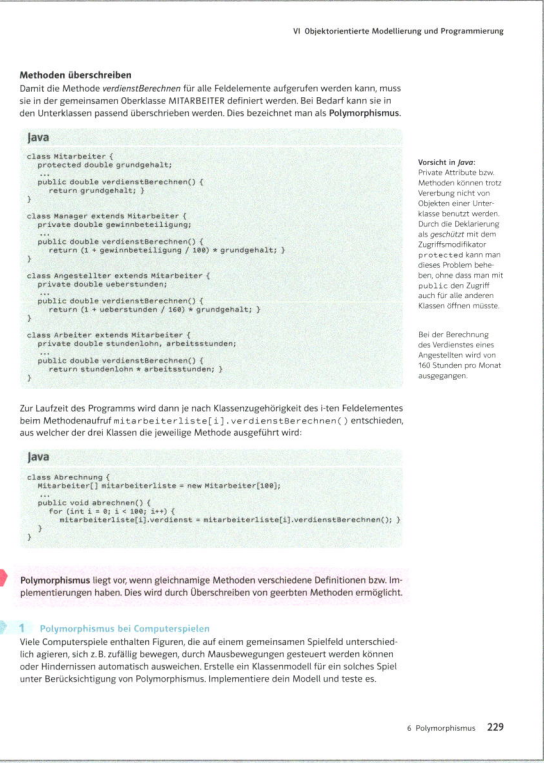

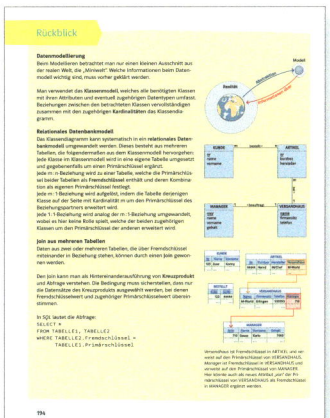

Rückblick

Im Rückblick kannst du schnell nachschlagen, was du im Kapitel gelernt hast.

Training

Am Ende des Kapitels kannst du deinen Wissensstand selbstständig überprüfen. Die Lösungen zu diesen Aufgaben findest du am Ende des Buches.

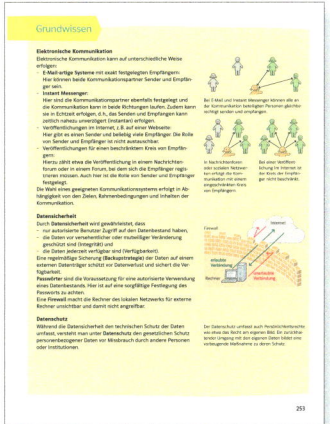

Grundwissen

Am Ende des Buches kannst du die wichtigsten Inhalte aus den vorherigen Schuljahren nachschlagen.

Überblick

Am Ende des Buches sind die wichtigsten Themen zu *SQL*, *Java* und *UML* übersichtlich zum Nachschlagen zusammengefasst und mit Beispielen versehen.

Aufgaben

Beim Lösen der Aufgaben kannst du überprüfen, ob du die Inhalte des Kapitels verstanden hast. Sie behandeln vielfältige und interessante Themen. Am Anfang findest du kurze einfache Aufgaben.
Im weiteren Verlauf werden die Aufgaben etwas schwieriger und umfangreicher.

Symbole

- 八八 Partnerarbeit
- 八八八 Gruppenarbeit
- ⌀ Umfangreiche oder nicht einfach zu „knackende" Aufgaben
- * Aufgaben, die über den Lehrplan hinausgehen

1. Auflage   5 4 3 2 1
                           1 ⁵ ⁴ ³ ² ¹ | 26 25 24 23 22

Autorinnen und Autoren: Prof. Dr. Peter Hubwieser, Alexander Ruf, Dr. Matthias Spohrer, Dr. Markus Steinert, Dr. Siglinde Voß, Ferdinand Winhard

Entstanden in Zusammenarbeit mit dem Projektteam des Verlages.

Titelbild: Getty Images RF (Moment/Image by Catherine MacBride), München
Satz: Andrea Eckhardt, Göppingen; medienwerkstatt adrion, Bietigheim-Bissingen
Druck: PASSAVIA Druckservice GmbH & Co. KG, Passau

Printed in Germany
ISBN 978-3-12-731131-0

Informatik

2 B

Datenbanken
Objektorientierte Programmierung

erarbeitet von

Prof. Dr. Peter Hubwieser
Alexander Ruf
Dr. Matthias Spohrer
Dr. Siglinde Voß
Ferdinand Winhard

Ernst Klett Verlag
Stuttgart · Leipzig

Inhalt

⊕ **Materialien zum Schülerbuch:**
r76yi4

*Dieser Inhalt geht über den Lehrplan hinaus.

V Datenmodellierung und relationale Datenbanksysteme

Die Freiheit, die geht baden dank –
der Einrichtung der Datenbank.

Graffito

Gut geplant ist halb gewonnen

Kompetenzerwartungen

- Datenbestände analysieren und strukturieren, Klassendiagramme modellieren
- Datenmodelle in entsprechende relationale Modelle umsetzen
- Tabellen mit *SQL*-Abfragen verknüpfen
- Redundanzen und Anomalien in einer relationalen Datenbank erkennen

Der Video-Streaming-Anbieter *WatchMe* hat über 200 000 Filme und Serien im Angebot. Diese sollen in einer Datenbanktabelle aufgelistet werden. Erstelle dazu zuerst eine Klassenkarte mit geeigneten Attributen, überführe diese dann in eine Tabelle und überlege dir geeignete Abfragen. Überlege dir Argumente, die dafür bzw. dagegen sprechen, Filme und Serien in unterschiedliche Tabellen aufzunehmen.

Informationen können in Datenbanken strukturiert dargestellt und verwaltet werden. Dabei werden die einzelnen Datensätze in Tabellen gespeichert.

Objekte und Klassen

Der Streaming-Anbieter *HörMich!* bietet Zugriff auf über 40 Millionen Musikstücke. Um einen Überblick über das Angebot zu bekommen, sollen sämtliche Titel in einer Datenbank gespeichert werden.

Jedes Musikstück entspricht einem Objekt mit den Attributen *titel*, *interpret*, *dauer* und *genre* und kann mit seinen Attributwerten in einer Objektkarte dargestellt werden (Fig. 1).

Analog kann jedes Album durch seine Attributwerte als Objekt beschrieben werden. Objekte mit gleichen Attributen legen eine Klasse fest, dargestellt durch eine Klassenkarte (Fig. 2).

song1: SONG
titel = Yesterday
interpret = Beatles
dauer = 125 s
genre = Pop

song4523: SONG
titel = Vincent
interpret = Sarah Connor
dauer = 282 s
genre = Pop

album44: ALBUM
titel = Abbey Road
interpret = Beatles
gesamtzeit = 47 min
genre = Pop
...

album10: ALBUM
titel = Like a Prayer
interpret = Madonna
gesamtzeit = 54 min
genre = Pop
...

Fig. 1

SONG
titel
interpret
dauer
genre

ALBUM
titel
interpret
gesamtzeit
genre
...

Bei der Datenmodellierung werden in den Klassenkarten keine Methoden aufgeführt.

Fig. 2

Tabellen und ihr Schema

Informationen über Objekte einer Klasse können in einer Tabelle angeordnet werden. Dabei bezeichnen die Spaltenüberschriften die Attribute; sie bilden das Schema der Tabelle. Jede Zeile steht für einen Datensatz, der ein einzelnes Objekt repräsentiert.

Primärschlüssel

Schema

Datensatz

SONG				
SongNr	Titel	Interpret	Dauer	Genre
1	Yesterday	Beatles	125	Pop
477	Numb	Linkin Park	185	Rock
3220	Like a Prayer	Madonna	340	Pop
4523	Vincent	Sarah Connor	282	Pop
...	...	...	...	...

Für jedes Attribut muss ein Datentyp festgelegt werden. Ein Attribut, das jeden Datensatz eindeutig identifizieren kann, kann als Primärschlüssel ausgewählt werden. Theoretisch kann es sich dabei auch um eine Kombination von mehreren Attributen handeln, meist wird aber ein künstlicher Schlüssel, z.B. eine Nummer, ergänzt. Dies ist beispielsweise auch in den Tabellen SONG und ALBUM der Fall: Da es mehrere Songs oder Alben mit denselben Titeln und Interpreten geben kann, eignet sich keines der ursprünglichen Attribute als Schlüssel und es wurde jeweils eine Nummer ergänzt. Die Schemata der beiden Tabellen lauten daher:
SONG[*SongNr*: Zahl; *Titel*: Text; *Interpret*: Text; *Dauer*: Zahl; *Genre*: Text]
ALBUM[*AlbumNr*: Zahl; *Titel*: Text; *Interpret*: Text; *Gesamtzeit*: Zahl; *AnzahlTitel*: Zahl; *Genre*: Text; *erschienen*: Zahl]

Zur Kennzeichnung der Schlüssel werden die entsprechenden Attribute oft unterstrichen.

Datentypen werden im Schema häufig weggelassen.

Die meisten Datenbankmanagementsysteme erlauben beim Anlegen der Tabelle eine genauere Bestimmung der Datentypen, beispielsweise ob es sich um ganze oder reelle Zahlen handeln soll oder ob das betreffende Feld beim Einfügen eines neuen Datensatzes auch leer bleiben darf.

Einfache Abfragen

Mithilfe von Abfragen lassen sich Informationen aus Tabellen filtern. Eine Abfrage ist dabei eine dreistellige Funktion, die als Eingabeparameter die betreffende Tabelle, die Bedingung, welche die gesuchten Datensätze erfüllen sollen, sowie die gewünschten Spalten hat. Will man beispielsweise alle Titel von Madonna mit deren jeweiligen Dauer wissen, so lautet der zugehörige Term: Abfrage(SONG; *Interpret* = 'Madonna'; [*Titel, Dauer*])
Fig. 1 zeigt das zugehörige Datenflussdiagramm.

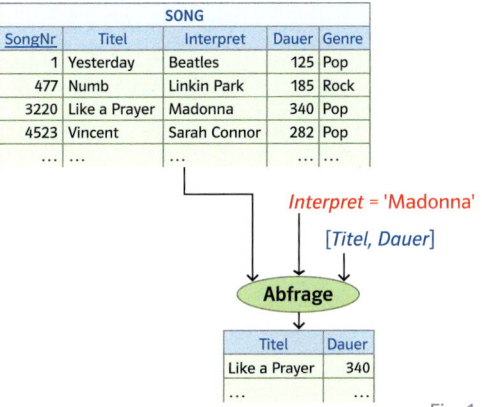

Fig. 1

SQL

Datenbanksysteme nutzen als Abfragesprache meist *SQL* (Structured Query Language). Dabei werden dieselben Informationen wie bei der Funktion Abfrage benötigt:
`SELECT Spaltenliste FROM TABELLE WHERE Bedingung`
Für die obige Abfrage lautet das entsprechende *SQL*-Statement daher:
`SELECT Titel, Dauer FROM SONG WHERE Interpret = 'Madonna'`

M

Ein Objekt wird durch seine Attribute mit den zugehörigen Attributwerten beschrieben. Informationen über Objekte einer Klasse können in einer Tabelle zusammengefasst werden. Dabei bestimmen die Bezeichner der Attribute die Spaltenüberschriften. Jede Zeile entspricht einem Datensatz. Der Primärschlüssel ist oft ein künstliches Attribut und identifiziert jeden Datensatz eindeutig. Mithilfe von Abfragen werden Informationen aus Tabellen gefiltert. Dies wird meist mit der Sprache *SQL* realisiert:
`SELECT Spaltenliste FROM TABELLE WHERE Bedingung`

A ▸ **1** *HörMich!*

Der Streaming-Anbieter *HörMich!* verwaltet auch seine Kunden. Dazu speichert er u. a. Name, Vorname, E-Mail, Kreditkartennummer und den Status, d. h., ob der Nutzer sein Abo aktiviert oder stillgelegt hat.
a) Erstelle eine Klassenkarte und gib das Schema der zugehörigen Tabelle an.
b) Formuliere folgende Abfragen in *SQL*.
   (1) Wer hat das Album „Amarok" veröffentlicht?
   (2) Zeige mir alle Rock-Alben aus dem Jahr 1974.
   (3) Zeige mir alle Interpreten, die den Hit „Sound of Silence" performed haben.
   (4) Zeige mir Name und E-Mail aller ehemaliger Abonnenten.
   (5) Wann ist das Album „… and the beat goes on!" von Scooter erschienen?
   (6) Von welchen Künstlern sind komplette Alben im Angebot? Doppelte Nennungen sollen vermieden werden.

Besondere *SQL*-Abfragen

Als Beispiel dient hier die Tabelle SORTIMENT aus Aufgabe 2.

Will man alle Kategorien angezeigt bekommen, lassen sich mit **DISTINCT** mehrfache Nennungen vermeiden.	`SELECT DISTINCT Kategorie` `FROM SORTIMENT`

Ein Sternchen liefert sämtliche Spalten, sodass man nicht alle aufzählen muss.	`SELECT *`
	`FROM SORTIMENT`
	`WHERE Kategorie = 'Wein'`

Mithilfe von **ORDER BY** lässt sich eine Tabelle sortiert ausgeben. Folgendes Beispiel liefert alle Säfte aufsteigend sortiert nach dem Verkaufspreis.	`SELECT *`
	`FROM SORTIMENT`
	`WHERE Kategorie = 'Saft'`
	`ORDER BY VP`

Bei absteigender Sortierung ergänzt man zum Schluss **DESC**.	`...` `ORDER BY VP DESC`

Sucht man nach einem Teil eines Textes, hilft **LIKE** weiter. Folgende Abfrage liefert alle Artikel, die „müsli" enthalten. Das Prozentzeichen steht dabei als Platzhalter für beliebige Zeichen.	`SELECT *`
	`FROM SORTIMENT`
	`WHERE Artikel LIKE '%müsli%'`

2 Supermarkt I

Ein Supermarkt speichert die Informationen über seine angebotenen Artikel in der Tabelle SORTIMENT. Dabei stehen *EP* bzw. *VP* für den Einkaufs- bzw. Verkaufspreis. Gehe davon aus, dass die Spalten *Gewicht*, *EP*, *VP* und *Bestand* nur Zahlen enthalten.

SORTIMENT								
ArtNr	Artikel	Kategorie	Hersteller	Gewicht	EP	VP	Alkoholisch	Bestand
10110	Schokolade	Süßwaren	Schoggi	100 g	0,44 €	0,89 €	false	40
10111	Schokolade	Süßwaren	Mmmjam	100 g	0,79 €	1,59 €	false	90
13017	Merlot	Wein	Günther Bauch	700 ml	4,47 €	8,99 €	true	74
13018	Shiraz	Wein	Günther Bauch	700 ml	4,86 €	12,49 €	true	68
22025	Haferflocken	Cerealien	Hafercompany	500 g	0,11 €	0,49 €	false	200
22034	Knuspermüsli	Cerealien	Hafercompany	400 g	1,91 €	2,99 €	false	76
22076	Knuspermüsli	Cerealien	Knusper&Co	380 g	1,99 €	2,04 €	false	301
40005	Apfelsaft	Saft	Squeeeeze	1 l	0,91 €	2,99 €	false	390
54491	Butter	Milchprodukte	Alpengold	250 g	0,45 €	1,69 €	false	1200
...	...	...	...	...	...	...	...	...

a) Gib die ursprüngliche Klassenkarte und den Primärschlüssel der Tabelle an.

b) Erläutere die Datentypen. Überlege dir, inwiefern sich *EP* und *VP* problemlos als Zahlen interpretieren lassen und worin die Schwierigkeit bei *Gewicht* liegt.

c) Formuliere die folgenden Abfragen in *SQL*.
   (1) Gib ohne doppelte Nennungen die Hersteller an, von denen Artikel verkauft werden.
   (2) Gesucht sind sämtliche Informationen über die Artikel des Herstellers „Mmmjam".
   (3) Von welchen Artikeln (Angabe von Artikelnummer, Artikel und Bestand) sind weniger als 100 Stück auf Lager?
   (4) Welche Artikel verkauft der Supermarkt mit Verlust?
   (5) Gib alle alkoholischen Lebensmittel aus, absteigend sortiert nach ihrem Bestand.

2 Redundanz und Anomalie

Im Stadtportal der Internetpräsenz der Gemeinde Infohausen gibt es einen Überblick über die aktuell in den verschiedenen Kinos der Stadt gezeigten Filme. Der zuständige Redakteur muss dazu die Spielpläne der verschiedenen Kinos auswerten und in die Tabelle übertragen (vgl. auch einführende Aufgabe auf Seite 48, Band 2A). Überlege dir Vor- und Nachteile der angegebenen Darstellung. Beschreibe Möglichkeiten, die Seite effizienter und weniger fehleranfällig zu gestalten.

In manchen Tabellen werden Daten unnötigerweise mehrfach gespeichert. Dies kann beim Ändern, Löschen oder Einfügen von Daten zu Problemen führen.

Redundanz

In einem Versandhandel werden sämtliche Bestellungen in einer Tabelle mit folgendem Schema gespeichert:

BESTELLUNG[*KdNr*; *Name*; *Vorname*; *Adresse*; *Telefon*; *ArtNr*; *Artikel*; *Preis*; *Anzahl*; *BDatum*].

BESTELLUNG									
KdNr	Name	Vorname	Adresse	Telefon	ArtNr	Artikel	Preis	Anzahl	BDatum
…	…	…	…	…	…	…	…	…	…
123	Mueller	Max	Postweg 8	555180	3434	Hemd	22,90 €	1	12.07.20
123	Mueller	Max	Postweg 8	555180	2827	Jeans	69,95 €	1	12.07.20
123	Mueller	Max	Postweg 8	555180	6001	Rasierer	49,00 €	1	12.07.20
224	Nowak	Beate	Goldstr. 7	555788	3434	Hemd	22,90 €	2	13.07.20
224	Nowak	Beate	Goldstr. 7	555788	1007	Bluse	43,50 €	1	13.07.20
…	…	…	…	…	…	…	…	…	…

Name, Vorname, Adresse und Telefonnummer eines Kunden werden dabei mehrfach gespeichert, wenn dieser mehrere Artikel bestellt. Genauso sind die Bezeichnung und der Preis eines Artikels überflüssig oft aufgelistet, falls dieser von mehreren Kunden geordert wurde. Bei einer solchen Mehrfachspeicherung von Daten spricht man von **Redundanz**.

redundare (lat.): überlaufen, im Überfluss vorhanden sein
redundanter (lat.): allzu wortreich

Redundant gespeicherte Daten verschwenden nicht nur Speicherplatz, sie können bei notwendigen Änderungen zu ernsthaften Problemen in der Datenbank führen. Solche Probleme bezeichnet man als **Anomalien.** Man unterscheidet dabei folgende Fälle.

anomalia (gr.): Unregelmäßigkeit

Der Name UPDATE-Anomalie stammt vom entsprechenden *SQL*-Befehl UPDATE.

UPDATE-Anomalie

Bei einer Änderung von Daten können Datensätze übersehen werden. Zieht beispielsweise der Kunde Nr. 123 vom Postweg 8 in die Hauptstr. 11, so muss der Datenbanknutzer aufpassen, dass er diese Änderung in wirklich jedem Datensatz vornimmt. Wird die Änderung auch nur ein einziges Mal vergessen, so hat Herr Müller plötzlich zwei verschiedene Anschriften (Fig. 1 auf der folgenden Seite). Die Datenbank ist in sich nicht mehr stimmig **(inkonsistent).** Mit **Konsistenz** bezeichnet man die Widerspruchsfreiheit innerhalb der Datenbank. Selbst bei korrekter Durchführung einer Änderung kann bei Millionen von Datensätzen zwischen der ersten und letzten Änderung sehr viel Zeit vergehen. Während dieser Zeit ist die Datenbank zwangsläufig inkonsistent.

consistere (lat.): bestehen aus

Vergleiche zur Konsistenz auch die Info-Box auf Seite 149.

BESTELLUNG									
KdNr	Name	Vorname	Adresse	Telefon	ArtNr	Artikel	Preis	Anzahl	BDatum
...	...	...	...	...	...	...	...	...	...
123	Mueller	Max	Hauptstr. 11	555180	3434	Hemd	22,90 €	1	12.07.20
123	Mueller	Max	Hauptstr. 11	555180	2827	Jeans	69,95 €	1	12.07.20
123	Mueller	Max	Postweg 8	555180	6001	Rasierer	49,00 €	1	12.07.20
224	Nowak	Beate	Goldstr. 7	555788	3434	Hemd	22,90 €	2	13.07.20
224	Nowak	Beate	Goldstr. 7	555788	1007	Bluse	43,50 €	1	13.07.20
...	...	...	...	...	...	...	...	...	...

Fig. 1

DELETE-Anomalie

Nach dem Löschen eines Datensatzes können Informationen verloren gehen, die man später eventuell wieder benötigt. Sollen erledigte Bestellungen nach der vollständigen Bezahlung gelöscht werden, um Speicherplatz zu sparen, würde man hier z. B. auch die Informationen über das Produkt oder den Kunden verlieren, falls diese in keinem weiteren Datensatz vorkommen. Wäre Frau Nowak die einzige Kundin, die die Bluse mit der Artikelnummer 1007 bestellt hat, so würde auch der Preis für diese Bluse gelöscht. Genauso verliert man sämtliche Daten der Kundin, wenn diese alle Bestellungen bezahlt hat.

to delete (engl.): löschen

Der entsprechende SQL-Befehl lautet DELETE.

INSERT-Anomalie

Neue Datensätze lassen sich nicht einfügen, solange Teile des Primärschlüssels nicht bekannt sind. In der Tabelle BESTELLUNG ist der Primärschlüssel aus den Spalten *KdNr*, *ArtNr* und *BDatum* zusammengesetzt. Will der Versandhandel nun ein neues Produkt in sein Sortiment aufnehmen, so ist das nicht möglich, solange niemand dieses Produkt bestellt, da sonst bei *KdNr* und *BDatum* keine Werte eingetragen werden können, was für Bestandteile des Primärschlüssels nicht erlaubt ist (Fig. 2). Analog lässt sich auch ein neuer Kunde nicht in die Datenbank aufnehmen, solange er nichts bestellt hat – sehr zum Nachteil der Firma, wenn sie z. B. an potenzielle Neukunden ihre Werbekataloge verschicken möchte.

to insert (engl.): einfügen

Der entsprechende SQL-Befehl lautet INSERT.

BESTELLUNG									
KdNr	Name	Vorname	Adresse	Telefon	ArtNr	Artikel	Preis	Anzahl	BDatum
...	...	...	...	...	...	...	...	...	...
123	Mueller	Max	Postweg 8	555180	3434	Hemd	22,90 €	1	12.07.20
123	Mueller	Max	Postweg 8	555180	2827	Jeans	69,95 €	1	12.07.20
123	Mueller	Max	Postweg 8	555180	6001	Rasierer	49,00 €	1	12.07.20
224	Nowak	Beate	Goldstr. 7	555788	3434	Hemd	22,90 €	2	13.07.20
224	Nowak	Beate	Goldstr. 7	555788	1007	Bluse	43,50 €	1	13.07.20
???	???	???	???	???	1974	Schuhe	99,95 €	???	???
...	...	...	...	...	...	...	...	...	...

Fig. 2

M Unter **Redundanz** versteht man die Mehrfachspeicherung von Daten. Beim Ändern, Löschen oder Einfügen von Datensätzen können hierbei Probleme auftreten **(Anomalien)**. Man unterscheidet zwischen Delete-, Update- und Insert-Anomalien. Ist die Datenbank ohne Widersprüche, so ist sie **konsistent**, enthält sie Unstimmigkeiten, so ist sie **inkonsistent**.

A **1** **Supermarkt II**

Betrachte die Tabelle SORTIMENT auf Seite 142.

a) Gib an, ob es Redundanzen gibt.

b) Die Firma „Hafercompany" wird von „Knusper & Co" übernommen. Erläutere, welche Anomalien auftreten, wenn deren Produkte aus dem Sortiment genommen bzw. unter dem neuen Herstellernamen weiter vertrieben werden sollen.

2   Tiere suchen ein Zuhause

Gegeben ist folgendes Schema eines Tierheimes, in dem alle vorhandenen Tiere mit ihrem „Wohnort" aufgelistet werden:
TIERHEIM[*Name*; *Rasse*; *Art*; *Alter*; *Geschlecht*; *PlatzNr*; *PlatzTyp*; *Lage*]
PlatzNr bezeichnet die eindeutige Nummer des Schlafplatzes des Tieres, *PlatzTyp* steht für Käfig, Zwinger, Terrarium o.Ä. Mögliche Datensätze sind beispielsweise
[*Ramses*; *Boxer*; *Hund*; *3*; *m*; *31*; *Zwinger*; *draußen*]
oder
[*Mohrle*; *Perser*; *Katze*; *4*; *w*; *12*; *Käfig*; *Zimmer4*].

Tiere mit demselben Namen werden in unterschiedlichen Käfigen gehalten, sodass also (*Name*, *PlatzNr*) als Primärschlüssel angesehen werden kann.

a) Gib an, welche Attribute eventuell redundant gespeichert werden.

b) Finde jeweils drei Beispiele für Anomalien, die in dieser Tabelle auftreten können.

3   Prüfungen

Bei Bachelor-Prüfungen werden die Studierenden in mehreren Fächern von jeweils einem Professor geprüft, wobei jeder Professor auch durchaus mehrere Studierende prüfen kann. Jeder Professor hat sein eigenes Zimmer und gehört zu einem Lehrstuhl. In der Abbildung wird ein Ausschnitt aus der aktuellen Prüfungstabelle wiedergegeben.

Ein Lehrstuhl besteht aus mehreren Professoren, wissenschaftlichen Mitarbeitern, Doktoranden und Diplomanden, die alle in einem bestimmten Teilgebiet der Fakultät forschen. Geleitet wird der Lehrstuhl von einem ausgezeichneten Professor, dem Lehrstuhlinhaber.

PRUEFUNG										
MatrNr	Name	Vorname	Geburts-datum	Fach	Prof	Zimmer	Lehrstuhl	Lehrstuhl-inhaber	Note
12345	Mueller	Max	12.03.2000	Datenbanken	Gauss	12	I3-VS	Hollerith	1,3
12345	Mueller	Max	12.03.2000	Betriebssystem	Thorwald	34	I3-VS	Hollerith	1,0
44331	Niemann	Daniel	07.10.2002	Betriebssystem	Thorwald	34	I3-VS	Hollerith	2,7
44331	Niemann	Daniel	07.10.2002	Algorithmen	Linus	71	I4-PM	Keller	3,3
44331	Niemann	Daniel	07.10.2002	Automaten	Keller	72	I4-PM	Keller	2,3
70928	Reneke	Frauke	04.11.1999	Automaten	Gauss	12	I3-VS	Hollerith	2,3
70928	Reneke	Frauke	04.11.1999	Rechnernetze	Meier	85	I7-PI	Zuse	1,3
…	…	…	…	…	…	…	…	…	…

a) Gib den Primärschlüssel an, wenn kein Studierender in einem Fach mehrmals geprüft wird.

b) Untersuche die Tabelle auf Redundanzen.

c) Finde Beispiele für Anomalien, die beim Bearbeiten der Tabelle auftreten können, und erläutere, wie es dabei zu Inkonsistenzen kommen kann.

4   High Fidelity

Ein Elektronik-Fachmarkt speichert sämtliche Verkäufe in einer Datenbanktabelle mit folgendem Schema:
VERKAUF[*Kundennummer*; *Kundenname*; *Kundenadresse*; *Verkaeufernummer*; *Verkaeufername*; *Warennummer*; *Warenbezeichnung*; *Warentyp*; *Warenpreis*].

a) Erläutere den angegebenen Primärschlüssel.

b) Finde sämtliche Redundanzen, die in diesem Schema auftreten können, und zeige auch die dadurch entstehenden Anomalien an jeweils einem geeigneten Beispiel auf.

Werk	Jahr	Galerie	Kuenstler	Geb.	Geburtsort	Gest	To
Das bunte Leben	1907	Lenbachhaus München	Kandinsky	1866	Moskau	1944	Neu
Murnau – Grüngasse	1909	Lenbachhaus München	andinsky	1866	Moskau	1944	Ne
Improvisation 9	1910	Staatsgalerie Stuttgart	Kandinsky	1866	Moskau	1944	Ne
La Vie	1903	Cleveland Museum of Art	Picasso	1881	Málaga	1973	Mo
Dryade	1908	Eremitage St. Petersburg	Picasso	1881	Málaga	1973	Mo
…	…	…		…	…	…	…

Eine große Kunst-Datenbank enthält die Werke vieler namhafter Künstler. Dabei treten jedoch viele Redundanzen auf. Um diese zu vermeiden, soll die Tabelle einfach in der Mitte geteilt und doppelte Datensätze in den verbleibenden Tabellen sollen gelöscht werden. Erläutere, warum dies keine so gute Idee ist.

Zur Vermeidung von Anomalien und Inkonsistenzen verwendet man Datenbanken mit mehreren kleineren Tabellen anstatt einer großer Tabelle. Damit dabei keine Informationen verloren gehen, entwickelt man Datenbanken mithilfe eines Datenmodells.

Objektbeziehungen

Der Turnverein TV Jahn bietet Sportgruppen in vielen Sportarten an (vgl. Seite 48, Band 2A). Die Information, welches Mitglied in welcher Sportgruppe aktiv ist, stellt man durch ein **Objektdiagramm** dar. Die Objekte werden wie üblich als abgerundete Rechtecke, die Beziehungen durch Verbindungslinien zwischen den Objekten gezeichnet (Fig. 1). Die Leserichtung des Bezeichners für die Beziehung wird mit > markiert.

So sind zum Beispiel Siegfried (Mitgliedsnummer *m354*) und Maria in der Tanzgruppe (Gruppennummer *g12*) aktiv. Maria spielt zudem noch Fußball.

Darüber hinaus betreut Herr Katz (Trainernummer *t31*) die beiden Sportgruppen *g12* und *g32*, Frau Voss dagegen in der aktuellen Saison keine Sportgruppe. Diese Situation wird durch das in Fig. 2 gezeichnete Objektdiagramm wiedergegeben.

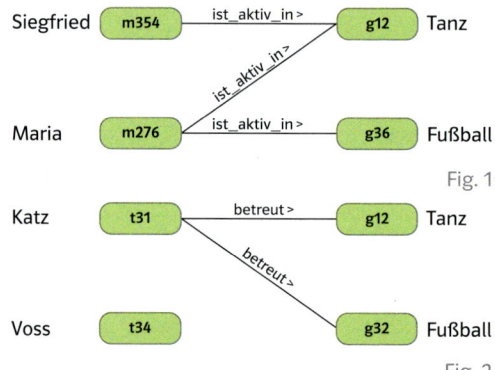

Fig. 1

Fig. 2

Allgemein zeigen Objektdiagramme also bestehende Beziehungen zwischen einzelnen Objekten in einer bestimmten Situation.

Klassenmodell

Klassendiagramme dagegen zeigen, welche Beziehungen die Objekte der betrachteten Klasse prinzipiell eingehen können (Fig. 3). Die einzelnen Klassen werden als Rechtecke, eine Beziehung als Linie notiert. Die Angabe, wie viele Beziehungspartner ein Objekt einer Klasse haben kann, schreibt man an das jeweilige Linienende des Beziehungspartners.

Vergleiche hierzu auch die Info-Box auf Seite 153.

Für „beliebig viele" Beziehungspartner wählt man zwei verschiedene Bezeichner n und m, da die Werte nicht unbedingt gleich sind.

MITGLIED		SPORTGRUPPE		TRAINER
name vorname geschlecht gebDat …	n ist_aktiv_in > m	name sportart geschlecht kursbeitrag …	n < betreut 1	name vorname telNr gebDat …

Fig. 3

1:n-Beziehungen

Ein Trainer kann mehrere oder auch gar keine Sportgruppen betreuen; dies wird im Klassendiagramm mit n auf der Beziehungslinie bei SPORTGRUPPE notiert: Jedem Objekt der Klasse TRAINER können also n (beliebig viele, möglicherweise auch keine) Objekte der Klasse SPORTGRUPPE zugeordnet werden.

Eine Sportgruppe wird von höchstens einem Trainer betreut. Jedes Objekt der Klasse SPORT-GRUPPE hat daher maximal einen Beziehungspartner, was mit der 1 auf der Seite TRAINER festgehalten wird. Die Beziehung *betreut* wird als **1:n-Beziehung** bezeichnet; sie hat die **Kardinalität 1:n**.

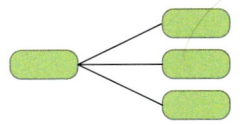

n:m-Beziehung zwischen zwei Klassen

Im TV Jahn kann jedes Mitglied beliebig viele Sportgruppen besuchen. Damit eine Sportgruppe eingerichtet wird, müssen umgekehrt mehrere Mitglieder angemeldet sein, d.h.,
– in einer Sportgruppe sind beliebig viele, also n Mitglieder aktiv,
– ein Mitglied kann in beliebig vielen, also m Sportgruppen aktiv sein.

Im Objektdiagramm können daher auf beiden Seiten von jedem Objekt mehrere Beziehungslinien ausgehen bzw. einlaufen, wie das Beispiel in Fig. 1 auf Seite 146 zeigt. Man spricht von einer **n:m-Beziehung** bzw. einer Beziehung mit **Kardinalität n:m** und notiert sie im Klassendiagramm an den Enden der Beziehungslinie.

Das Symbol n auf der Seite der Mitglieder in Fig. 3 auf Seite 146 kann z.B. durch 8..20 ersetzt werden, wenn jede Sportgruppe mindestens 8 und höchstens 20 Teilnehmer haben soll.

1:1-Beziehungen

Ein Mitglied hat höchstens eine gültige Chipkarte, die ihm individuell Zugang zu seinen Sportstätten ermöglicht. Die Daten der Chipkarten, wie z.B. Kartennummer, Ausgabe- und Ablaufdatum, werden in einer eigenen Tabelle CHIPKARTE gespeichert. Umgekehrt gehört jede Chipkarte höchstens einem Mitglied. Eine **1:1-Beziehung** liegt vor, wenn wie in diesem Fall auf beiden Seiten einer Beziehung höchstens ein Beziehungspartner möglich ist (Fig. 1 und Fig. 2).

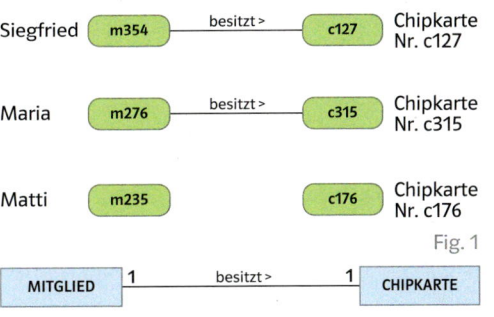

Fig. 1

Fig. 2

Siegfried (Mitgliedsnummer *m354*) besitzt die Chipkarte mit der Nummer *c127*, Maria die Chipkarte mit Nummer *c315*. Das Mitglied m235 hat keine Chipkarte, die Chipkarte c176 gehört noch keinem Mitglied.

Klassendiagramme in Tabellen umwandeln

Ausgehend vom obigen Datenmodell soll für den TV Jahn eine Datenbank erstellt werden. Dazu wird zunächst für jede Klasse eine gleichnamige Tabelle angelegt: MITGLIED, TRAINER, SPORTGRUPPE und CHIPKARTE.

Zur Abbildung der 1:n-Beziehung zwischen TRAINER und SPORTGRUPPE wird der Primärschlüssel der Tabelle TRAINER als neue Spalte *Trainer* in die Tabelle SPORTGRUPPE aufgenommen (Fig. 3). Da das neue Attribut *trainer* auf den Primärschlüssel der „fremden" Tabelle TRAINER verweist, wird es als **Fremdschlüssel** bezeichnet.

Primärschlüssel   Fremdschlüssel   Primärschlüssel

SPORTGRUPPE						TRAINER				
GNr	Name	Sportart	Geschlecht	Kursbeitrag	Trainer	TNr	Name	Vorname	GebDatum	TelNr
g12	Latein	Tanz	offen	25	t31	t31	Katz	Karlo	12.05.1965	2449876
g15	Jazzdance	Tanz	offen	25	t56	t34	Voss	Veronika	03.10.1970	858583
g32	Rock'n'Roll	Tanz	offen	25	t31	t52	Reichhart	Stephen	24.11.1973	6644001
g37	Herren I	Fußball	m	12	t70	t56	Kargl	Michaela	07.08.1988	23343121
…	…	…	…	…	…	…	…	…	…	…

Fig. 3

Um Fremdschlüssel zu kennzeichnen, setzen wir einen Überstrich.

Bei einer 1:1-Beziehung wie zwischen MITGLIED und CHIPKARTE kann frei gewählt werden, in welcher der beiden Tabellen der Fremdschlüssel aufgenommen wird.

Die Behandlung einer m:n-Beziehung wird in Lerneinheit 5 thematisiert (vgl. Seite 161 ff.).

Primärschlüssel   Fremdschlüssel   Primärschlüssel

MITGLIED

MNr	Name	Vorname	Geschlecht	GebDat	Chipkarte
m123	Zuse	Konny	m	23.01.2009	c444
m276	Pascal	Maria	w	01.08.1960	c315
m354	Sieger	Siegfried	m	03.03.1988	c127
m444	Meitner	Lisa	w	24.07.2002	
...	...	...	...	...	...

CHIPKARTE

CNr	Nummer	Ausgabedat	Ablaufdat	ZugangFitness	ZugangHalle1
c127	90127	01.01.2000	31.12.2025	true	true
c315	83888	14.02.2019	13.02.2024	true	false
c501	72000	15.07.2020	14.01.2021	false	true
...	...	...	...	...	...

Hier wurde die Tabelle MITGLIED um die Spalte *Chipkarte* erweitert. Das Attribut *chipkarte* in MITGLIED ist also Fremdschlüssel und verweist auf den Primärschlüssel *CNr* der Tabelle CHIPKARTE. Dabei ist es durchaus möglich, dass manche Mitglieder derzeit keine Chipkarte haben, beispielsweise wenn ihre Mitgliedschaft ruht. Umgekehrt wäre es auch möglich gewesen, die Tabelle CHIPKARTE um eine Spalte mit der Mitgliedsnummer zu erweitern. In diesem Fall hätten alle Chipkarten, die derzeit nicht verwendet werden, keine Einträge im Fremdschlüssel mit der Mitgliedsnummer (und wahrscheinlich auch nicht in den meisten anderen Attributen wie *ausgabedatum*).

M

Das **Klassenmodell** umfasst alle Klassen mit ihren Attributen, dargestellt in jeweils einer Klassenkarte, sowie die Beziehungen zwischen diesen Klassen mit den zugehörigen **Kardinalitäten**.

Im **relationalen Datenbankmodell** wird für jede Klasse eine Tabelle mit den entsprechenden Attributen als Spalten erstellt.
Bei einer Beziehung der Kardinalität 1:n wird die Tabelle der Klasse auf der Seite mit Kardinalität n um eine Spalte erweitert, sodass der Primärschlüsselwert des jeweiligen Beziehungspartners als **Fremdschlüsselwert** eingefügt werden kann.
Bei einer 1:1-Beziehung kann eine beliebige der Tabellen beider Klassen erweitert werden.

A   **1**   **Sportverein**

Ergänze das Klassendiagramm des Sportvereins von Seite 146 um die Klassen ABTEILUNG (jede Sportgruppe gehört zu genau einer Abteilung, z.B. „Volleyball" oder „Turnen") und ABTEILUNGSLEITER. Überlege dir geeignete Attribute für die Klassen sowie Kardinalitäten bei den Beziehungen und gib das zugehörige relationale Datenbankmodell an.

2   **Objekte und Klassen in Grafiken**

a) Liste sämtliche Objekte auf, aus denen die Zeichnung rechts zusammengestellt ist. Beschreibe fünf ausgewählte Objekte, indem du deren Attributwerte in der Punktnotation darstellst, so wie du es in Band 1 bzw. 1A gelernt hast.
Beispiel: *kamin.füllfarbe = schwarz*

b) Ordne jedes Objekt seiner Klasse zu und erstelle zu jeder Klasse eine Klassenkarte mit den passenden Attributen.

c) Finde geeignete Gruppenobjekte und gib jeweils ein Klassendiagramm mit geeigneten Kardinalitäten an, das die Beziehungen zwischen den beteiligten Objekten beschreibt.

3 Objekte und Klassen in Textdokumenten

Gib an, welche Klassen man in Textdokumenten findet, und stelle die Beziehungen zwischen diesen in einem Klassendiagramm mit geeigneten Kardinalitäten dar.

Integritätsbedingungen für Datensätze

Bei der Änderung des Datenbestandes durch Einfügen oder Löschen von Datensätzen muss jederzeit die logische Übereinstimmung der Tabelleninhalte gewährleistet sein. Ein Datenbankmanagementsystem hat die Aufgabe, sowohl die Integrität der Daten als auch die der Beziehungen automatisch zu kontrollieren und bei Bedarf eine Fehlermeldung auszugeben.

Die **Datenintegrität** (Integrität der Daten) beinhaltet beispielsweise, dass es in einer Tabelle keine zwei Datensätze mit gleichem Primärschlüsselwert gibt, dass also die Eindeutigkeit des Primärschlüssels bei allen Änderungen gewährleistet ist oder auch dass Attributwerte nur mit dem im Tabellenschema festgesetzten Wertebereich (Datentyp) belegt werden dürfen. In der Tabelle TRAINER (Fig. 3 auf Seite 147) darf z. B. kein weiterer Datensatz mit *TNr* = 't31' eingefügt werden.

Die **referentielle Integrität** (Integrität der Beziehungen) ist gewährleistet, wenn es zu jedem Fremdschlüssel tatsächlich einen zugehörigen Datensatz mit gleichem Primärschlüsselwert in der referenzierten Tabelle gibt. *Trainer* in der Tabelle SPORTGRUPPE ist Fremdschlüssel und verweist auf *TNr* der Tabelle TRAINER. Jeder Attributwert von *Trainer* in SPORTGRUPPE muss damit auch in der Tabelle TRAINER vorkommen. Sie sind in Fig. 1 gleichfarbig markiert.

Fremdschlüssel, verweist auf *Tnr* von TRAINER

Primärschlüssel von TRAINER

SPORTGRUPPE					
GNr	Name	Sportart	Geschlecht	Kursbeitrag	Trainer
g12	Latein	Tanz	offen	25	t31
g15	Jazzdance	Tanz	offen	25	t56
g32	Rock'n'Roll	Tanz	offen	25	t31
g55	Hockey J1	Feldhockey	m	12	t52
g56	Hockey J2	Feldhockey	m	12	t52
...	...	...	...	...	...

TRAINER				
TNr	Name	Vorname	GebDatum	TelNr
t31	Katz	Karlo	12.05.1965	2449876
t34	Voss	Veronika	03.10.1970	858583
t52	Reichhart	Stephen	24.11.1973	6644001
t56	Kargl	Michaela	07.08.1988	23343121
...	...	...	...	...

Fig. 1

Jedoch leitet nicht jeder Trainer eine Sportgruppe, z. B. Veronika Voss. Deshalb muss nicht jede *TNr* in der Tabelle SPORTGRUPPE vorkommen.

Sicherheit bei der Bearbeitung von Daten

Nicht nur beim Einfügen und Löschen, sondern auch beim Ändern von Datensätzen muss die Integrität des Datenbestandes jederzeit gewährleistet sein. Schwierig erscheint dies, wenn eine Bearbeitung von Daten mehrere Operationen erfordert. So verlässt z. B. Herr Katz den Sportverein und Frau Weidlinger, eine neue Trainerin, übernimmt alle seine Sportgruppen. Dann müssten zugleich drei Datensätze mit den Werten „Katz" (Fig. 1) geändert werden.

Diese Aufgabe kann jedoch automatisch von Datenbankmanagementsystemen gelöst werden. Erst wenn alle zusammengehörigen Operationen erfolgreich durchgeführt worden sind, werden die Änderungen endgültig gespeichert. Treten Fehler auf, kann der alte Datenzustand wiederhergestellt werden („Rollback").

4 Objekte und Klassen in Multimediadokumenten

Eine kleine Präsentation über das Rauchverhalten von Schülern besteht aus nur drei Folien.

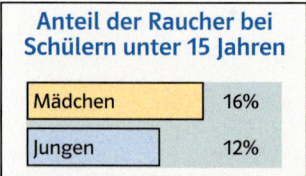
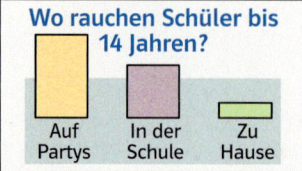

a) Analysiere alle vorkommenden Objekte und zeichne das zugehörige Objektdiagramm.

b) Ordne jedes Objekt seiner Klasse zu und skizziere das Klassendiagramm mit geeigneten Kardinalitäten.

5 Wahlkurs-Organisation I

In einer Schule werden mehrere Wahlkurse angeboten. Jeder Wahlkurs wird von genau einer Lehrkraft geleitet. Eine Lehrkraft kann jedoch mehrere Wahlkurse leiten. Die Beziehung *wird_geleitet_von* hat also die Kardinalität n : 1 (vgl. Klassendiagramm rechts).

a) Erläutere die angegebenen Attribute. Begründe, warum sich zumindest bei LEHRKRAFT kein Attribut als Schlüssel eignet. Erläutere in diesem Zusammenhang die Bedeutung des an den meisten Schulen gebräuchlichen „Lehrerkürzels".

b) Frau Mangold gibt Fotografie und Theater, Herr Meier leitet zwei Chöre und Frau Reiter unterrichtet den Volleyballkurs. Gib zu diesen Vorgaben das zugehörige Objektdiagramm und geeignete Tabellen an.

c) Ergänze jeweils das Schema der Tabellen WAHLKURS und LEHRKRAFT um weitere geeignete Attribute, passend zu deiner Schule. Gib zu beiden Tabellen jeweils wenigstens fünf Datensätze an.

6 Welt der Schlangen

Weltweit gibt es über 3800 verschiedene Arten von Schlangen (Stand: Juli 2020). Jede Schlangenart gehört zu einer bestimmten Familie und jede Schlange ist in einer bestimmten Region beheimatet. Die abgebildete Königskobra gehört beispielsweise zur Familie der Giftnattern und man findet sie vor allem in Süd- und Südostasien.

a) Erstelle zu mindestens fünf verschiedenen Schlangenarten jeweils eine Objektkarte, indem du dir geeignete Attribute überlegst. Erkläre, warum du die Familie als Attribut mit aufnehmen kannst, und erläutere Alternativen.

b) Erstelle zu allen vorkommenden Regionen eine Objektkarte und stelle jeweils Schlangenart und Region in Beziehung zueinander.

c) Erläutere, ob es sich bei „Königskobra" wirklich um ein „Objekt" (im Sinne der Informatik) handelt, wenn doch viele Schlangen (die selten einen Namen haben, außer sie leben im Zoo) zu dieser Gattung gehören.

7 Spende Blut!

Blut spenden kann jeder Gesunde im Alter von 18 bis 73 Jahren, der mindestens 50 kg wiegt.

Vor dem Blutspenden wird jeder Spendenwillige von einem Arzt untersucht und muss einige Fragen beantworten. Wer nach dieser Überprüfung als geeignet eingestuft wird, kann sicher sein, dass er ohne Gefahr für seine eigene Gesundheit etwa einen halben Liter Blut spenden darf.

In einer Datenbank sollen alle Blutspender verwaltet werden.

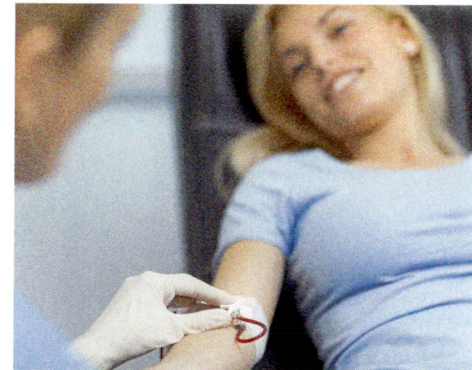

a) Erläutere, welche Daten über die Blutspender wohl von Interesse sind, und erstelle eine passende Klassenkarte.

b) Informiere dich, welche Blutgruppen es gibt und was der Rhesusfaktor bedeutet.

c) Benötigt ein Kranker oder ein Unfallopfer Blut, so darf nicht jede Blutgruppe verwendet werden, da sich einige untereinander nicht vertragen. Erstelle eine grafische Übersicht, welche Blutgruppen untereinander als Spender bzw. Empfänger in Betracht kommen.

d) Erläutere, welche Beziehungen zwischen den Klassen SPENDER und BLUTGRUPPE existieren könnten, und erkläre, inwieweit sich auch die Informationen aus Teilaufgabe c) integrieren lassen.

8 Beziehungskisten I

a) Gib zu den in Fig. 1 angegebenen Klassendiagrammen jeweils die Kardinalitäten an und ergänze die Klassenkarten durch geeignete Attribute.

b) Gib jeweils das zugehörige Datenbankmodell an. Begründe bei den 1:1-Beziehungen, welche Tabelle du erweitern würdest.

(1) LEHRER — leitet > — KLASSE

(2) SCHUELER — gehört_zu > — KLASSE

(3) MUTTER — hat > — KIND

(4) FAHRER — fährt > — TAXI

(5) PLANET — umkreist > — SONNE

Fig. 1

9 Organigramme

Ein Organigramm stellt die (meist hierarchische) Struktur eines Unternehmens oder einer Behörde dar.

a) Betrachte das in Fig. 2 dargestellte Organigramm und erläutere die Objekte und ihre Beziehungen untereinander. Gib an, wie man die Beziehungen bezeichnen und welche Attribute man in den zugehörigen Objektkarten vermerken könnte.

b) 👥 Lade dir von der Webseite des bayerischen Kultusministeriums dessen Organigramm herunter und diskutiere es mit deinem Banknachbarn.

c) Informiere dich über die Schulhierarchie deines Gymnasiums und erstelle ein Organigramm.

Hinweis:
In manchen Zeichenprogrammen gibt es eine Vorlage für Organigramme.

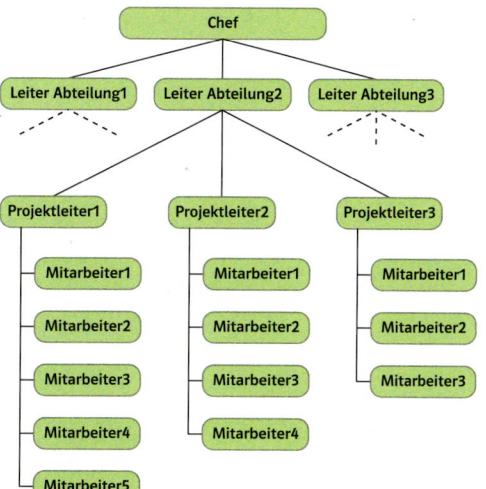

Fig. 2

10 Unternehmensstrukturen

Große Unternehmen haben oft mehrere Tätigkeitsfelder und sind meist sehr hierarchisch strukturiert. Ein großes deutsches Transportunternehmen ist beispielsweise in die Bereiche „Personenverkehr", „Güterverkehr" und „Infrastruktur" aufgeteilt.
Für einen Technologiekonzern soll eine neue Datenbank entwickelt werden. Als Grundlage steht das Klassendiagramm aus Fig. 1 zur Verfügung.
Jeder Mitarbeiter arbeitet in genau einer Abteilung und hat genau einen direkten Vorgesetzten (nicht zwingend den Abteilungsleiter). Jede Abteilung und jeder Bereich werden von genau einem Mitarbeiter geleitet. Nur höher eingestufte Mitarbeiter fahren einen Dienstwagen. Jeder Bereich ist wiederum in mehrere Abteilungen unterteilt, z. B. „Human Resources" oder „IT".

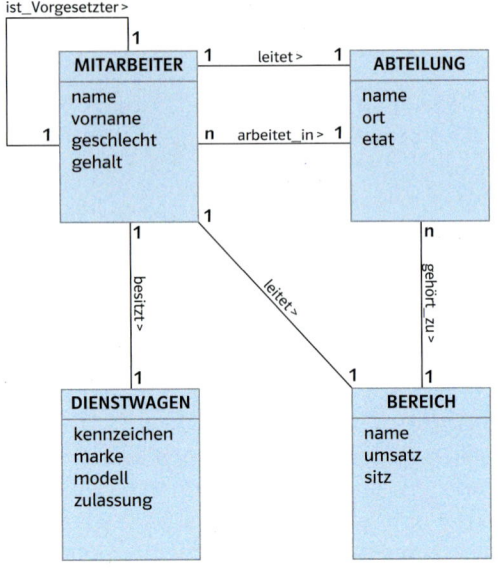

Fig. 1

a) Erläutere die Attribute und weiteren Beziehungen inklusive ihrer Kardinalitäten. Diskutiere, welche Attribute du noch hinzufügen würdest.

b) Begründe, welche Klassen bei der Überführung in ein relationales Datenbankmodell zwingend einen künstlichen Schlüssel benötigen und warum das Hinzufügen eines künstlichen Schlüssels für alle anderen Klassen ebenso sinnvoll ist.

c) Überführe das Klassenmodell in das zugehörige relationale Modell. Begründe, dass bei allen 1:1-Beziehungen in diesem Beispiel jeweils die Erweiterung eines Beziehungspartners deutlich geschickter als die Erweiterung der anderen zugehörigen Tabelle ist.

d) Formuliere folgende Abfragen in *SQL*.
   (1) Liste alle Dienstwagen auf.
   (2) Gesucht sind alle Mitarbeiter mit einem Jahreseinkommen von mindestens 100 000 €.
   (3) Wie hoch ist jeweils der Etat der IT-Abteilung in den verschiedenen Orten?
   (4) Wo hat der Bereich „Home Entertainment" des Unternehmens seinen Geschäftssitz?
   (5) Gib alle Dienstwagen mit Münchner Kennzeichen aus.

11 Beziehungskisten II

In Fig. 2 sind jeweils zwei Klassen mit ihren Beziehungen gezeigt. Gib jeweils möglichst sinnvolle Tabellenschemata für die beteiligten Klassen an.

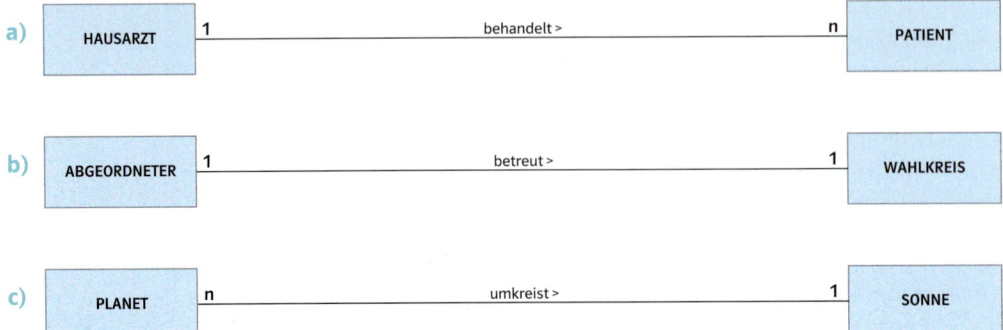

Fig. 2

E-R-Diagramme

Anstelle von Klassendiagrammen (z.B. Fig. 2) werden bei Datenbanken auch öfters „Entity-Relationship-Diagramme" (E-R-Diagramme, Fig. 1) verwendet. Beide unterscheiden sich nicht in ihrem Informationsgehalt, sondern in der äußeren Darstellung (Repräsentation).

entity (engl.): Einheit
relationship (engl.): Beziehung

Jede Entity entspricht einer Klassenkarte und jede Relationship einer Beziehung zwischen diesen. Beziehungen erhalten wie die Klassen einen eindeutigen Bezeichner, der in eine Raute geschrieben wird. Die Attribute der Klassen (und eventuell auch die der Beziehungen) werden in Ellipsen an die Klasse (in einem Rechteck) angefügt.

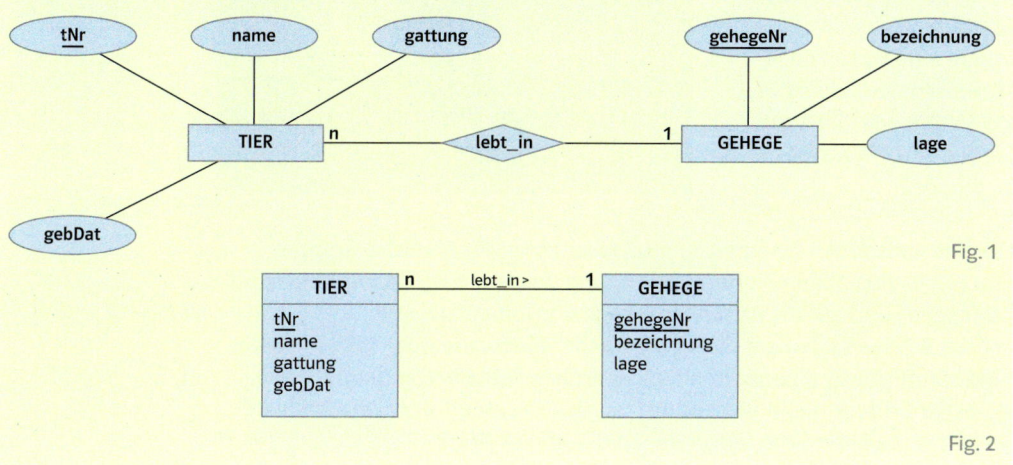

Fig. 1

Fig. 2

12 Tierpark

Im örtlichen Zoo leben viele Tiere verschiedener Gattungen. Jedes Tier wird mit einer bestimmten Nummer gekennzeichnet, bekommt einen Namen, hat ein Geburtsdatum und lebt in einem bestimmten Gehege (bzw. Voliere, Terrarium usw.), von dem wiederum die Lage interessant ist. Im Tierpark arbeiten viele Angestellte, darunter Wärter und Pfleger für die Tiere, aber auch Verwaltungspersonal, Kassierer und Tierärzte.
Jeder Mitarbeiter, von dem neben einer Mitarbeiternummer auch Name, Vorname, Adresse und Gehaltsstufe gespeichert werden sollen, arbeitet in einem bestimmten Bereich bzw. versorgt die Tiere eines Geheges oder mehrerer bestimmter Gehege. Das Futter für die Tiere wird von verschiedenen Lieferanten geliefert. Manche Tiere, z.B. einige Schlangen, benötigen Lebendfutter. Darüber hinaus gibt es im Zoo auch mehrere Imbisse, Verkaufsstände für Süßigkeiten, Hot Dogs und Eis sowie Restaurants für die Besucher. Dazu wurden ebenfalls Mitarbeiter als Verkäufer und Köche eingestellt.

a) Beschreibe alle notwendigen Klassen mit den zugehörigen Attributen in jeweils einer Klassenkarte. Ergänze gegebenenfalls noch weitere sinnvolle Attribute und unterstreiche den Primärschlüssel.

b) Modelliere das Klassendiagramm und beschrifte alle notwendigen Klassenbeziehungen. Gib auch die zugehörigen Kardinalitäten an.

c)* Zeichne zum Vergleich das zugehörige Entity-Relationship-Diagramm.

Zur Lösung der Aufgabe 12 c) ist die Info-Box nötig.

13 Freizeitaktivitäten

Jeder eurer Mitschüler kann – wie ihr selbst – als Objekt mit den Attributen *name, vorname, geburtsdatum* und *ort* angesehen werden.

a) Erstelle auf einem Blatt Papier oder einer Karteikarte eine persönliche Objektkarte von dir mit oben angegebenen Attributen und den zugehörigen Werten. Die Karte selbst soll den Bezeichner *SchülerX* erhalten, wobei das *X* durch die entsprechende Nummer (Position) auf der Klassenliste zu ersetzen ist.

Natürlich kannst du auch fiktive Werte aufschreiben.

b) 👥 Tragt zusammen, in welchen Gruppen, Wahlkursen oder Vereinen ihr euch in eurer Freizeit engagiert (z. B. Schulchor, Jugendgruppe oder Fußballverein). Erstellt zu jeder Gruppe eine Objektkarte mit folgenden Attributen: *gruppenname, träger* (z. B. Schule, Verein oder Kirche), *art, termine* und *leiter*. Vergebt als Bezeichner *gruppe1, gruppe2* …

Hinweis:

Falls die Anzahl der verschiedenen Gruppen zu groß wird, könnt ihr ähnliche Gruppen jeweils zusammenfassen, eine allgemeinere Bezeichnung wählen (z. B. *Fußballverein* statt *Fußball SV Jahn, B-Jugend*) und auf die Attribute *termine* und *leiter* verzichten.

c) 👥 Heftet sämtliche Schülerkarten auf die eine Seite der Pinnwand oder Tafel in eurem Klassenzimmer und sämtliche Gruppenkarten auf die andere Seite. Verbindet mit Fäden bzw. Kreide Schüler und Gruppe, die in Beziehung zueinander stehen, also jede Schülerin und jeden Schüler mit sämtlichen Gruppen, in denen diese(r) aktiv ist.

14 ✎ Der deutsche Bundestag

Der Deutsche Bundestag setzt sich aus mehreren hundert Abgeordneten zusammen, die alle höchstens einer Fraktion angehören. Jede Fraktion hat eine eindeutige Bezeichnung, eine Postadresse und einen oder mehrere Abgeordnete als Vorsitzende. Der Vorsitzende des Bundestags ist der Bundestagspräsident; vertreten wird dieser von mehreren Vizepräsidenten. Der Bundestag beschließt Bundesgesetze. Diese haben eine Nummer, eine genaue Bezeichnung und ein Beschlussdatum.

a) Erstelle geeignete Klassenkarten und ergänze gegebenenfalls noch fehlende Attribute. Unterstreiche den Primärschlüssel.

b) Zeichne ein möglichst umfassendes Klassendiagramm.

c) In Fig. 1 sind neben dem Bundestag auch die weiteren Bundesorgane und deren Beziehungen untereinander dargestellt. Erläutere das Diagramm. Gib mögliche Klassenkarten und ihre Attribute an.

d) Versuche, das Diagramm, soweit möglich, in ein Klassendiagramm zu übersetzen. Überlege dir hierbei auch, wie die Kardinalitäten aussehen müssten.

Fig. 1

Fraktion: Mindestens fünf Prozent der Mitglieder des Bundestags, die derselben Partei oder solchen Parteien angehören, die aufgrund gleich gerichteter politischer Ziele in keinem Bundesland miteinander im Wettbewerb stehen, können eine Fraktion bilden.

Gibt es Schülerinnen oder Schüler in eurer Klasse mit Initialen, die nur aus den Buchstaben auf den Kugeln aus den beiden Bechern gebildet werden können? Wie viele verschiedene Initialen könnten mit den angegebenen Buchstaben auf diese Weise kombiniert werden?

Für bestimmte Fragestellungen müssen Daten aus mehreren Tabellen zusammengeführt werden. Dazu gibt es spezielle Abfragen, die diese Tabellen verknüpfen.

Verknüpfung zweier Tabellen

Die Schulküche preist ihre Vielfalt an Mittagsmenüs an. Man kann täglich zwischen sechs verschiedenen Menüs wählen. Ein genauerer Blick auf die Speisekarte zeigt jedoch, dass immer nur drei verschiedene Suppen und zwei verschiedene Hauptgerichte zur Auswahl stehen.

Ein Mittagsmenü besteht aus Suppe und Hauptgericht. Kombiniert man jede der drei Suppen mit jedem der zwei Hauptgerichte, so ergeben sich insgesamt $3 \cdot 2 = 6$ Möglichkeiten (Baumdiagramm in Fig. 1).

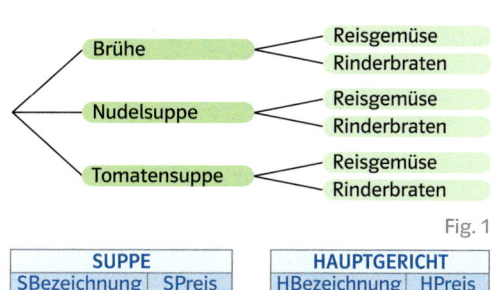

Fig. 1

Das **Kreuzprodukt (kartesische Produkt)** ist eine Funktion, die zwei Tabellen mit n bzw. m Datensätzen in eine Tabelle mit $n \cdot m$ Datensätzen abbildet. Dabei wird jeder Datensatz der ersten Tabelle der Reihe nach mit jedem Datensatz der zweiten Tabelle verknüpft. Die Spalten der Ergebnistabelle ergeben sich aus der Aneinanderreihung der Spalten beider Eingabetabellen.
In Fig. 2 werden durch das Kreuzprodukt SUPPE × HAUPTGERICHT zwei Tabellen mit 3 bzw. 2 Datensätzen in eine Tabelle mit $3 \cdot 2 = 6$ Datensätzen abgebildet. Die Anzahl der Spalten ergibt sich zu $2 + 2 = 4$.

SUPPE	
SBezeichnung	SPreis
Brühe	1,50
Nudelsuppe	2,70
Tomatensuppe	3,90

HAUPTGERICHT	
HBezeichnung	HPreis
Reisgemüse	6,60
Rinderbraten	9,30

Kreuzprodukt

SBezeichnung	SPreis	HBezeichnung	HPreis
Brühe	1,50	Reisgemüse	6,60
Brühe	1,50	Rinderbraten	9,30
Nudelsuppe	2,70	Reisgemüse	6,60
Nudelsuppe	2,70	Rinderbraten	9,30
Tomatensuppe	3,90	Reisgemüse	6,60
Tomatensuppe	3,90	Rinderbraten	9,30

MENUE

Fig. 2

Abfrage mit zwei Tabellen

Die Funktion Abfrage von Seite 141 kann nicht nur eine einzelne Tabelle, sondern auch zwei oder mehr Tabellen verarbeiten. Dabei wird zuerst immer das Kreuzprodukt der Eingabetabellen gebildet. In der Abfragesprache *SQL* werden die beiden abgefragten Tabellen hinter dem Wort FROM durch ein Komma getrennt notiert. Die Abfrage zur Ausgabe der Kreuzprodukttabelle aus den Tabellen SUPPE und HAUPTGERICHT von Fig. 2 lautet demnach beispielsweise:

```
SELECT *
FROM SUPPE, HAUPTGERICHT
```

Durch die Angabe * im SELECT-Befehl werden sämtliche Attribute aufgelistet (vgl. Info-Box auf Seite 60, Band 2A).

Auswahl sinnvoller Datensätze

Eine Bibliothek verleiht Exemplare verschiedener Medien (Bücher, CDs, DVDs …). Jedes einzelne Medium ist durch eine eindeutige *MedienNr* identifizierbar, Kunden sind durch ihre *KundenNr* registriert (Fig. 1). Sie können gleichzeitig beliebig viele Medien ausleihen.

MEDIUM			
MedienNr	Art	Titel	Entleiher
m00420	Buch	Emil und die Detektive	k0468
m01421	Buch	Griechische Sagen	k0468
m00015	CD	Italienisch sprechen lernen	–
m21220	DVD	Die drei Helden	k0053
…	…	…	…

KUNDE			
KundenNr	Name	Vorname	TelNr
k0053	Vogel	Bernhard	4791
k0468	Müller	Marina	12480
k1435	Hart	Caroline	7736
…	…	…	…

Fig. 1

Die Klassen KUNDE und MEDIUM stehen über die Ausleihe in Beziehung zueinander. Welcher Kunde gerade welche Medien ausgeliehen hat, wird über den Fremdschlüssel *Entleiher* in der Tabelle MEDIUM ausgedrückt. Dieser verweist auf den Primärschlüssel *KundenNr* der Tabelle KUNDE und legt damit die Beziehung *hat_ausgeliehen* fest. In der dargestellten Situation (Fig. 2) ist diese Beziehung in drei Fällen realisiert.

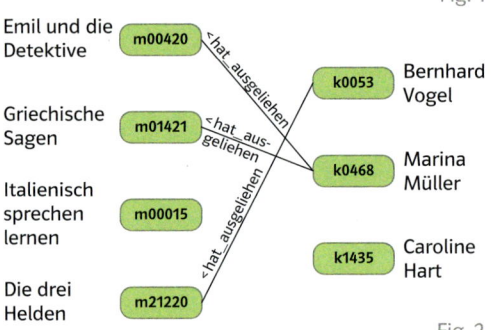

Fig. 2

Wenn man eine Liste der ausgeliehenen Medien mit den zugehörigen Namen der Entleiher anzeigen lassen will, müssen Informationen aus beiden Tabellen miteinander kombiniert werden. Dabei ist nicht jede mögliche Kombination sinnvoll, weil nicht jeder Kunde jedes Medium ausgeliehen haben kann. Sinnvoll sind nur diejenigen Kombinationen, bei denen jeweils der Wert des Fremdschlüssels *Entleiher* in der Tabelle MEDIUM mit dem Wert des Primärschlüssels *KundenNr* der Tabelle KUNDE übereinstimmt. Die Bedingung lautet hier also *Entleiher = KundenNr*. Eine sinnvolle Kombination bilden z.B. das Buch *Emil und die Detektive* und die Kundin *Marina Müller*, da sie dieses Buch gerade ausgeliehen hat. Diese gesamte Operation bezeichnet man als **Join** zweier Tabellen.

to join (engl.): verbinden, zusammenfügen

Uneindeutige Spaltenbezeichner bei verknüpften Abfragen

Besitzen bei der Verknüpfung von Tabellen mehrere Tabellen denselben Spaltenbezeichner, so muss bei Abfragen deutlich gemacht werden, welche Spalte gemeint ist. In Aufgabe 10 auf Seite 160 besitzen beispielsweise die Spalte *Name*. Will man etwa die Hauptstädte aller Bundesländer wissen, dann ist in der Abfrage `SELECT Name FROM BUNDES- LAND, STADT WHERE Hauptstadt = Nr` nicht klar, ob der Name des Bundeslandes oder der Stadt gesucht ist. Daher muss zusätzlich die Tabelle angegeben werden:

```
SELECT STADT.Name
FROM BUNDESLAND, STADT
WHERE BUNDESLAND.Hauptstadt = STADT.Nr
```

oder kürzer

```
SELECT S.Name
FROM BUNDESLAND B, STADT S
WHERE B.Hauptstadt = S.Nr
```

Bei eindeutigen Spaltenbezeichnern (wie in der Join-Bedingung *Hauptstadt = Nr*) kann auf die Angabe der mit einem Punkt vorangestellten Tabellennamen auch verzichtet werden.

TABELLE1.Fremdschlüssel = TABELLE2.Primärschlüssel

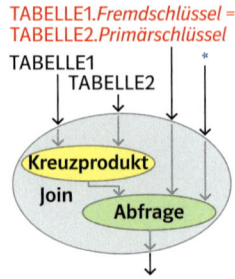

Man kann sich die Bildung des Joins zweier Tabellen als Hintereinanderausführung eines Kreuzproduktes und einer passenden Abfrage vorstellen. Fig. 1 zeigt das zugehörige Datenflussdiagramm des Beispiels.

MEDIUM

MedienNr	Art	Titel	Entleiher
m00420	Buch	Emil und die Detektive	k0468
m01421	Buch	Griechische Sagen	k0468
m00015	CD	Italienisch sprechen lernen	–
m21220	DVD	Die drei Helden	k0053

KUNDE

KundenNr	Name	Vorname	TelNr
k0053	Vogel	Bernhard	4791
k0468	Müller	Marina	12480
k1435	Hart	Caroline	7736

Kreuzprodukt

MedienNr	Art	Titel	Entleiher	KundenNr	Name	Vorname	TelNr
m00420	Buch	Emil und die Detektive	k0468	k0053	Vogel	Bernhard	4791
m00420	Buch	Emil und die Detektive	k0468	k0468	Müller	Marina	12480
m00420	Buch	Emil und die Detektive	k0468	k1435	Hart	Caroline	7736
m01421	Buch	Griechische Sagen	k0468	k0053	Vogel	Bernhard	4791
m01421	Buch	Griechische Sagen	k0468	k0468	Müller	Marina	12480
m01421	Buch	Griechische Sagen	k0468	k1435	Hart	Caroline	7736
m00015	CD	Italienisch sprechen lernen	–	k0053	Vogel	Bernhard	4791
m00015	CD	Italienisch sprechen lernen	–	k0468	Müller	Marina	12480
m00015	CD	Italienisch sprechen lernen	–	k1435	Hart	Caroline	7736
m21220	DVD	Die drei Helden	k0053	k0053	Vogel	Bernhard	4791
m21220	DVD	Die drei Helden	k0053	k0468	Müller	Marina	12480
m21220	DVD	Die drei Helden	k0053	k1435	Hart	Caroline	7736

Das Kreuzprodukt kombiniert jedes Medium mit jedem Kunden, auch mit denjenigen, die das Medium nicht ausgeliehen haben!

Entleiher = KundenNr *

Abfrage

MedienNr	Art	Titel	Entleiher	KundenNr	Name	Vorname	TelNr
m00420	Buch	Emil und die Detektive	k0468	k0468	Müller	Marina	12480
m01421	Buch	Griechische Sagen	k0468	k0468	Müller	Marina	12480
m21220	DVD	Die drei Helden	k0053	k0053	Vogel	Bernhard	4791

Es sind nur die Kombinationen sinnvoll, die tatsächlich eine Beziehung eingehen. Das sind die Objektpaare, die in Fig. 2 auf Seite 156 durch eine Beziehungslinie verbunden sind.

Fig. 1

Joins in Abfragen

In der Abfragesprache *SQL* wird die Bedingung zur Auswahl von Datensätzen wie üblich hinter WHERE angegeben. Die *SQL*-Abfrage passend zu Fig. 1 lautet:

```
SELECT *
FROM MEDIUM, KUNDE
WHERE Entleiher = KundenNr
```

Das **Kreuzprodukt** TABELLE1 × TABELLE2 bildet aus zwei Tabellen eine neue Tabelle, in der jeder Datensatz der ersten Tabelle mit jedem Datensatz der zweiten Tabelle verknüpft ist.

Der **Join** entsteht durch Hintereinanderausführung eines Kreuzproduktes und einer Abfrage, die nur die Zeilen des Kreuzproduktes mit den Daten der korrekten Beziehungspartner ausgibt. Bei diesen stimmen die Werte des Fremdschlüssels mit den Werten des zugehörigen Primärschlüssels überein.

1 **Neue Menüs**

a) Das Kreuzprodukt VORSPEISE × HAUPTGERICHT hat insgesamt 24 Datensätze. Bestimme, wie viele Vorspeisen und Hauptgerichte jeweils möglicherweise angeboten werden.

b) Erläutere, wie viele Vorspeisen, Hauptgerichte und Nachspeisen jeweils im Angebot sein können, wenn das Kreuzprodukt VORSPEISE × HAUPTGERICHT × DESSERT insgesamt 48 Datensätze hat.

2 Routenplaner

Eine Wandergruppe plant eine Route, die aus zwei Etappen bestehen soll. Bis zur Mittelstation stehen je nach Schwierigkeitsgrad vier Wanderwege zur Verfügung. Nach einer Stärkung soll es auf einem der drei Pfade weiter bis zum Gipfel gehen. In zwei Tabellen sind die Routen zur Mittelstation bzw. von der Mittelstation zum Gipfel beschrieben. Bestimme alle möglichen Routen von unten zum Gipfel und deren Anzahl. Formuliere eine *SQL*-Abfrage, die alle möglichen Routenbeschreibungen ausgibt.

3 Dinner for two

Julius möchte seiner Freundin Annika ein Abendessen mit drei Gängen anbieten. Da er jedoch nur über mangelhafte Kochkenntnisse verfügt, will er das Menü bei einem Catering-Service bestellen. Dieser bietet drei verschiedene Suppen, zwei Hauptgerichte und vier Nachspeisen zur Auswahl.

Gib die Anzahl der Möglichkeiten an, alle möglichen Menüs in einer neuen Tabelle auszugeben.

Realisiere das Kreuzprodukt mit den Vorschlägen für die Suppen, Hauptgerichte und Nachspeisen aus der Abbildung in deinem Tabellenkalkulationssystem (!) und ergänze dein Tabellenblatt um eine Spalte, in der die jeweiligen Gesamtkosten für jedes Menü aufgelistet sind.

SUPPE	
SBezeichnung	SPreis
Brühe	1,50
Nudelsuppe	2,70
Tomatensuppe	3,90

HAUPTGERICHT	
HBezeichnung	HPreis
Reisgemüse	6,60
Rinderbraten	9,30

NACHSPEISE	
NBezeichnung	NPreis
Tiramisu	3,90
Zabaione	3,90
Schokopudding	2,55
Panna Cotta	5,40

4 Volleyball-Bundesliga

In der 1. Volleyball-Bundesliga wird der Deutsche Meister der Frauen wie folgt ermittelt (Stand: Saison 2020/21). Zuerst wird eine Hauptrunde mit Hin- und Rückspiel zwischen allen beteiligten Mannschaften gespielt. Anschließend erfolgen die Playoffs der besten acht Mannschaften mit Viertelfinale (Modus „best of three"), Halbfinale („best of three") und Finale („best of five"). In der Tabelle LIGA1[*MNr*; *Name*; *Trainer*] sind sämtliche teilnehmenden Mannschaften gespeichert.

a) Informiere dich im Internet über die Mannschaften der Hauptrunde in der aktuellen Saison. Erstelle eine Datenbank mit den betreffenden Datensätzen für die angegebene Tabelle LIGA1.

b) Erstelle das Kreuzprodukt LIGA1 × LIGA1, also der Tabelle mit sich selbst. Gib an, wie viele Datensätze die neue Tabelle erhält.

c) Angenommen, die durch das Kreuzprodukt generierte Tabelle soll den Spielplan für die Hauptrunde repräsentieren. Erläutere, inwieweit es hier Unstimmigkeiten gibt und wie sich diese beseitigen lassen.

d) Formuliere in *SQL* eine Abfrage, die als Ergebnis eine geeignete Tabelle für die Hauptrunde mit Hin- und Rückspiel liefert.

Manchmal muss man Tabellen Alternativnamen geben, um zwischen gleichlautenden Tabellen innerhalb einer *SQL*-Abfrage unterscheiden zu können. Oft wird dies auch gemacht, um Schreibarbeit zu sparen. Eine Abfrage zu den Tabellen von Seite 155 könnte dann wie folgt lauten (vgl. auch Info-Box auf Seite 156):

```
SELECT *
FROM SUPPE S,
  HAUPTGERICHT H
WHERE S.SPreis <
  3 AND
  H.HPreis < 7
```

5 Kleider machen Leute

Gegeben ist die Tabelle ANZUG, welche aus der Hintereinanderausführung zweier Kreuzprodukte entstanden ist.

ANZUG											
Hemd	HHersteller	HGroesse	HPreis	Sakko	SHersteller	SGroesse	SPreis	Hose	HoHersteller	HoGroesse	HoPreis
Earl's Choice	Earl Exquisit	4	120,00 €	Adam	C & H	5	230,00 €	Adam	C & H	32/32	220,00 €
Earl's Choice	Earl Exquisit	4	120,00 €	Adam	C & H	6	230,00 €	Adam	C & H	32/32	220,00 €
Earl's Choice	Earl Exquisit	4	120,00 €	Business 1	Earl Exquisit	5	510,00 €	Adam	C & H	32/32	220,00 €
Earl's Choice	Earl Exquisit	4	120,00 €	Business 1	Earl Exquisit	6	510,00 €	Adam	C & H	32/32	220,00 €
Metropolitan	Walter	4	143,00 €	Adam	C & H	5	230,00 €	Adam	C & H	32/32	220,00 €
...	...	...	...	...	...	...	...	...	...	...	...

a) Bestimme die ursprünglichen Tabellen und gib jeweils das Tabellenschema an.
b) Erläutere den Primärschlüssel von ANZUG.
c) Ein Kunde möchte nur die Kombinationsmöglichkeiten angezeigt bekommen, die seiner Größe entsprechen (Hemd und Sakko: 5, Hose: 34/34). Gib die zugehörige *SQL*-Abfrage an.

6 Becherspiele

Beim Schulbasar möchte die Klasse 9a folgendes Glücksspiel anbieten:
Sie hat insgesamt k Becher aufgestellt, die $m_1, m_2, \ldots, m_k$ durchnummerierte Kugeln enthalten. Es soll aus jedem Becher blind eine Kugel gezogen und vor diesem abgelegt werden. Bestimme die Anzahl der Möglichkeiten und die Wahrscheinlichkeiten, genau eine bestimmte Kombination zu erraten.

7 Abfragen in der Bibliothek

Formuliere für die Datenbank der Bibliothek von Seite 156 die Abfrage in *SQL*:
a) Liste alle Bücher auf.
b) Gesucht sind die Telefonnummern aller Kunden mit Namen „Müller".
c) Gesucht sind Art und Titel der Medien, welche Marina Müller ausgeliehen hat.
d) Wer (Name, Vorname und Telefonnummer sind gewünscht) hat das Buch „Emil und die Detektive" ausgeliehen.
e) Gesucht sind die Namen aller Kunden, die sich DVDs ausgeliehen haben.

8 Vulkane

In der Tabelle VULKAN[*Name*; $\overline{Ort}$; *Hoehe*; *Typ*; *Ausbruch*] soll man eine Großzahl erloschener und aktiver Vulkane der Erde finden. Unter *Ausbruch* soll das Jahr des letzten bekannten Ausbruches gespeichert werden. Die Tabelle ORT[*Nr*; *Name*; *Land*; *Klima*; *Bewohner*] gibt Auskunft über verschiedene Orte und Regionen unseres Planeten.

Hinweis:
Beachte die Info-Box auf Seite 156.

Ort in VULKAN ist Fremdschlüssel und verweist auf den Primärschlüssel *Nr* in ORT. Bestimme zu folgenden Fragen das passende *SQL*-Statement und versuche auch, die Ergebnisse herauszufinden.

a) Wann war der letzte Ausbruch des Ätna?
b) Wo (Name des Ortes) liegt der Mayon?
c) In welchem Land liegt der Merapi?
d) Wo (Länder) findet man „Schildvulkane"?
e) Welche Vulkane findet man in den USA?
f) Welche Vulkane sind höher als 3000 m?
g) Wie viele Bewohner sind durch den Vesuv gefährdet?

9 Biathlon

Beim Massenstart im Biathlon starten alle
Läufer gleichzeitig. Bei den Damen werden
12,5 km gelaufen, bei den Herren 15 km und
es wird jeweils zweimal liegend und stehend
geschossen. Jeder Fehlschuss wird mit einer
150 m langen Strafrunde bestraft.
Bei einem Massenstart wird in einer Tabelle
ZEIT[*LaeuferNr*; *Gesamtzeit*] die Gesamtzeit
der Läufer gespeichert (inklusive der Zeiten
für die Strafrunden), in einer weiteren Tabelle FEHLER[*LaeuferNr*; *Anzahl*] soll die Anzahl
der Fehlschüsse aufgeschrieben werden.

a) Gib das Schema der Tabelle an, die beide Tabellen ZEIT und FEHLER sinnvoll miteinander
   kombiniert.
b) Begründe, warum das Kreuzprodukt ZEIT × FEHLER unsinnige Ergebnisse liefern würde.
c) Bestimme die *SQL*-Anweisung, welche die sinnvolle Kombination der Tabellen liefert.
d) In einer Tabelle LAEUFER[*Nr*; *Name*; *Vorname*; *Nationalitaet*] werden alle Daten der Teilnehmer des Wettkampfes gespeichert. Gib die die *SQL*-Abfrage an, die alle Tabellen sinnvoll miteinander kombiniert.
e) Bestimme mithilfe einer geeigneten *SQL*-Anweisung die Anzahl der Fehlschüsse vom
   Läufer mit dem Namen „Angermaier".

10 Bund und Länder III

Gegeben sind die Tabellen BUNDESLAND
und STADT (Fig. 1).

a) Erläutere die Attribute bezüglich Datentyp, Wert und Einheit in BUNDESLAND.
b) Wie viele Einwohner hat die Hauptstadt
   von Hessen? Erstelle die *SQL*-Abfrage.
c) Gib mithilfe einer geeigneten *SQL*-Abfra-
   ge alle Informationen über sämtliche
   Stadtstaaten aus.

BUNDESLAND			
Name	Hauptstadt	Flaeche	Einwohner
Baden-Württemberg	77	35751	11070
Bayern	56	70542	13125
...	...	...	...

STADT		
Nr	Name	Einwohner
1	Aachen	249000
2	Aalen	68000
...	...	...

Fig. 1

11 Wie süß!

Betrachte die Tabellen SUESSES (1023 Datensätze) und HERSTELLER (72 Datensätze).

SUESSES					
PNr	Name	Art	Packungs-groesse_gr	Zucker-Pro100g	Hersteller
p2344	Alpenschmelz Nougat	Schokolade	100	42	h210
p2345	Alpenschmelz Zartbitter	Schokolade	100	29	h210
p2346	Alpenschmelz Mandel	Schokolade	100	38	h210
p4441	KandyKing	Kaubonbons	250	78	h300
p4770	Hexenkraft Soft	Gummibärchen	200	65	h404
...	...	...	...	...	...

HERSTELLER			
HNr	Name	Firmensitz	Land
h210	Alpengold	Garmisch	D
h255	Mmmjam	Prag	CZ
h300	Candy&Co	Brügge	NL
h339	Tak	Kopenhagen	DK
h404	Nic-Hex	München	D
...	...	...	...

a) Gib das zugrunde liegende Klassendiagramm an.
b) Erläutere, wie viele Datensätze die Tabelle hat, die durch einen Join der Tabellen entsteht.
c) Gib folgende Abfragen in *SQL* an.
   (1) Welche Süßigkeiten werden in Deutschland produziert?
   (2) Welche Hersteller produzieren Schokolade?
   (3) Welche Firmen haben Produkte mit einem Zuckeranteil von über 66 % im Sortiment?
   (4) Bei welchen Produkten hat man mehr als 100 g Zucker gegessen, wenn man die ganze
       Packung auf einmal isst?

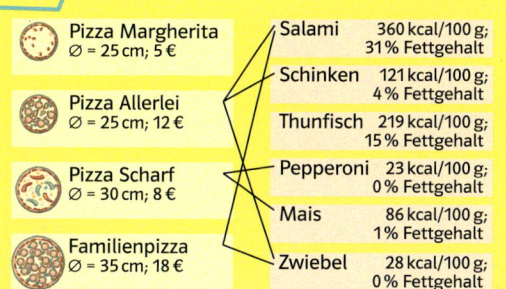

Pizza Margherita
Ø = 25 cm; 5 €

Pizza Allerlei
Ø = 25 cm; 12 €

Pizza Scharf
Ø = 30 cm; 8 €

Familienpizza
Ø = 35 cm; 18 €

Salami   360 kcal/100 g; 31 % Fettgehalt

Schinken   121 kcal/100 g; 4 % Fettgehalt

Thunfisch   219 kcal/100 g; 15 % Fettgehalt

Pepperoni   23 kcal/100 g; 0 % Fettgehalt

Mais   86 kcal/100 g; 1 % Fettgehalt

Zwiebel   28 kcal/100 g; 0 % Fettgehalt

Beim Pizzabäcker Guiseppe sollen die Gäste über eine Datenbank Informationen über angebotene Pizzen und deren Belag einholen können. Es gibt verschiedene Pizzen und unterschiedliche Beläge. Welche Zutaten nun zusätzlich zu Tomate und Käse auf welcher Pizza sind, hat Guiseppe vorerst durch Linien symbolisiert. Jetzt muss er nur noch die Informationen in Tabellen umsetzen. Wie viele Tabellen wird er brauchen? Welche Datenspalten wird er festlegen?

Nicht nur Attributwerte von Objekten einer Klasse, sondern auch Beziehungen zwischen zwei Objekten können als Datensätze in einer Tabelle gespeichert werden.

n:m-Beziehung zwischen zwei Klassen

Wie auf Seite 147 beschrieben besteht zwischen den Mitgliedern und den Sportgruppen des Turnvereins TV Jahn eine n:m-Beziehung. Die Kardinalität n:m notiert man im Klassendiagramm an den Enden der Beziehungslinie (Fig. 2).

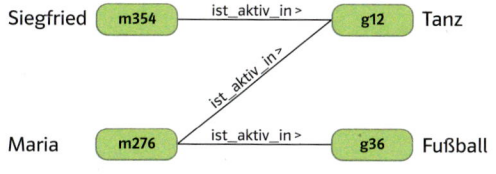

Fig. 1

MITGLIED	n ist_aktiv_in > m	SPORTGRUPPE
name vorname geschlecht gebDat ...		name sportart geschlecht kursbeitrag ...

Fig. 2

n:m-Beziehungen in Tabellen darstellen

Zunächst bildet man wieder die beiden Klassen als eigene Tabellen MITGLIED und SPORT-GRUPPE ab.

MITGLIED

MNr	Name	Vorname	Geschlecht	GebDat
m123	Zuse	Konny	m	23.01.2009
m276	Pascal	Maria	w	01.08.1960
m354	Sieger	Siegfried	m	03.03.1988
m444	Meitner	Lisa	w	24.07.2002
...	...	...	...	...

Fig. 3

SPORTGRUPPE

GNr	Name	Sportart	Geschlecht	Kursbeitrag
g12	Latein	Tanz	offen	25
g15	Jazzdance	Tanz	offen	25
g32	Rock 'n' Roll	Tanz	offen	25
g36	Damen I	Fußball	w	12
g37	Herren I	Fußball	m	12
...	...	...	...	...

Fig. 4

Die n:m-Beziehung wird als eigene Beziehungstabelle umgesetzt. Dazu werden die Primärschlüssel der beiden Objekte, die miteinander in Beziehung stehen, als ein Datensatz der Beziehungstabelle gespeichert. Wenn Maria die Rock-'n'-Roll-Gruppe besucht, wird dies durch den Datensatz [m276; g32] ausgedrückt.

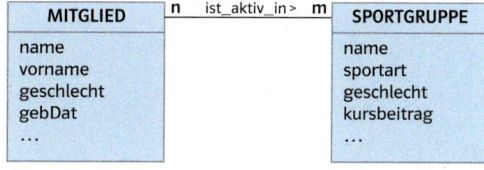

MITGLIED

MNr	Name	Vorname	Geschlecht	GebDat
m123	Zuse	Konny	m	23.01.2009
m276	Pascal	Maria	w	01.08.1960
m354	Sieger	Siegfried	m	03.03.1988
m444	Meitner	Lisa	w	24.07.2002
...	...	...	...	...

IST_AKTIV_IN

Mitglied	Sportgruppe
m123	g37
m276	g12
m276	g36
m354	g12
m400	g37
m400	g41
...	...

SPORTGRUPPE

GNr	Name	Sportart	Geschlecht	Kursbeitrag
g12	Latein	Tanz	offen	25
g15	Jazzdance	Tanz	offen	25
g32	Rock 'n' Roll	Tanz	offen	25
g36	Damen I	Fußball	w	12
g37	Herren I	Fußball	m	12
...	...	...	...	...

Fig. 5

Die Spalten *Mitglied* bzw. *Sportgruppe* verweisen auf die Primärschlüsselattribute der fremden Tabellen der Klassen MITGLIED bzw. SPORTGRUPPE. Sie sind daher auch Fremdschlüssel.

Ergänzt man zusätzlich die Datentypen, erhält man für das Beispiel folgende Tabellen-schemata.

Klassen:
MITGLIED[*MNr*: Text; *Name*: Text; *Vorname*: Text; *Geschlecht*: Zeichen; *GebDat*: Datum]
SPORTGRUPPE[*GNr*: Text; *Name*: Text; *Sportart*: Text; *Geschlecht*: Text; *Kursbeitrag*: Zahl]
Beziehung:
IST_AKTIV_IN[*Mitglied*: Text; *Sportgruppe*: Text]

Zusammenfassend lässt sich das Klassendiagramm vom Sportverein (Fig. 1) in die abgebilde-ten fünf Tabellen umwandeln (Fig. 2).

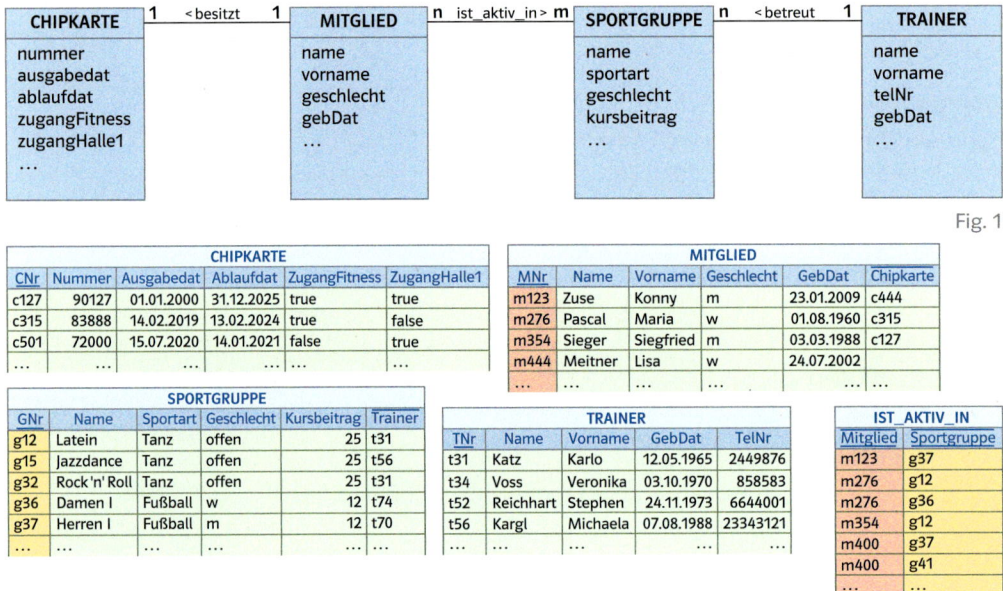

Fig. 1

Fig. 2

Abfragen über Beziehungstabellen

Bei Abfragen auf zwei Tabellen, die durch eine m : n-Beziehung verknüpft sind, muss beim Join die Beziehungstabelle mit einbezogen werden.

In der Datenbank der Bibliothek auf Sei-te 156 sind Autoren und Buchtitel in zwei Tabellen gespeichert (Fig. 3). Will man die Namen aller Autoren des Schulbuches „Eng-lisch 9" ausgeben, müssen sowohl die bei-den Tabellen BUCH und AUTOR als auch die Beziehungstabelle HAT_VERFASST (Fig. 4) in der Abfrage berücksichtigt werden.

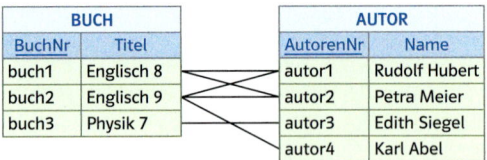

Fig. 3

Bildet man das Kreuzprodukt der drei Tabellen, erhält man eine Ergebnistabelle mit $3 \cdot 4 \cdot 6 = 72$ Datensätzen, von denen nur sechs eine tatsächlich bestehende Beziehung abbilden, nämlich genau die Datensätze in HAT_VERFASST (Fig. 4).

HAT_VERFASST	
Buch	Autor
buch1	autor1
buch1	autor2
buch2	autor1
buch2	autor2
buch2	autor4
buch3	autor3

Fig. 4

Zur Auswahl der sinnvollen Datensätze müssen hier zwei Bedingungen mit dem Operator UND verknüpft werden: Einerseits muss der Wert der Spalte *Buch* aus der Tabelle HAT_VERFASST mit der *BuchNr* aus der Tabelle BUCH übereinstimmen, andererseits muss der Wert der Spalte *Autor* in HAT_VERFASST mit der *AutorenNr* in AUTOR übereinstimmen.

Die *SQL*-Abfrage lautet:
```
SELECT *
FROM BUCH, AUTOR, HAT_VERFASST
WHERE (Buch = BuchNr) AND
      (Autor = AutorenNr)
```
Ergänzt man die *SQL*-Bedingung mit
`AND Titel = 'Englisch 9',`
so erhält man die gewünschte Ergebnistabelle.

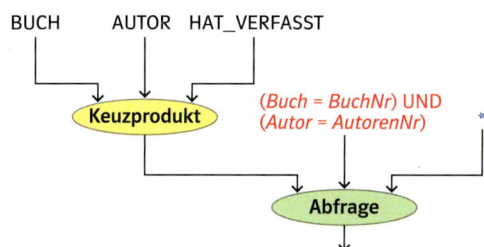

Ein Klassenmodell kann schematisch in ein relationales Datenbankmodell überführt werden. Dabei wird für jede Klasse eine Tabelle gebildet. Für jede m:n-Beziehung wird zusätzlich eine **Beziehungstabelle** angelegt. Bei 1:n- und 1:1-Beziehungen wird jeweils ein Fremdschlüssel-attribut an eine der Tabellen angefügt, im ersten Fall an die mit Kardinaltität n.

1 Schulbeziehungen I

In einer Schule unterrichten Lehrer mehrere Klassen und jede Klasse wird von mehreren Lehrern unterrichtet. Setze das Klassendia-gramm (Fig. 1) in ein relationales Daten-bankmodell um.

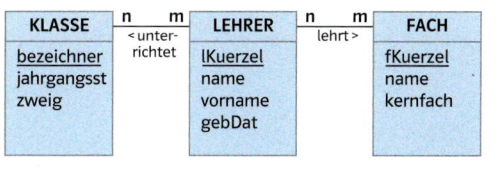

Unterscheide stets zwischen dem Begriff „Klasse" als Schulklasse (z.B. die Klasse 10a dei-nes Gymnasiums) sowie dem Begriff „Klasse" aus der Informatik.

Fig. 1

2 „Stadt – Land – Fluss" als Klassendiagramm

a) Wandle das in Fig. 2 abgebildete Klassendiagramm in das zugehörige relationale Daten-bankmodell um. Ergänze dazu geeignete Attribute.

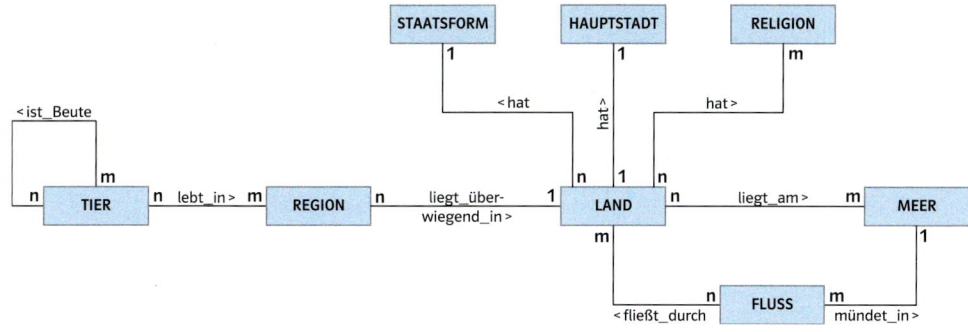

Fig. 2

b) Gib folgende Abfragen in *SQL* an.
   (1) Gib alle Flüsse aus, die durch Deutschland fließen.
   (2) Welche Flüsse münden in der Nordsee?
   (3) Welche Religionen gibt es in Indien?
   (4) In welchen Ländern findet man Schwarze Witwen?
   (5) Gib alle Länder mit ihren Hauptstädten aus.
   (6) Welche Länder liegen am Mittelmeer?

3 Beziehungskisten III

Nachfolgend sind verschiedene Klassendiagramme angegeben mit jeweils einer m:n-Beziehung. Erläutere diese Beziehungen, finde für die Klassen jeweils geeignete Attribute und setze die Diagramme in das entsprechende relationale Modell um. Überlege dir dazu geeignete Primärschlüssel und ergänze drei passende Datensätze in jeder Tabelle.

a) SPEISE —m— benötigt > —n— ZUTAT

b) TIER —m— lebt_in > —n— LAND

c) PFLANZE —m— ist_beheimatet_in > —n— LAND

d) MUSIKER —m— singt > —n— SONG

e) SCHAUSPIELER —m— spielt_in > —n— SERIE

f) COCKTAIL —m— benötigt > —n— ZUTAT

g) ist_befreundet mit > m SCHUELER n

h) < passt_zu n STERNZEICHEN m

4 Attribute, die an keine Klasse passen

a) Manche Beziehungen benötigen eigene Attribute: Ein Film wird z. B. von mehreren Kritikern beurteilt, ein Schüler bekommt in mehreren Fächern eine Zensur. Im E-R-Diagramm rechts wird das Attribut *urteil* bzw. *note* einfach an die Relationship angefügt. Begründe, wie diese Beziehungen dann im relationalen Datenbankmodell aussehen müssten.

Zur Lösung der Aufgabe 4 a) ist die Info-Box auf Seite 153 nötig.

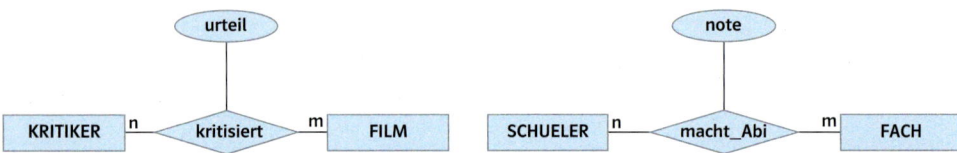

urteil

KRITIKER —n— kritisiert —m— FILM

note

SCHUELER —n— macht_Abi —m— FACH

b) Erläutere, welche Attribute die Beziehung *hat* zwischen den Klassen LAND und RELIGION (vgl. Aufgabe 2) haben könnte.

5 Transportunternehmen

Für ein Transportunternehmen soll eine Datenbank entwickelt werden. Die Firma verfügt über mehrere Abteilungen, die von jeweils einem Mitarbeiter geleitet werden. Jeder Mitarbeiter, von dem Name, Wohnort und Gehaltsstufe abgespeichert werden sollen, ist einer dieser Abteilungen eindeutig zugeordnet. Der Betrieb besitzt mehrere Transporter verschiedener Typen. Diese

unterscheiden sich durch Größe, maximale Nutzlast und benötigte Führerscheinklasse. Die einzelnen Fahrzeuge werden fortlaufend nummeriert und es sollen das Baujahr sowie der Termin zur nächsten Inspektion abgespeichert werden. Neben den Verwaltungsangestellten (für Buchhaltung, Personal, Kundenbetreuung usw.) und den hauseigenen Kfz-Meistern (zur Lkw-Wartung) beschäftigt das Transportunternehmen insbesondere Fahrer, die immer mit demselben Transporter fahren. Bucht ein Kunde eine Tour, so werden für diese wenigstens ein Fahrer und ein Transporter eingesetzt. Von der gebuchten Tour müssen folgende Daten abrufbar sein: Buchungsdatum, Güter, Termin, Start, Ziel, Anzahl der benötigten Lkw und Kosten. Von den Kunden müssen Name, Wohnort, Geburtstag und die zugehörige Firma vorliegen.

a) Erstelle ein vollständiges Klassendiagramm und trage auch die Kardinalitäten ein.

b) Transformiere das Klassendiagramm ins relationale Modell.

6 Restaurantkette

Nach Angabe der Deutschen Gesellschaft für Ernährung (DGE) sind zehn bis zwanzig Prozent aller Schulkinder und Jugendlichen übergewichtig, Tendenz steigend. Zu den Ursachen gehören oftmals eine zu hohe tägliche Fett- und Energiezufuhr bei mangelnder Bewegung. Fastfood steht bei den meisten mehrmals wöchentlich auf dem Speiseplan, zu selten dagegen frisches Obst und Gemüse.

Für eine große Schnellrestaurantkette, welche mehrere Gaststätten in ganz Deutschland betreibt, soll eine Datenbank entworfen werden. Jede Filiale hat mehrere Mitarbeiter, wird von genau einem Restaurantleiter geführt und erhält die Lebensmittel von verschiedenen ortsansässigen Großhändlern.

a) Beschreibe alle notwendigen Klassen in jeweils einer Klassenkarte. Überlege dir dazu geeignete Attribute und bestimme den Primärschlüssel.

b) Konstruiere das Klassendiagramm, beschrifte sämtliche Beziehungen und gib auch die Kardinalitäten an. Begründe deine Entscheidung jeweils kurz.

c) Jede Filiale ist in die Abteilungen Service, Küche und Verwaltung unterteilt. Jede Abteilung wird von genau einem Mitarbeiter geleitet und jeder Mitarbeiter arbeitet in genau einer Abteilung.
Passe dein Klassendiagramm den neuen Anforderungen entsprechend an.

d) Erläutere, wie sich das Modell ändert, wenn sämtliche Lebensmittel tiefgekühlt nach ganz Deutschland von der restauranteigenen Fabrik geliefert werden und diese wiederum die Zutaten für die Speisen von verschiedenen Herstellern bekommt.

e) Ergänze das Modell außerdem um die Speisen und Getränke, die in den jeweiligen Restaurants angeboten werden, sowie um die dazu benötigten Zutaten.

f) Überführe das von dir in der Teilaufgabe d) erstellte Klassendiagramm in das zugehörige relationale Modell. Unterstreiche die Primär- und markiere die Fremdschlüssel.

7 Integritätsbedingungen im Datenbank-Modell

Eine Firma hat sich auf Kunststoff- und Metallverarbeitung spezialisiert. Dazu besitzt sie in ihren Werkshallen verschiedene Maschinen diverser Hersteller, für deren Bedienung eine besondere Ausbildung notwendig ist. Um eine durchgängige Produktion ohne Ausfallzeiten gewährleisten zu können, ist es für die Firma sehr wichtig, dass jede Maschine von mindestens vier Mitarbeitern bedient werden kann. Genau ein Mitarbeiter ist für die Wartung einer Maschine zuständig, wobei jeder dieser Mitarbeiter auch für mehrere Maschinen die Verantwortung übernehmen kann. Jede Maschine besitzt einen eindeutigen Code der Form „XY-12-456", wobei XY das Herstellerkürzel repräsentiert, 12 für die Typ- und 456 für die Maschinennummer steht.

Zum Begriff „Integritätsbedingung": vgl. Info-Box auf Seite 149.

a) Erstelle ein möglichst umfassendes Datenbankmodell. Erläutere, inwieweit die Klassen, Beziehungen und Kardinalitäten in deinem Modell die Bedingungen der Firma realisieren.

b) Wandle dein Modell in ein relationales Datenbankmodell um. Berücksichtige und erläutere auch hier, soweit möglich, alle Integritätsbedingungen. Lassen sich alle Forderungen mit deinem Datenbankmanagementsystem umsetzen?

8 Schulbeziehungen II

Gegeben ist das abgebildete Klassendiagramm, welches vereinfacht die Beziehungen in einer Schule darstellt (vgl. auch Aufgabe 1 auf Seite 163).

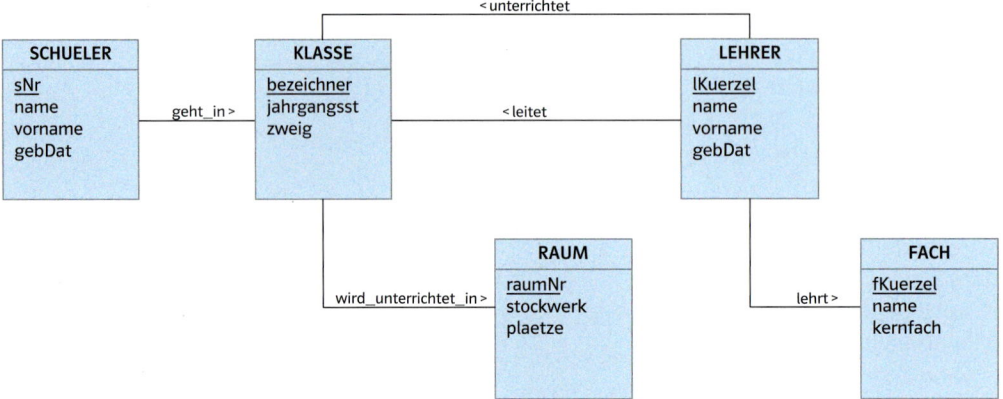

a) Gib die im Diagramm fehlenden Kardinalitäten an.

b) Überführe das Diagramm in das zugehörige relationale Datenbankmodell. Überlege dir, ob es bei der Auflösung von 1:1-Beziehungen hier wirklich ohne jede Bedeutung ist, welche Tabelle erweitert wird, oder ob es Gründe für die Entscheidung zugunsten einer Alternative gibt. Beachte insbesondere die Beziehung *leitet* zwischen LEHRER und KLASSE.

c) Unterstreiche die Primärschlüssel jeder Tabelle und kennzeichne die Fremdschlüssel.

d) Gib zu jeder Tabelle drei geeignete Datensätze an.

e) Die Beziehung *unterrichtet* zwischen LEHRER und KLASSE könnte durch Hinzunahme der Klasse FACH zu einer Beziehung zwischen drei Klassen erweitert werden. Erläutere Vor- und Nachteile und erkläre, wie diese Beziehung als Tabelle im relationalen Datenbankmodell aussehen würde. Zeichne auch das veränderte Klassendiagramm.

f) Jede Fachschaft wird von genau einer Lehrkraft geleitet („Fachschaftsleiterin" bzw. „Fachschaftsleiter"); manche Lehrkräfte betreuen mehrere Fächer. Ergänze das Diagramm um eine entsprechende Beziehung, gib die Kardinalitäten an und setze diese Beziehung im vorhandenen relationalen Modell um.

g) 👥 Diskutiere mit deinem Banknachbarn die Vorteile und Schwächen des Modells. Was würdest du ändern? Könnte man das Modell sinnvoll ergänzen? Würdest du manchen Klassen zusätzliche Attribute geben?

9 Sportliches I

Gegeben ist das abgebildete Klassendiagramm eines großen Sportvereins.

a) Erläutere die Beziehungen *leitet* und *trainiert_in*. Letztere bezeichnet eine **Assoziationsklasse**, d.h., dass diese Beziehung zusätzliche Attribute besitzt.

b) Ergänze zu allen Klassen passende Attribute und benenne jeweils geeignete Primärschlüssel. Begründe deine Entscheidung, falls du künstliche Schlüssel eingeführt hast.

c) Erstelle ein relationales Datenbankschema und markiere alle Fremdschlüssel.

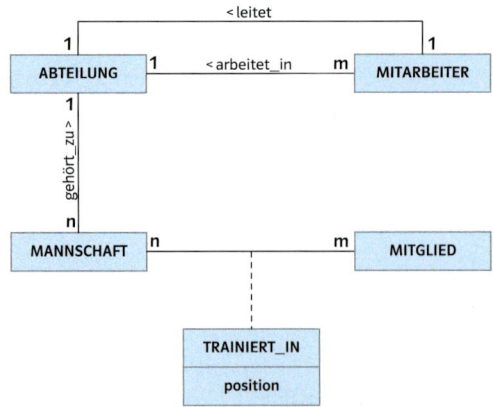

In den Aufgaben 9 und 10 wird eine Variation des Sportvereins aus dem Lehrtext betrachtet.
Zur Assoziationsklasse: vgl. auch Seite 221.

10 Sportliches II

Betrachte das Diagramm des Sportvereins aus Aufgabe 9. Es soll nun erweitert werden.

a) Jede Mannschaft wird von genau einem Trainer trainiert. Das Training findet in der Regel mindestens einmal die Woche statt. Die Trainingszeiten und -orte bleiben jede Saison gleich, beispielsweise montags von 20–22 Uhr und donnerstags von 17–19 Uhr jeweils in Halle 1.
Ergänze das Diagramm aus Aufgabe 9 entsprechend, wenn ein Trainer mehrere Mannschaften trainieren kann. Markiere die gewählten Primärschlüssel.

b) Überführe das Diagramm in das zugehörige relationale Modell. Solltest du Aufgabe 9 bearbeitet haben, musst du nur noch die veränderten Tabellen angeben.

11 Elektromarkt

Fig. 1 zeigt Ausschnitte der Tabellen der Datenbank einer großen Elektromarkt-Kette, die mehrere Filialen in ganz Deutschland betreibt.

GROSSHAENDLER				
Nr	Name	Branche	Ansprechpartner	Tel
100	CompX	PC	Hr. Wiese	43233
101	Computer3000	PC	Fr. Winter	848823
102	Köhlmann	Haushalt	Hr. Köhlmann	303044
103	E-Xport	Telekommu	Hr. Brunner-Ebb	2030499
104	Telwings	Telekommu	Fr. Feyer	98738
...	...	...	...	...

BELIEFERT	
Haendler	Filiale
100	1
100	2
100	4
101	3
101	6
102	4
102	7
103	1
103	2
...	...

MITARBEITER					
Nr	Name	Vorname	Abteilung	Filiale	Vorgesetzter
222	Abele	Siglinde	Verkauf Haushalt	3	577
1303	Ackermann	Boris	Verkauf PC	4	441
1220	Adlmann	Sylvia	Buchhaltung	0	6
355	Angerer	Helmut	Verkauf Haushalt	1	887
490	Aziz	Yesim	Leiter PC	4	101
101	Bauer	Matthias	Filialleiter	4	
300	Becker	Lars	Lager	4	101
994	Burstedt	Annika	Verkauf Tele	1	620
6	Danner	Hans	Leiter Zentrale	0	
...	...	...	...	...	...

FILIALE				
Nr	Ort	Telefon	Flaeche	Leiter
0	Zentrale	43441	0	6
1	Kelm-West	444321	2500	23
2	Kelm-Süd	727772	4000	404
3	Altberg	409040	1900	320
4	Neuburg	60944	3400	101
...	...	...	...	...

Fig. 1

a) Erläutere die Tabellen und erkläre, welche Spalten Fremdschlüssel sind.
b) Versuche, das zugrunde liegende Klassendiagramm zu rekonstruieren.
c) Formuliere folgende Abfragen mit *SQL*.
   (1) Welche Mitarbeiter (Name, Vorname) arbeiten in Nürnberg?
   (2) Unter welcher Telefonnummer kann man Frau Abele in der Arbeit erreichen?
   (3) Welche Großhändler beliefern die Filiale in Augsburg?
   (4) Gesucht sind Ansprechpartner und Telefonnummer des Großhändlers, der Filiale 2 mit Haushaltswaren beliefert.
   (5) Wie heißt der direkte Vorgesetzte von Lars Becker?
   (6) Gesucht sind die Namen der Filialleiter, die von „CompX" beliefert werden.

12 Wahlkurs-Organisation II

An einem Gymnasium werden fünf Wahlkurse angeboten: Chor, Orchester, Schulspiel, Homepage und Tastschreiben. Welche Schüler welche Kurse belegt haben, ist in einer Datenbank abgespeichert (Fig. 1).

WAHLKURS				
Kurs	Leiter	Stunden	Tag	Uhrzeit
Chor	Sachse	1	Montag	13:15
Orchester	Lückmann	2	Donnerstag	14:00
Theater	Späth	2	Mittwoch	14:45
Homepage	Geel	1	Mittwoch	14:00
Tastschreiben	Linhoff	1	Dienstag	13:00

BELEGT	
SNr	Kurs
7658	Chor
7658	Orchester
9333	Chor
9333	Homepage
3566	Orchester
3109	Orchester
7700	Orchester
5732	Chor
5732	Homepage
5732	Tastschreiben
2626	Tastschreiben
2300	Homepage
...	...

SCHUELER					
SNr	Name	Vorname	GebDat	Geschlecht	Klasse
7658	Ammer	Nele	12.12.2007	w	7a
4533	Anthoff	David	10.09.2005	m	9b
9333	Aumann	Luisa	14.12.2004	w	10a
2323	Azalea	Josip	11.01.2003	m	10d
3566	Baer	Franziska	12.03.2007	w	8c
3109	Bauer	Jan	17.12.2004	m	10b
7700	Bauer	Daniel	12.12.2004	m	10a
9808	Bloch	Niklas	07.02.2009	m	6b
5732	Boswald	Leonie	20.02.2010	w	5a
...	...	...		...	...	...

Fig. 1

a) Gib das zugrunde liegende Klassendiagramm an.

b) Formuliere folgende Abfragen mit *SQL*.

(1) Welche Schüler gehen in den Chor?

(2) Welche Schüler werden von Lehrerin Linhoff in einem Wahlkurs unterrichtet?

(3) Welche Kurse haben beide Bauer-Zwillinge gewählt?

(4) Welche Schülerinnen der Klasse 5a haben am Mittwoch Nachmittagsunterricht?

(5) Welche Kurse hat Susanne Aumann belegt?

(6) An welchen Tagen besucht Sofie Boswald Wahlunterricht?

13* Schauspieler und ihre Agenten

Gegeben ist das in Fig. 2 dargestellte Entity-Relationship-Diagramm. Erläutere die Klassen, ihre Attribute und Beziehungen und wandle das Diagramm in das relationale Modell um.

Zur Lösung der Aufgabe 13 ist die Info-Box auf Seite 153 nötig.

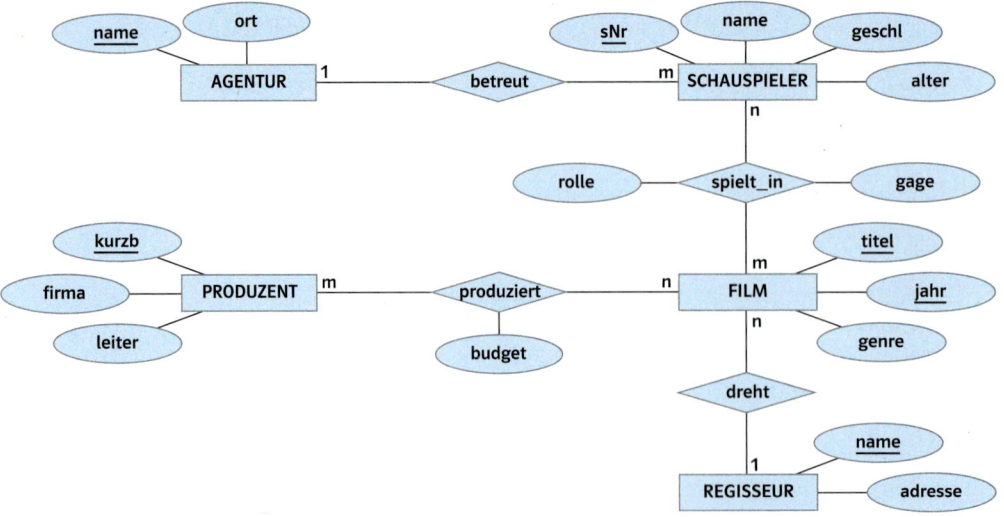

Fig. 2

AUSLEIHLISTE

Name	Adresse	Tel	Geb	Titel	Art	Datum	Bem
Anja Schubert	Talweg 1 Turingsen	444022	12.03.	Der Herr der Ringe: Die Gefährten	DVD	10.01.	zerk zuri ne
Marvin König	Freudstr. 3 Turingsen	7729901	07.10.	Beethoven: 5. Sinfonie Konzertfilm	DVD	22.02.	all O
Marvin König	Freudstr. 3 Turingsen	7729901	07.10.	Der Herr der Ringe: Die Gefährten	Buch	22.02.	Ur ge
Chris Heinke	Rosenstr. 2 Turingsen	554387	23.01.	Der Herr der Ringe: Die Gefährten	Buch	12.03.	–
…	…	…	…	…	…	…	…

Angelika besitzt eine große DVD-Sammlung und liest auch sehr gern. Prinzipiell würde sie ihre Filme und Bücher auch verleihen. Sie hat aber die Erfahrung machen müssen, dass sie nicht immer alles zurückbekommt. Deswegen will sie jetzt, wenn sie etwas verleiht, alles in eine Tabelle eintragen und erhofft sich zugleich, so auch einen Überblick über die Adressen und Telefonnummern ihrer Freundinnen und Freunde zu erhalten. Die Tabelle enthält jedoch viele Redundanzen.

Zerlege die Tabelle so, dass keine Anomalien mehr auftreten und trotzdem sämtliche Informationen erhalten bleiben.

Manche Tabellen enthalten Redundanzen, sodass Anomalien nicht ausgeschlossen werden können. Um dies zu vermeiden, müssen sie normalisiert werden.

Zerlegung von Tabellen ohne Informationsverlust

Eine Firma speichert die Daten ihrer Mitarbeiter zusammen mit den Projekten, an denen sie jeweils beteiligt sind (Fig. 1). Die Folge sind Redundanzen und möglicherweise Inkonsistenzen (vgl. Seite 143). Der neue Datenbank-Administrator der Firma soll nun die Tabelle so in weitere Tabellen zerlegen, dass zwar sämtliche Redundanzen, aber keine Informationen wegfallen. Das entsprechende Vorgehen dazu nennt man **Normalisierung**. Es läuft in der Regel in drei Schritten ab.

COMPANY0

PersNr	Nachame	Vorname	Wohnort	AbtNr	AbtName	Projekt		
						ProjNr	Kurzbezeichnung	Rolle
1112	Huber	Holger	Erding	4	Prod. Hardw.	5522	3D-Chip DeForce	Leiter Hardware
						4029	Fotohandy m5000	Leiter Hardware
3232	Fink	Fabienne	München	6	Forschung	5522	3D-Chip DeForce	Control
						4029	Fotohandy m5000	Control
						1245	Handy-Bios v2.0	Systemanalyse
6016	Schillinger	Gernot	Starnberg	9	Software	5522	3D-Chip DeForce	Leiter SE
						1245	Handy-Bios v2.0	Systemanalyse
6792	Seiffert	Lutz	Roth	4	Prod. Hardw.	5522	3D-Chip DeForce	Test
7003	Turner	Margot	Feldafing	7	PM	5522	3D-Chip DeForce	Projektleiter
						9000	Kryptografie	Control

Fig. 1

1. Normalform

In der Tabelle COMPANY0 fällt auf, dass das Attribut *Projekt* aus mehreren „Unterattributen" zusammengesetzt ist. Dies macht die Tabelle jedoch unhandlich und wird deswegen im ersten Schritt behoben (Fig. 2).

COMPANY1

PersNr	Nachame	Vorname	Wohnort	AbtNr	AbtName	ProjNr	Kurzbezeichnung	Rolle
1112	Huber	Holger	Erding	4	Prod. Hardw.	5522	3D-Chip DeForce	Leiter Hardware
1112	Huber	Holger	Erding	4	Prod. Hardw.	4029	Fotohandy m5000	Leiter Hardware
3232	Fink	Fabienne	München	6	Forschung	5522	3D-Chip DeForce	Control
3232	Fink	Fabienne	München	6	Forschung	4029	Fotohandy m5000	Control
3232	Fink	Fabienne	München	6	Forschung	1245	Handy-Bios v2.0	Systemanalyse
6016	Schillinger	Gernot	Starnberg	9	Software	5522	3D-Chip DeForce	Leiter SE
6016	Schillinger	Gernot	Starnberg	9	Software	1245	Handy-Bios v2.0	Systemanalyse
6792	Seiffert	Lutz	Roth	4	Prod. Hardw.	5522	3D-Chip DeForce	Test
7003	Turner	Margot	Feldafing	7	PM	5522	3D-Chip DeForce	Projektleitung
7003	Turner	Margot	Feldafing	7	PM	9000	Kryptografie	Control

Fig. 2

Die Redundanzen haben sich vorläufig sogar erhöht. Sind sämtliche Attributwerte **atomar**, also nicht aus mehreren Elementen zusammengesetzt, ist die Tabelle in **1. Normalform (NF1)**.

(Voll) Funktionale Abhängigkeiten

Nun untersucht man die Abhängigkeiten innerhalb der Tabelle. Offensichtlich lassen sich *Nachname*, *Vorname* und *Wohnort* des Mitarbeiters sowie die Abteilung, in der dieser beschäftigt ist, eindeutig aus *PersNr* des betreffenden Angestellten herleiten. Ist also die Personalnummer bekannt, so kann man sofort die entsprechenden Daten des Mitarbeiters bestimmen. Hinter der Nummer 3232 steckt beispielsweise Frau Fabienne Fink aus München, die in Abteilung 6 (Forschung) arbeitet.

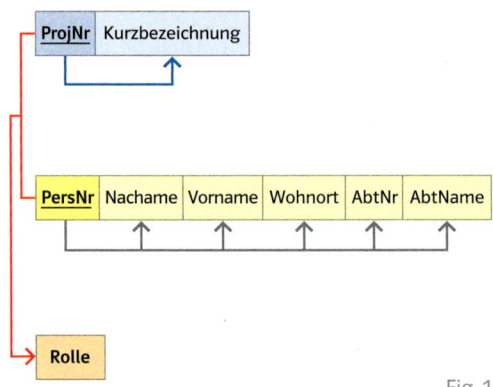

Fig. 1

Die Attribute *Nachname*, *Vorname*, *Wohnort*, *AbtNr* und *AbtName* bezeichnet man als **voll funktional abhängig** vom Attribut *PersNr*. Ebenso ist *Kurzbezeichnung* voll funktional abhängig von *ProjNr*. Natürlich ist auch das Attribut *ProjNr* voll funktional von sich selbst abhängig. Diese Abhängigkeit wird als trivial bezeichnet. Besteht der Primärschlüssel aus einem einzigen Attribut, so sind zwangsläufig sämtliche Attribute des Schemas voll funktional abhängig von diesem Primärschlüssel.

Da die Rolle eines Mitarbeiters abhängig vom Projekt ist, lässt sich *Rolle* nur aus *PersNr* zusammen mit *ProjNr* eindeutig herleiten. Da *PersNr* und *ProjNr* gemeinsam den Primärschlüssel der Tabelle bilden, ist *Rolle* voll funktional abhängig vom Primärschlüssel. Zwar lassen sich auch sämtliche anderen Attribute aus dem Primärschlüssel herleiten (das ist ja genau der Zweck eines Schlüssels!), jedoch sind Teile des Primärschlüssels zur eindeutigen Identifikation nicht notwendig. Um z.B. den Wohnort eines Mitarbeiters zu bestimmen, ist nicht der komplette Primärschlüssel notwendig, es reicht das Attribut *PersNr*. Das Attribut *Wohnort* ist also **funktional abhängig** vom Primärschlüssel der Tabelle COMPANY1, jedoch nicht voll funktional abhängig von diesem.

2. Normalform

Eine Tabelle ist genau dann in **2. Normalform (NF2)**, wenn sie in NF1 ist und jedes nicht zum Primärschlüssel gehörende Attribut voll funktional abhängig vom Primärschlüssel ist.

Um dies zu erreichen, wird die Tabelle so in mehrere Tabellen zerlegt, dass diese Bedingung erfüllt ist. Dazu schreibt man sich sämtliche funktionalen Abhängigkeiten auf (Fig. 1) und teilt die Tabelle entsprechend auf (Fig. 2).

Jede der drei resultierenden Tabellen ist nun in NF2, da innerhalb jeder Tabelle jedes nicht zum jeweiligen Primärschlüssel gehörende Attribut voll funktional abhängig von diesem ist.

Streng genommen ist hier die voll funktionale Abhängigkeit bezüglich aller Schlüsselkandidaten zu untersuchen, was jedoch nicht weiter berücksichtigt wird.

PERSONAL

PersNr	Nachname	Vorname	Wohnort	AbtNr	AbtName
1112	Huber	Holger	Erding	4	Prod. Hardw.
3232	Fink	Fabienne	München	6	Forschung
6016	Schillinger	Gernot	Starnberg	9	Software
6792	Seiffert	Lutz	Roth	4	Prod. Hardw.
7003	Turner	Margot	Feldafing	7	PM

PROJEKT

ProjNr	Kurzbezeichnung
1245	Handy-Bios v2.0
4029	Fotohandy m5000
5522	3D-Chip DeForce
9000	Kryptografie

PROJEKTTEILNAHME

PersNr	ProjNr	Rolle
1112	5522	Leiter Hardware
1112	4029	Leiter Hardware
3232	5522	Control
3232	4029	Control
3232	1245	Systemanalyse
6016	5522	Leiter SE
6016	1245	Systemanalyse
6792	5522	Test
7003	5522	Projektleitung
7003	9000	Control

Fig. 2

Transitive Abhängigkeiten

Betrachtet man die Tabelle PERSONAL, dann erkennt man, dass hier zwar sämtliche Attribute eindeutig aus *PersNr* abgeleitet werden können, dass jedoch immer noch nicht sämtliche Redundanzen beseitigt wurden, da das Attribut *AbtName* bereits von *AbtNr* abhängt.

PERSONAL

PersNr	Nachame	Vorname	Wohnort	AbtNr	AbtName
1112	Huber	Holger	Erding	4	Prod. Hardw.
3232	Fink	Fabienne	München	6	Forschung
6016	Schillinger	Gernot	Starnberg	9	Software
6792	Seiffert	Lutz	Roth	4	Prod. Hardw.
7003	Turner	Margot	Feldafing	7	PM

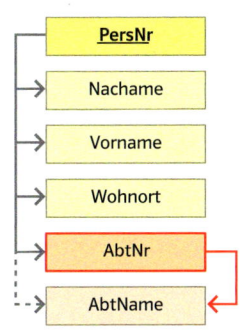

Die Mitarbeiterin mit der Nummer 3232 arbeitet beispielsweise in der Abteilung „Forschung". Weiß man jedoch, dass diese in Abteilung 6 tätig ist und lässt sich aus einer weiteren Tabelle ablesen, dass der Name der Abteilung 6 „Forschung" lautet, so lässt sich diese Information ebenfalls gewinnen, ohne den Abteilungsnamen jedes Mal erneut in die Tabelle PERSONAL mit aufnehmen zu müssen. Man sagt daher, das Attribut *AbtName* ist **transitiv abhängig** von *PersNr* (und zwar über *AbtNr*).

3. Normalform

Eine Tabelle ist genau dann in **3. Normalform (NF3)**, wenn sie in NF2 ist und keine transitiven Abhängigkeiten existieren.

Um dies in der Tabelle PERSONAL zu erreichen, trennt man *AbtName* ab und erstellt daraus mit *AbtNr* als Schlüsselattribut eine neue Tabelle ABTEILUNG.
Die Tabellen PROJEKT und PROJEKTTEILNAHME weisen keine transitiven Abhängigkeiten auf und sind daher bereits in 3. Normalform.

Nun sind sämtliche Redundanzen beseitigt. Ändert sich beispielsweise der Abteilungsname, so muss er nur noch einmal in der Tabelle ABTEILUNG geändert werden.

PERSONAL

PersNr	Nachame	Vorname	Wohnort	AbtNr
1112	Huber	Holger	Erding	4
3232	Fink	Fabienne	München	6
6016	Schillinger	Gernot	Starnberg	9
6792	Seiffert	Lutz	Roth	4
7003	Turner	Margot	Feldafing	7

PROJEKT

ProjNr	Kurzbezeichnung
1245	Handy-Bios v2.0
4029	Fotohandy m5000
5522	3D-Chip DeForce
9000	Kryptografie

ABTEILUNG

AbtNr	AbtName
4	Prod. Hardw.
6	Forschung
7	PM
9	Software

PROJEKTTEILNAHME

PersNr	ProjNr	Rolle
1112	5522	Leiter Hardware
1112	4029	Leiter Hardware
3232	5522	Control
3232	4029	Control
3232	1245	Systemanalyse
6016	5522	Leiter SE
6016	1245	Systemanalyse
6792	5522	Test
7003	5522	Projektleitung
7003	9000	Control

Zu berücksichtigen ist jedoch, dass manche Informationen nun nicht mehr direkt aus einer Tabelle abgelesen werden können. Sie sind beim Normalisierungsprozess zwar nicht verloren gegangen, müssen aber durch Verknüpfung der passenden Tabellen gewonnen werden. Will man z.B. die Rolle wissen, die der Mitarbeiter Huber im Projekt „Fotohandy m5000" innehat, so braucht man dazu die Tabellen PERSONAL, PROJEKT und PROJEKTTEILNAHME.

Bei der **Normalisierung** werden Tabellen so weit zerlegt, dass keine Redundanzen mehr auftreten:
1. Normalform (NF1): Sämtliche Attributwerte sind nicht aus mehreren Elementen zusammengesetzt (atomar).
2. Normalform (NF2): NF1 und jedes nicht zum Primärschlüssel gehörende Attribut ist von diesem voll funktional abhängig.
3. Normalform (NF3): NF2 und es existieren keine transitiven Abhängigkeiten mehr.

1 Mietwagenfirma

Gegeben sei die folgende relationale Datenbank der Mietwagenfirma „MobilRent", Station „München-Mitte".

					MOBILRENT					
KdNr	Name	Wohnort	Buchungs-datum	Aktion	Fahrzeug	Typ	Tarif-gruppe	Tage	Rueckgabe-station	Stations-leiter
123	Chomsky	Nürnberg	23.01.2020	0	Merz 2000	Mittelkl	3	2	Nürnberg-Süd	Backus
123	Chomsky	Nürnberg	07.10.2019	−25%	PBM Lux	Mittelkl	3	1	Nürnberg-Nord	Hoare
220	Neumann	München	02.04.2020	0	Lopa Max	Transp	5	2	München-Mitte	Zuse
710	Turing	München	20.02.2020	−10%	Merz 2000	Mittelkl	3	2	München-Mitte	Zuse
888	Neumann	Passau	07.10.2019	−25%	Merz 1300	Klein	1	3	München-Mitte	Zuse

KdNr steht für die Kundennummer der Kunden. An bestimmten Tagen gewährt die Firma Rabatt. Folgende funktionale Abhängigkeiten seien vorgegeben.

KdNr → Name, Wohnort
KdNR, Buchungsdatum → Fahrzeug, Typ, Tarifgruppe, Tage, Rueckgabestation, Stationsleiter
Buchungsdatum → Aktion
Fahrzeug → Typ, Tarifgruppe
Typ → Tarifgruppe
Rueckgabestation → Stationsleiter

Der Primärschlüssel besteht aus den Spalten *KdNr* und *Buchungsdatum*.

a) Begründe, dass diese Tabelle in 1. Normalform vorliegt.

b) Erläutere, warum nur Tabellen mit zusammengesetzem Primärschlüssel die 2. Normalform verletzen können.

c) Zeige mögliche Anomalien auf, die hier auftreten können.

d) Überführe das Schema in die 2. Normalform.

e) Überführe das Schema in die 3. Normalform.

KdNr → Name, Wohnort bedeutet, dass *Name* und *Wohnort* voll funktional von *KdNr* abhängig sind (vgl. Seite 170).

2 Fernweh

Gegeben ist das Schema der folgenden Tabelle eines Reisebüros:

RBUERO[*Mitarbeiter; Adresse; GebDat; Zielort; Land; Landessprache; Veranstalter; TelNr*].

Jeder Mitarbeiter des Reisebüros kennt verschiedene Zielorte in diversen Ländern und weiß über die Hotels und Einreisebestimmungen dieser Regionen Bescheid. Jeder Zielort wird von verschiedenen Reiseveranstaltern angeboten, deren Telefonnummern ebenfalls abgespeichert werden.

a) Identifiziere die funktionalen Abhängigkeiten und gib dementsprechend den Primärschlüssel an.

b) Überführe die Tabelle in die 3. Normalform.

3 Anomalien

Auf den Seiten 143 und 144 wurden mehrere „schlechte" Tabellen gezeigt, die viele Redundanzen enthalten und folglich schnell inkonsistent werden können.

a) Erläutere die Begriffe „Redundanz" und „Konsistenz" am Beispiel der Tabelle COMPANY1 von Seite 169.

b) Überführe die Tabellen der Aufgaben 2 bis 4 von Seite 145 in die 3. Normalform.

4 Stadt und Land

Eine Erdkunde-Datenbank ist folgendermaßen aufgebaut:

ERDE[*Stadt*; *Einwohner*; *Flaeche*; *Land*; *LEinwohner*; *LFlaeche*; *Staatsform*; *Oberhaupt*].

In der Tabelle werden also alle Städte mit ihrer Einwohnerzahl und Fläche abgespeichert sowie dem Land, in dem die Stadt liegt, und dessen Daten. Werden mehr als zwei Städte aus demselben Staat abgespeichert, so werden die Daten des Landes redundant abgespeichert.

a) Gib an, wie der Primärschlüssel lautet, wenn der Name einer Stadt in keinen zwei Ländern identisch ist.

b) Erläutere, was der Primärschlüssel wäre, wenn manche Städte in mehreren Ländern denselben Namen haben (z. B. Bethlehem in Israel und in den Vereinigten Staaten), es aber in keinem Land zwei Städte gibt, die identisch heißen.

c) Erläutere, welchen Primärschlüssel du wählen würdest, wenn es keine der obigen Einschränkungen gibt, also Städtenamen beliebig oft vorkommen können, auch innerhalb des eigenen Landes (z. B. Frankfurt, Dillingen oder Neustadt).

d) Erläutere, wie du intuitiv eine Datenbank anlegen würdest, die obige Daten speichert. Erstelle dazu auch ein Objektdiagramm.

e) Überführe die Relation in die 3. Normalform und überlege dir das zugehörige Klassenmodell. Vergleiche mit deinen Ergebnissen aus Aufgabenteil d).

5 Supermarkt

Ein Supermarkt speichert seine Artikel in folgender Tabelle.

ARTIKEL							
ArtNr	ArtName	ArtArt	Hersteller	HerstellerAdr	Abteilung	AbtLeiter	Preis
1212	Twister	Schokoriegel	Bry	Postfach 1244, 85102 Wollhausen	Süßwaren	Jacobi	0,69 €
1777	Noug@	Schokoriegel	Bry	Postfach 1244, 85102 Wollhausen	Süßwaren	Jacobi	0,79 €
1790	Milli Nuss	Schokoriegel	DeLait	Bitterstraße 11, 75329 Löfflingen	Süßwaren	Jacobi	0,55 €
1798	Venus	Schokoriegel	DeLait	Bitterstraße 11, 75329 Löfflingen	Süßwaren	Jacobi	0,65 €
1881	Kuliness Linsen	Eintopf	Bry	Postfach 1244, 85102 Wollhausen	Konserven	Weber	1,11 €
1970	Pasta Napoli	Nudelgericht	Bry	Postfach 1244, 85102 Wollhausen	Konserven	Weber	0,99 €
1985	Pasta Tricolore	Nudelgericht	Borr	Waldweg 8, 94068 Edelbrunn	Konserven	Weber	1,29 €
2004	Kartoffeltopf	Eintopf	Borr	Waldweg 8, 94068 Edelbrunn	Konserven	Weber	1,19 €
…	…	…	…	…	…	…	…

a) Erläutere die Spalten und überlege dir, welche funktionalen Abhängigkeiten wohl vorliegen. Gib außerdem den Primärschlüssel an.

b) Erläutere, unter welchen Voraussetzungen die Tabelle bereits in der 1. bzw. 2. Normalform vorliegt. Erläutere die Rolle der Spalte *HerstellerAdr*?

c) Überführe die Tabelle in die 3. Normalform.

DORFFEST				
Getraenk	Quantum	Einkaufs-preis	Verkaufs-preis	Verbrauchs-menge
Mineralwasser	0,3	0,80	1,10	24
Apfelschorle	0,3	1,00	1,30	52
Cola	0,25	1,10	1,40	29
Orangenlimo	0,25	1,10	1,40	42
Weizenbier	0,5	0,90	1,50	38
Pils	0,5	1,00	1,50	16

Mitte August findet wieder das traditionelle Dorffest statt. Thomas und Tina besorgen die Getränke. Der Gewinn soll diesmal dem Roten Kreuz zugutekommen; daher werden die Getränke etwas teurer verkauft. In einer Tabelle werden Einkaufs-, Verkaufspreis und Verbrauchsmenge gespeichert und immer wieder aktualisiert. Wie groß war jeweils der erwirtschaftete Gewinn für die verschiedenen Getränke am Ende des Fests? Warum ist hierfür keine eigene Spalte vorgesehen?

Mit den Daten eines Datensatzes können viele Berechnungen durchgeführt werden. Dazu muss man jeweils einen Term angeben, dessen Werte dann in eine neue Spalte geschrieben werden.

Hinzufügen neuer Spalten mit der Funktion Erweiterung

Cordula plant eine längere Wandertour in der Schweiz. Das Reisebüro hat in einer Datenbanktabelle alle Schweizer Pensionen und Hotels mit dem jeweiligen Übernachtungspreis in der dort üblichen Währung Schweizer Franken CHF gespeichert. Die erste Tabelle in Fig. 1 zeigt einen Ausschnitt.

Cordula möchte jedoch eine tabellarische Aufstellung aller Unterkünfte mit den jeweiligen Übernachtungspreisen in EUR (Fig. 1, zweite Tabelle). 100 Schweizer Franken entsprechen beim aktuellen Umrechnungskurs 94 Euro (Stand: Juli 2020). Mit der Formel $\frac{94}{100} \cdot CHF$ (*CHF* steht für die Werte aus der gleichnamigen Spalte von HOTEL) kann der Preis von Schweizer Franken in Euro umgerechnet werden.

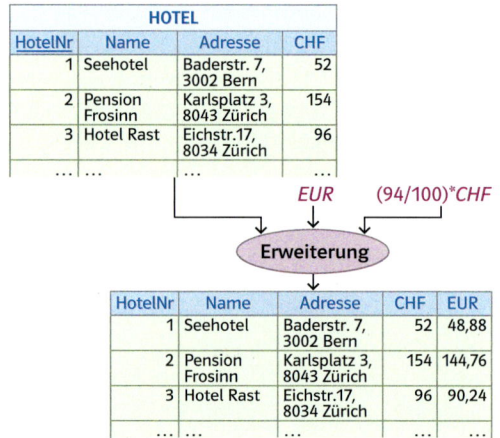

Mit der Funktion **Erweiterung** wird der ausgegebenen Tabelle eine neue Spalte hinzugefügt und diese mit den gewünschten Daten ergänzt.

Erweiterung ist eine dreistellige Funktion, die neben der Tabelle und dem neuen Spaltennamen einen Rechenterm als Argument übernimmt. Die Werte für die neue Spalte werden dabei zeilenweise aus den jeweiligen Datenwerten durch den eingegebenen Term berechnet.

Der Funktionsaufruf Erweiterung(HOTEL; *EUR*; (94/100)*CHF) erweitert die Tabelle HOTEL um eine Spalte mit dem Bezeichner *EUR* und füllt die Zellen zeilenweise mit dem Ergebnis des Berechnungsterms $\frac{94}{100} \cdot CHF$ aus den jeweiligen Zahlenwerten innerhalb des entsprechenden Datensatzes.

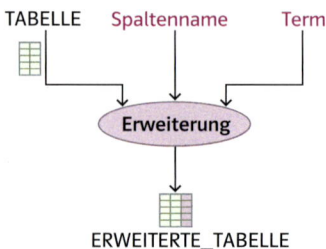

Fig. 1

Erweiterung in der Abfrage

In der Abfragesprache *SQL* taucht der Funktionsbezeichner Erweiterung nicht ausdrücklich auf. Der Berechnungsterm und der neue Spaltenbezeichner werden hinter dem Wort SELECT neben den anderen ausgewählten Tabellenspalten angefügt.

Die Abfrage

```
SELECT Name, Adresse, (94.00/100)*CHF AS EUR
FROM HOTEL
```

entspricht der in Fig. 1 auf der vorherigen Seite dargestellten Funktionsanwendung. AS EUR gibt der neuen Spalte den Bezeichner EUR.

> Die Funktion **Erweiterung** ist dreistellig mit einer Tabelle, dem neuen Spaltennamen und einem Rechenterm als Eingabeargumente. Sie gibt eine Tabelle mit einer zusätzlichen Spalte aus. Die Daten ergeben sich aus den Termauswertungen mit den Daten des jeweiligen Datensatzes.
>
> Der Aufruf Erweiterung(TABELLE; *Spaltenname*; Term) gibt die um die neu berechnete Spalte erweiterte Tabelle aus und lautet zum Beispiel als *SQL*-Abfrage:
>
> ```
> SELECT Spalte1, Spalte2, ..., Term AS Spaltenname
> FROM TABELLE
> ```

1 Versandhandel I

In der Tabelle ARTIKEL speichert ein Versandhandel sämtliche Waren, die man bei diesem bestellen kann. *EP* steht hierbei für den Einkaufspreis, *VPBrutto* für den Brutto-Verkaufspreis inklusive 19% Mehrwertsteuer.

ARTIKEL					
ArtNr	Bezeichnung	Art	Hersteller	EP	VPBrutto
12345	Krawatte	Herrenmode	Davido	29,00 €	38,95 €
76544	Hemd Royal	Herrenmode	Davido	123,32 €	210,00 €
23551	Bikini Summerdream	Sommerbekleidung	Juttae	78,45 €	99,99 €
35532	Minirock	Damenmode	BlueSea	34,20 €	55,95 €
99933	Pralinés DarkLove	Lebensmittel	Voell	7,98 €	14,95 €
32320	Wintermantel	Damenmode	Claudio	223,70 €	349,00 €
42086	Waldhonig	Lebensmittel	Wabo	4,80 €	8,50 €
83791	Laserdrucker SI90	Elektronik	Sister	145,60 €	199,90 €
... ...		...	...	...	...

a) Erläutere, warum der Netto-Verkaufspreis, also der Verkaufspreis ohne die hinzukommende Mehrwertsteuer, nicht in einer eigenen Spalte gespeichert wird.

b) Formuliere eine *SQL*-Abfrage, die Artikelnummer, Bezeichnung, Brutto-Verkaufspreis sowie in einer angefügten Spalte *VPNetto* den Netto-Verkaufspreis aller Artikel wiedergibt. Gib auch das zugehörige Datenflussdiagramm mit der Funktion Erweiterung an.

c) In einer weiteren Spalte soll der Reingewinn je Artikel angezeigt werden. Gib die zugehörige *SQL*-Abfrage an.

d) Bei Lebensmitteln beträgt der Mehrwertsteuersatz 7%. Formuliere eine *SQL*-Abfrage wie in Teilaufgabe b), allerdings sollen nur Lebensmittel mit dem entsprechenden Nettopreis angezeigt werden.

e) Der Versandhandel gibt pauschal 20% Rabatt auf alle Artikel des Herstellers Juttae. Gib eine passende *SQL*-Abfrage an, die die entsprechenden Artikel mit den rabattierten Preisen auflistet. Gib zudem an, wie sich die Abfrage ändert, wenn alle Artikel um 20% herabgesetzt werden, die im Einkauf teurer als 200 € waren.

2 Studienfahrt

In der Tabelle SCHUELER[*SNR*; *Name*; *Vorname*; *Geschl*; *GebDat*; *Klasse*] sind die Schülerinnen und Schüler deines Gymnasiums gespeichert.

Die Q12 fährt kommenden Montag für eine Woche auf Studienfahrt. Der Oberstufenkoordinator will überprüfen, welche seiner Schülerinnen und Schüler bereits volljährig sind und deswegen in einer Tabelle ihre Namen sowie deren jeweiliges Alter am ersten Tag der Studienfahrt ausgeben.

Formuliere die zugehörige *SQL*-Abfrage.

3 Abschlussprüfung

Ein Prüfling soll seine Leistungen in drei Fächern unter Beweis stellen. Die Ergebnisse seiner Abschlussprüfung werden in der Tabelle PRUEFUNG[*PNr*; *Name*; *Vorname*; *Fach1*; *Fach2*; *Fach3*] gespeichert, wobei die erzielten Noten in den letzten drei Spalten der Tabelle abgelegt werden.

a) Gib an, von welchem Datentyp *Fach1*, *Fach2* und *Fach3* sein müssen, wenn nur ganzzahlige Schulnoten von 1 bis 6 erlaubt sind. Überprüfe, ob sich diese Bedingung mit deinem Datenbankmanagementsystem realisieren lässt.

b) Es soll nun eine weitere Spalte *Schnitt* angefügt werden, welche die Durchschnittsnote der drei Noten auf zwei Dezimalen genau berechnet. Skizziere das Datenflussdiagramm und formuliere die passende *SQL*-Abfrage.

c) In einer neuen Spalte *Bestanden* soll angezeigt werden, ob die Abschlussprüfung bestanden wurde oder nicht. Unterscheide dabei folgende Bedingungen:

(1) Der Prüfling hat bestanden, wenn sein Notendurchschnitt kleiner oder gleich 4,00 ist.

(2) Wie (1), nur darf in keinem Fach die Note 6 geschrieben worden sein.

(3) Wie (1), nur muss in *Fach1* mindestens die Note 3 erreicht worden sein.

4 Let's dance

Bei einem internationalen Tanzturnier werden die teilnehmenden Paare in der Tabelle HOOFER[*ID*; *name_m*; *name_f*; *nationality*] gespeichert. Die Jury besteht aus drei Mitgliedern, die jeden der fünf Standardtänze (langsamer Walzer, Tango, Wiener Walzer, Slowfox und Quickstepp) mit 0 bis 10 Punkten bewerten, wobei 10 Punkte die beste Wertung darstellt. Die Ergebnisse werden in der Tabelle RESULT[*ID*; *dance*; *score1*; *score2*; *score3*] eingetragen, wobei unter *scoreX* die Wertung des betreffenden Jurors zu finden sein soll. *ID* steht dabei jeweils für die Nummer des Tanzpaares.

hoofer (engl.): Profitänzer

Bei Tanzwettbewerben ist die Anzahl der Jurymitglieder im Allgemeinen ungerade (oft fünf oder sieben), um Pattsituationen zu vermeiden.

a) Zur Tabelle RESULT soll eine Spalte *Avg* generiert werden, welche die Durchschnittswertung der Jury enthält. Formuliere die zugehörige *SQL*-Abfrage.

b) Bestimme die *SQL*-Abfrage, wenn das Ergebnis in der Tabelle HOOFER angefügt und die Datensätze in der Reihenfolge ihrer Platzierung angezeigt werden sollen.

Verwende bei der *SQL*-Abfrage in Teilaufgabe b) den Zusatz ORDER BY (vgl. Info-Box auf Seite 142).

WETTERDATEN				
Tag	Monat	Nieder-schlag	Temperatur-minimum	Temperatur-maximum
1	Januar	2 mm	−12,0 °C	−5,5 °C
2	Januar	0 mm	−14,5 °C	−8,0 °C
3	Januar	0 mm	−13,0 °C	−6,7 °C
…	…	…	…	…
1	Februar	5 mm	−4,5 °C	5,3 °C
…	…	…	…	…
1	Juli	0 mm	15,0 °C	32,6 °C
2	Juli	35 mm	14,5 °C	28,0 °C
…	…	…	…	…
31	Dezember	8 mm	−2,7 °C	4,3 °C

In einer Wetterstation werden täglich Daten über das Wetter gemessen und aufgelistet. Man ist daran interessiert, wie groß die durchschnittliche Niederschlagsmenge jeden Monat war und welches Temperaturmaximum jeweils im Januar, Februar, …, Dezember gemessen wurde.
Probiere durch geeignetes Zusammenfassen von Zeilen und durch Streichen bzw. Hinzufügen von Spalten, wie man die Ergebnistabelle der Abfrage erhalten könnte.

Um Berechnungen über mehrere Attributwerte innerhalb einer Spalte durchführen zu können, müssen bestimmte Datensätze vorher zusammengefasst werden. Danach werden die Tabellen um neue Spalten mit den Berechnungsergebnissen erweitert.

Gruppieren von Datensätzen nach einer Spalte

In Hochstadt findet jährlich ein Hochsprung-turnier statt. Die Ergebnisse der Sportle-rinnen und Sportler werden tabellarisch aufgelistet. Fig. 1 zeigt die nach dem Namen sortierten Ergebnisse des ersten Durch-gangs.
Man interessiert sich z. B. dafür,
(1) welche Altersklassen überhaupt vertre-ten sind und
(2) welche durchschnittliche Sprunghöhe beim ersten Durchgang in jeder Alters-klasse erreicht wurde.

HOCHSPRINGER					
Nr	Name	Vorname	m_w	Alters-klasse	Sprung-hoehe
1	Baldauf	Steve	m	4	1,82
2	Beier	Lea	w	4	1,69
3	Dannat	Anni	w	1	1,32
4	Ehrlich	Lisa	w	3	1,53
5	Janke	Maja	w	4	1,64
6	Knopp	Torben	m	3	1,59
7	Meister	Alina	w	1	1,09
8	Radon	Ben	m	2	1,31
9	Salger	Mia	w	4	1,77
10	Wirth	Leon	m	1	1,25

Fig. 1

Für die Beantwortung von (1) und (2) wird man zuerst die Datensätze mit den identi-schen Altersklassen in eine Gruppe zusam-menfassen. Die Funktion **Gruppierung** leistet dies. Sie erwartet eine Tabelle, z. B. HOCH-SPRINGER, und ein Tabellenattribut, z. B. *Altersklasse*, als Eingabeargumente. Dabei werden alle Datensätze mit dem gleichen Wert dieses Attributs gruppiert und inner-halb der Gruppe durch einen einzigen Wert ersetzt (Fig. 2).

Die Tabelle HOCHSPRINGER wird also nach der Spalte Altersklasse gruppiert. Sie enthält nun weniger Datensätze, nämlich nur so viele, wie es unterschiedliche Altersklassen gibt. Im Beispiel verringert sich die Anzahl der Datensätze von zehn auf vier.

Fig. 2

Auswahl von Spalten

Interessiert man sich nur für bestimmte Spalten einer Tabelle, so kann man diese mithilfe einer Projektion zu einer Ergebnistabelle zusammensetzen. Die ausgewählten Spalten werden dabei vollständig mit allen Werten übernommen. In *SQL* lautet die Abfrage zur Projektion der Spalten *Name* und *Altersklasse* aus der Tabelle HOCHSPRINGER:

```
SELECT Name, Altersklasse FROM HOCHSPRINGER
```

Abfrage mit Gruppierung

Bei einer Abfrage wird zuerst die Gruppierung der Tabelle nach der angegebenen Spalte durchgeführt. In der Sprache *SQL* wird dies durch das Anfügen des Ausdrucks `GROUP BY Spaltenbezeichner` umgesetzt.

In der gruppierten Tabelle enthalten jedoch die meisten Zellen mehrere Daten. Nur das Attribut *Altersklasse* weist für jeden Datensatz einen einzigen Wert auf.
Damit können nur Daten der Spalte *Altersklasse* mit einer Abfrage ausgegeben werden. Dazu muss nach der Gruppierung lediglich eine Projektion auf die Spalte *Altersklasse* erfolgen. Die zugehörige *SQL*-Abfrage lautet:

```
SELECT Altersklasse
FROM HOCHSPRINGER
GROUP BY Altersklasse
```

Nr	Name	Vorname	m_w	Alters-klasse	Sprung-hoehe
3	Dannat	Anni	w	1	1,32
7	Meister	Alina	w		1,09
10	Wirth	Leon	m		1,25
8	Radon	Ben	m	2	1,31
4	Ehrlich	Lisa	w	3	1,53
6	Knopp	Torben	m		1,59
1	Baldauf	Steve	m	4	1,82
2	Beier	Lea	w		1,69
5	Janke	Maja	w		1,64
9	Salger	Mia	w		1,77

Altersklasse

Projektion

Alters-klasse
1
2
3
4

Fig. 1

Funktionen auf den gruppierten Daten einer Spalte

In der gruppierten Tabelle (oberer Teil in Fig. 1) gehören jeweils die unterschiedlichen Sprunghöhen einer Altersklasse zusammen. Der Datensatz zur Altersklasse 1 etwa enthält die drei Werte 1,32 und 1,09 und 1,25. Aus diesen drei Werten lässt sich beispielsweise durch die Bildung des Durchschnitts eine einzelne Zahl berechnen, im Beispiel die Zahl 1,22.

Fügt man zur gruppierten Tabelle eine Spalte *Durchschnittshoehe* hinzu, die aus den zusammengefassten Sprunghöhen jeweils den Durchschnitt berechnet, so enthält die neu hinzugefügte Spalte nur einzelne Werte. Sie kann somit über eine Abfrage ausgegeben werden.

Eine Funktion, die jeweils die gruppierten Daten einer Spalte verarbeitet, heißt **Aggregatfunktion.** Die Funktion **AVG** beispielsweise berechnet daraus den jeweiligen Durchschnitt der gruppierten Zahlenwerte.
Weitere Aggregatfunktionen: **SUM** berechnet die Summe, **COUNT** die Anzahl, **MAX** den größten Wert und **MIN** den kleinsten Wert der Eingabeargumente.

Erweiterung von gruppierten Tabellen

Wenn neben den verschiedenen Altersklassen nun auch die jeweiligen durchschnittlichen Sprunghöhen ausgegeben werden sollen, so muss die Eingabetabelle noch um eine Spalte *Durchschnittshoehe* erweitert werden. Der Ablauf erfolgt daher in insgesamt drei Schritten: Zuerst werden alle Datensätze mit der gleichen Altersklasse zu einem Datensatz gruppiert, danach wird die Tabelle um eine Spalte mit den berechneten Durchschnittshöhen erweitert und schließlich wird eine Tabelle aus den beiden Spalten *Altersklasse* und *Durchschnittshoehe* ausgegeben.

Zur Projektion: vgl. Info-Box auf Seite 60 (Band 2A).

Allgemein:
```
SELECT Spalten-
    liste
FROM Tabelle
```

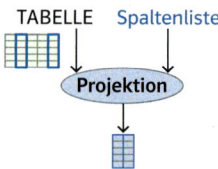

TABELLE   Spaltenliste

Projektion

Die Spalte *Name* kann z. B. nicht mehr mit einer Abfrage ausgegeben werden, weil schon der erste Datensatz drei Namen enthält.

HOCHSPRINGER
    Altersklasse
        Altersklasse

Gruppierung

Abfrage
        Projektion

ALLE_ALTERSKLASSEN

Mit der Projektion wird hier nur die Spalte *Altersklasse* ausgegeben.

aggregate (engl.): Anhäufung, Gesamtheit
average (engl.): Durchschnitt; durchschnittlich AVG ist eine Abkürzung von average.

Das Datenflussdiagramm mit den Tabellen ist in Fig. 1 abgebildet. Die zugehörige *SQL*-Abfrage lautet:

```
SELECT Altersklasse, AVG(Sprunghoehe) AS Durchschnittshoehe
FROM HOCHSPRINGER
GROUP BY Altersklasse
```

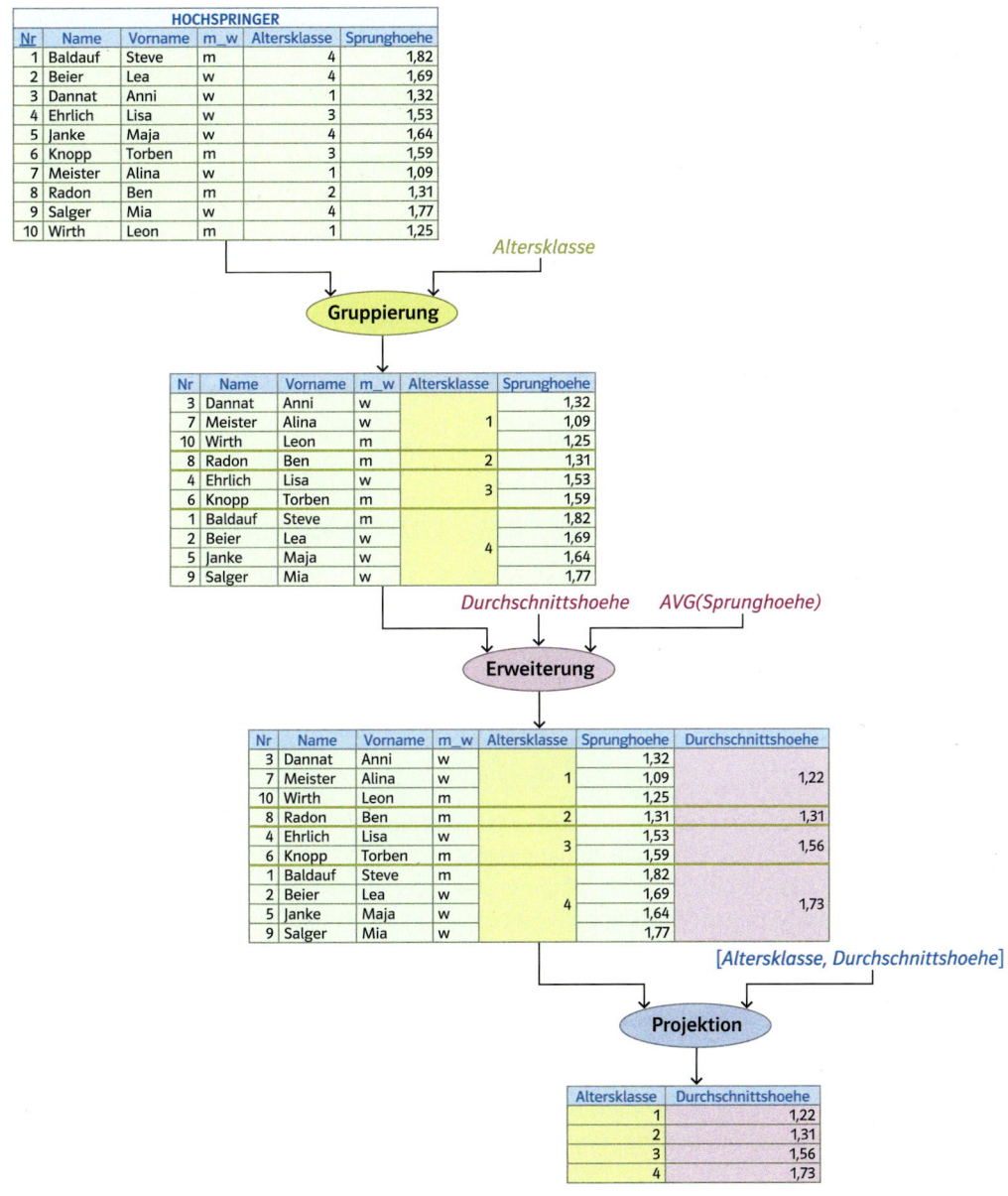

Fig. 1

Eine Tabelle lässt sich nach einer Spalte **gruppieren**. Dabei werden alle Datensätze zu einer Gruppe zusammengefasst, die in der angegebenen Spalte denselben Wert haben. Mit einer Abfrage kann zunächst nur diese Spalte über eine Projektion ausgegeben werden.
Mithilfe von **Aggregatfunktionen** kann die Tabelle um zusätzliche Spalten mit neuen Informationen erweitert werden.

1 Hohe Sprünge

Betrachte die Tabelle HOCHSPRINGER (Fig. 1 auf Seite 177). Erstelle für folgende Fragen das Datenflussdiagramm und die passende *SQL*-Abfrage.

a) Wie viele weibliche bzw. männliche Teilnehmer treten an?

b) Was ist die jeweils größte Sprunghöhe im ersten Durchgang bei den weiblichen und bei den männlichen Teilnehmern?

2 Versandhandel II

Formuliere bezüglich der Tabelle ARTIKEL von Seite 175 folgende Abfragen in *SQL*.

a) Gruppiere die Artikel nach ihrer Art und gib die verschiedenen Arten aus.

b) Wie viele Artikel sind von jedem Hersteller im Sortiment und wie groß ist jeweils der durchschnittliche Einkaufspreis?

c) Gesucht sind die teuersten Verkaufspreise eines jeden Herstellers.

3 Einkommensverhältnisse

Die Tabelle MITARBEITER (Fig. 1) enthält die Daten der Angestellten eines Unternehmens. In der Tabelle GEHALT[*Stufe*; *Bruttolohn*] wird der zur jeweiligen Gehaltsstufe festgesetzte Bruttolohn gespeichert. Formuliere folgende Abfragen in *SQL* und gib auch das jeweils zugehörige Datenflussdiagramm an.

Hinweis: Nicht bei allen Abfragen sind Gruppierungen notwendig.

MITARBEITER						GEHALT	
MNr	Name	Vorname	Abteilung	Gehaltsstufe		Stufe	Bruttolohn
1234	Alvarez	Daniel	Buchhaltung	2		1	1.200,00 €
1247	Artmann	Tom	Consulting	4		2	1.800,00 €
1273	Berger	Franziska	Buchhaltung	2		3	2.100,00 €
1274	Berger	Moritz	Entwicklung	2		4	2.380,00 €
1300	Bode	Jörn	Entwicklung	5		5	3.120,00 €
1303	Dittmann	Sandra	Consulting	6		6	3.421,00 €
1336	Ehlers	Yannick	Buchhaltung	4		7	3.900,00 €
...	...	...	...	...		...	...

Fig. 1

a) Wie viele Mitarbeiter sind in jeder Abteilung beschäftigt?

b) Welche durchschnittliche Gehaltsstufe haben die Mitarbeiter jeder Abteilung?

c) Wie viele Mitarbeiter sind in den jeweiligen Gehaltsstufen angestellt?

d) Welche Abteilungen haben Mitarbeiter mit einer Gehaltsstufe größer oder gleich 5?

e) Welcher durchschnittliche und welcher Gesamtbruttolohn werden in jeder Abteilung monatlich an die Angestellten ausgezahlt?

f) Welche Mitarbeiter (Name und Vorname) der Abteilung „Buchhaltung" haben einen monatlichen Bruttolohn von mindestens 3000,00 €?

4 Kfz-Versicherung

Jeder Pkw wird von der Versicherung abhängig von seinem Modell in eine „Typklasse" eingestuft. Diese wird jährlich neu entsprechend dem Schadensverlauf des jeweiligen Fahrzeugmodells festgelegt. Versicherungen, aber auch Automobilclubs, -konzerne oder Behörden speichern Automodelle in einer Datenbanktabelle ähnlich dieser:

PKW[*Hersteller*; *Modell*; *Motorleistung*; *Typklasse*; *Durchschnittsverbrauch*].

a) Formuliere folgende Abfragen in *SQL*.

(1) Gib die durchschnittliche Typklasse und den Durchschnittsverbrauch aller Modelle eines Herstellers an.

(2) Gesucht ist zu jeder Motorleistung der höchste bzw. niedrigste Verbrauch.

b) Erläutere, ob sich bei der Abfrage (2) auch das zugehörige Modell angeben lässt.

5 Schulchor

Der Leiter eines großen Schulchores verwaltet seine Sängerinnen und Sänger in einer Datenbank mit folgender Tabelle SCHUELER:

SCHUELER[_SNr_; _Name_; _Vorname_; _Geschlecht_; _Jahrgangsstufe_; _Alter_; _Stimmlage_].

a) Formuliere folgende Abfragen in _SQL_.

  (1) Wie viele Mitglieder je Stimmlage hat der Chor?
  (2) Wie viele Schülerinnen und Schüler der jeweiligen Jahrgangsstufen besuchen den Chor?
  (3) Welches durchschnittliche Alter haben die einzelnen Stimmlagen?
  (4) Wie viele Mädchen bzw. Jungen besuchen den Chor?
  (5) Wie viele Jungen singen noch im Sopran oder Alt?

b) Bestimme, welches Ergebnis folgende _SQL_-Abfrage liefert.

```
SELECT Stimmlage, MAX(Alter) AS Aelteste, MIN(Alter) AS Juengste
FROM SCHUELER
WHERE Geschlecht = 'm'
GROUP BY Stimmlage
```

6 ⚇ Bundeskabinett

Die Tabelle MINISTER[_Nr_; _Name_; _Vorname_; _Partei_] enthält alle Mitglieder des Bundeskabinetts seit 1949, die Tabelle AMT[_Kurzbez_; _Beschreibung_] alle seither vergebenen Ressorts. In der Tabelle HAT_INNE[_MinisterNr_; _AmtBez_; _von_; _bis_] wird gespeichert, welcher Politiker in welchem Zeitraum (von, bis) welches Ressort (z. B. „Justiz", „Umwelt" oder „Bildung" bzw. „Kanzler") innehatte.

Aufgabe 6 kann als Projekt gestaltet werden.

Die Bundeskanzlerin bzw. der Bundeskanzler bildet zusammen mit den Ministerinnen und Ministern das Bundeskabinett.

Leitet ein Kabinettsmitglied beispielsweise das „Ministerium für Bildung, Jugend und Sport", so wird dieses in der Tabelle HAT_INNE dreimal im gleichen Zeitraum aufgeführt, nämlich jeweils einmal für jedes Ressort (Bildung, Jugend und Sport).

a) Formuliere folgende Abfragen jeweils in _SQL_.

  (1) Wie viele Kanzler gab es bisher bzw. wie viele Minister in den verschiedenen Ressorts?
  (2) Wie viele Tage stellten die verschiedenen Parteien jeweils den Kanzler?
      Hinweis: Gehe davon aus, dass sich die Anzahl der Tage wie bei Tabellenkalkulationen über die Differenz der beiden Datumswerte _von_ und _bis_ berechnen lässt.
  (3) Wie lange waren die Minister in den verschiedenen Ressorts durchschnittlich im Amt?

b) Bestimme, welche Ergebnisse folgende Abfragen liefern.

  (1)

```
SELECT Name, Vorname, COUNT(AmtBez) AS Anzahl
FROM MINISTER, HAT_INNE
WHERE MINISTER.Nr = HAT_INNE.MinisterNr
GROUP BY Name, Vorname
```

  (2)

```
SELECT Partei, COUNT(Nr) AS Anzahl
FROM MINISTER, HAT_INNE
WHERE MINISTER.Nr = HAT_INNE.MinisterNr
AND AmtBez = 'Auswaertiges'
GROUP BY Partei
```

Informiere dich beispielsweise im Internet, wie die zugehörige Ergebnistabelle bei der Abfrage (2) aussehen würde.

Eine der abgebildeten Personen wird wegen eines Verbrechens gesucht. Leider kann man den Täter nicht eindeutig identifizieren. Man weiß aber, dass der Täter ein Mann ist. Weitere Untersuchungen ergeben, dass er groß sein muss und keinen Bart trägt. Zudem sagen Zeugen aus, dass er relativ dünn war. Ermittle den Täter. Gib an, welche der gegebenen Informationen dazu im Nachhinein gar nicht nötig gewesen wäre. Wähle selbst eine der Personen als Täter aus und nenne deinem Banknachbarn mehrere Merkmale, die nur dann zum Täter führen, wenn man sie alle kombiniert.

Durch die Kombination unterschiedlicher Datenbestände lassen sich wertvolle Informationen gewinnen. Werden sehr viele unterschiedliche und sich laufend ändernde Daten verknüpft, stoßen die Methoden der herkömmlichen Datenverarbeitung jedoch schnell an ihre Grenzen.

Daten zeitnah analysieren

Johanna fährt mit ihrer Familie zu ihren Großeltern. Der Verkehrsfunk im Radio meldet auf der Route, die sie für ihre Fahrt üblicherweise wählen, keinen Stau. Unterwegs schlägt die Navi-App auf Johannas Smartphone plötzlich eine andere Route vor, die deutlich schneller zum Ziel führen soll. Auf der ursprünglich geplanten soll sich ein Stau gebildet haben. Johannas Eltern folgen dem Vorschlag der Navi-App. Eine halbe Stunde später erfahren sie aus dem Verkehrsfunk, dass sich tatsächlich ein Unfall ereignet hat, der zu einem langen Stau geführt hat. Woher wusste die App noch vor dem Verkehrsfunk von diesem Stau?

Anscheinend wertet der Betreiber der Navi-App die Positionsdaten von Verkehrsteilnehmern, die ihm über eine mobile Internetverbindung übermittelt werden, nicht nur dahingehend aus, dass die Nutzer zu ihren jeweiligen Zielen navigiert werden. Offenbar wird auch registriert, dass sich viele Nutzer etwa auf einer Autobahn gleichzeitig und nahe beieinander kaum vorwärtsbewegen. Wenn von diesen Fahrzeuginsassen auch noch andere Apps desselben Betreibers genutzt werden, die Zugriff auf die Positionsdaten des Smartphones haben, kann man sehr schnell auf einen Stau als Ursache für das langsame Vorankommen vieler Smartphones schließen.

Verarbeitung großer Datenbestände

So wie man im obigen Beispiel aus den Positionsdaten sehr vieler Smartphones einen Stau feststellt, kann man heute oft mithilfe ausgefeilter Algorithmen sehr hilfreiche Erkenntnisse aus der Kombination und Analyse enorm umfangreicher Datenmengen aus verschiedenen Quellen ableiten. Derartig umfangreiche, meist wenig strukturierte Datenmengen bezeichnet man als **Big Data** im engeren Sinn. Im weiteren Sinn werden in diesen Begriff auch die Verarbeitungstechniken mit einbezogen.

big (engl.): groß
data (engl.): Daten

Durch zunehmende Rechenleistung, neue Algorithmen und sinkende Kosten für Speichermedien gewinnen Big-Data-Technologien immer mehr an Bedeutung.

Big Data wird in vielen verschiedenen Bereichen eingesetzt. Beispielsweise hilft Big Data in der medizinischen Forschung, im Gesundheitswesen, bei der Polizeiarbeit, der Trendforschung oder der Optimierung von Unternehmensprozessen.

Wie viele neue Technologien birgt Big Data sowohl Chancen als auch Risiken für die Gesellschaft, wie die folgenden Beispiele einiger typischer Big-Data-Anwendungen zeigen.

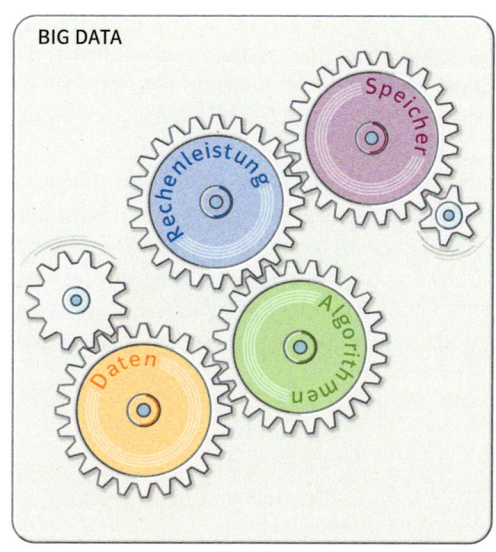

Profiling und Scoring

Eine sehr häufige Anwendung im Kontext von Big Data ist das Profiling. Hierbei werden aus einer Vielzahl von Quellen große Mengen persönlicher Daten gesammelt und daraus mit Big-Data-Methoden ein Profil der betroffenen Person erstellt. Solche Profile können anlassbezogen von staatlichen Einrichtungen z. B. zur Strafverfolgung oder zur Terrorismusbekämpfung verwendet oder von Geheimdiensten auch ohne Anlass erfasst werden (vgl. Exkurs auf Seite 189). Aber auch im Marketing sind solche Profile interessant, um z. B. das Kaufverhalten von Kunden zu beeinflussen. Auch in politischen Wahlkämpfen werden solche Profile verwendet, etwa um unentschlossene Wähler gezielt ansprechen und überzeugen zu können.

Ein Spezialfall des Profiling ist das Scoring. Dabei wird aus dem Profil einer Person je nach Anwendungsgebiet ein entsprechender Wert (Score) ermittelt, der eine schnelle Aussage über diese Person zulässt bzw. einen einfachen Vergleich zwischen Personen ermöglicht. Im privatwirtschaftlichen Bereich werden solche persönlichen Scores von Auskunfteien erstellt und verkauft, beispielsweise zur Bonitätsprüfung bei Kreditvergaben oder Inkassoverfahren oder zur Risikoeinschätzung bei Versicherungsabschlüssen. China startete 2020 Pilotprojekte zu einem Sozialkredit-System, bei dem jeder Bürger einen „Social Score" erhalten soll (vgl. Exkurs auf Seite 135, Band 2A). Von Datenschutzbedenken abgesehen wird beim Scoring häufig kritisiert, dass ein individueller Score nur eine statistische Aussage ist und nicht unbedingt die Individualität des Einzelnen widerspiegelt.

score (engl.): Punktzahl

Die Schufa ist eine der bekanntesten Auskunfteien in Deutschland (vgl. Exkurs auf Seite 190).

Technischer Hintergrund von Big Data

Das „Big" im Begriff Big Data wird üblicherweise auf die drei Eigenschaften **volume**, **velocity** und **variety**, kurz 3V, bezogen. Dabei steht volume für die große Datenmenge, velocity für die hohe Verarbeitungsgeschwindigkeit und variety für die große Vielfalt an Datenquellen und Datenformaten. Oftmals werden auch weitere Vs hinzugefügt, etwa veracity für die Richtigkeit oder validity für die Güte der Daten.

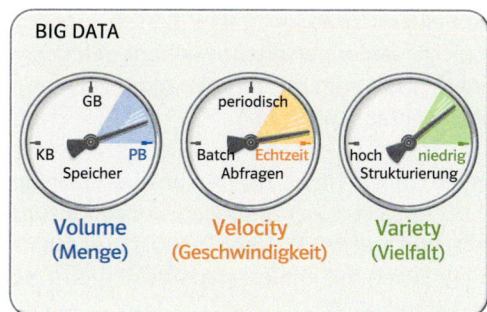

volume (engl.): Menge, Größe, Inhalt
velocity (engl.): Geschwindigkeit, Schnelligkeit
variety (engl.): Vielfalt
veracity (engl.): Aufrichtigkeit, Glaubwürdigkeit
validity (engl.): Gültigkeit, Validität

Um der Vielfalt (variety) der Datenquellen und Datenformate gerecht zu werden, kommen bei Big-Data-Anwendungen häufig Datenbanken zum Einsatz, die nicht so stark strukturiert sind wie relationale Datenbanken. Man spricht in solchen Fällen von *NoSQL*-Datenbanken, um sich von den „üblichen" relationalen Datenbanken abzugrenzen.

Vorsicht:
NoSQL steht hier für „Not only *SQL*", also für „Nicht nur *SQL*" und nicht für „kein *SQL*".

Big Data kann sich auch in anderer Hinsicht von herkömmlicher Datenverarbeitung unterscheiden. Während bei klassischen Datenbankanwendungen der Datenbestand über einen vergleichsweise längeren Zeitraum feststeht und sich die Abfragen je nach Bedarf ändern (Fig. 1), steht bei Big-Data-Anwendungen häufig die Abfrage fest, während sich die in die Abfrage eingehenden Daten ständig ändern (Fig. 2). Auf diese Weise können laufend Analysen innerhalb kurzer Zeit realisiert werden (vgl. das Beispiel der Navi-App auf Seite 182).

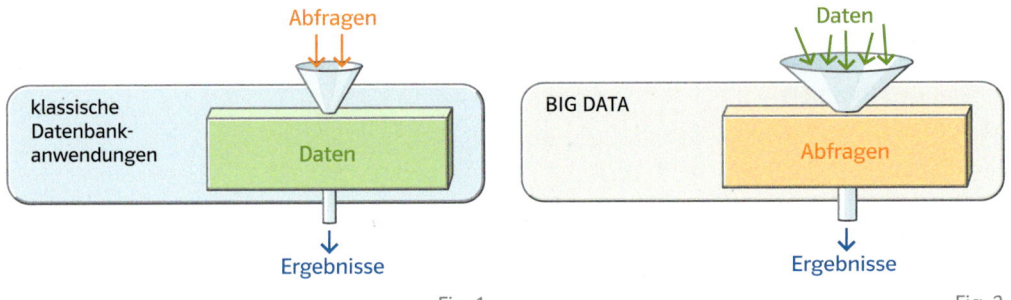

Fig. 1   Fig. 2

Auswirkungen von Big Data auf die Privatsphäre und die Gesellschaft

Welche Auswirkungen Big Data auf den Einzelnen und die Gesellschaft haben kann, zeigen bereits die oben ausgeführten Anwendungsbeispiele. Während Big Data einerseits etwa die Sicherheit der Bevölkerung erhöhen kann, steigert Big Data andererseits die Möglichkeiten zur Überwachung deutlich. Während Big Data einerseits die medizinische Forschung und Diagnostik voranbringt, kann Big Data andererseits Individuen auf statistische Angaben reduzieren.

Darüber hinaus kann sich Big Data auf die Privatheit auswirken, wenn anonymisierte Daten durch Verknüpfung verschiedener Datenbestände wieder auf bestimmte Personen bezogen werden können. Gemäß DSGVO gelten die Grundsätze des Datenschutzes nicht für anonyme Informationen, d. h. für Informationen, die sich „nach allgemeinem Ermessen" nicht auf eine bestimmte Person beziehen lassen. Wenn etwa ein Pizza-Lieferservice die Bestellung einer Studierenden-WG, die aus fünf Bewohnern besteht, veröffentlicht, ohne einzelne Namen zu nennen, kann dennoch relativ leicht auf den individuellen Besteller geschlossen werden und daher ist dies nicht datenschutzkonform. Wenn dagegen die Bestellung eines Studierendenwohnheims veröffentlicht wird, in dem mehrere hundert Studierende wohnen, wäre es nahezu unmöglich, den Besteller zu identifizieren. Mit Big Data können solche Daten, die anfänglich „nach allgemeinem Ermessen" keiner Person zugeordnet werden konnten, am Ende möglicherweise doch wieder personenbeziehbar gemacht werden. Diese Möglichkeit zur Identifizierung einer Person wird mit zunehmender Leistungsfähigkeit von Big Data in Zukunft voraussichtlich ebenfalls zunehmen.

Die Gesellschaft muss sich dieser Möglichkeiten bewusst sein und gegebenenfalls die Regelungen zum Datenschutz entsprechend anpassen. Konzepte zum Datenschutz, die ursprünglich als ausreichend erachtet wurden, müssen möglicherweise nachgebessert werden, weil Big Data mehr und mehr Daten mit immer leistungsfähigerer Hardware sowie besseren Algorithmen miteinander verknüpft.

Datenschützer fordern hier in erster Linie mehr Transparenz beim Einsatz von Big Data, damit man etwa Fehleinschätzungen beim Scoring korrigieren oder unrichtigen Daten widersprechen kann. Unternehmen und Behörden haben dagegen ein Interesse daran, die Möglichkeiten von Big Data so weit wie möglich auszuschöpfen, und verweisen beim Wunsch nach mehr Transparenz häufig auf das Betriebsgeheimnis.

> Unter **Big Data** versteht man die Kombination, Verarbeitung und Analyse von großen, oft sehr unterschiedlich strukturierten oder völlig unstrukturierten Datenmengen, die meist aus verschiedenen Datenquellen stammen. Big Data macht zeitnah Zusammenhänge sichtbar und schafft so wertvolle Erkenntnisse für Wirtschaft, Wissenschaft und Behörden. Big Data birgt aber auch Risiken für die Privatsphäre und für die Gesellschaft.

1 Der gläserne Patient

Viele Krankenkassen bieten Apps zur Verwaltung und zur vereinfachten Weitergabe persönlicher Gesundheitsdaten an.

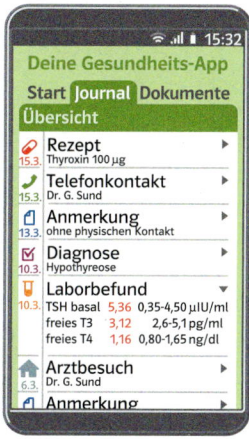

a) Erstelle eine Liste mit möglichen Funktionen, die eine derartige App deiner Meinung nach bieten sollte.

b) Recherchiere im Internet, was diese Apps tatsächlich leisten können. Vergleiche das Ergebnis mit deiner in Teilaufgabe a) erstellten Liste, indem du angibst, welche Funktionen der App du nicht erwartet hättest bzw. welche Funktionen du erwartet hättest, die aber nicht implementiert sind.

c) Lege die Vorteile dar, die die Nutzung der App für den Einzelnen mit sich bringt, und erläutere die Risiken, die sich daraus für den Einzelnen ergeben können. Wäge die Vorteile und die Risiken gegeneinander ab und entscheide, ob du eine solche App nutzen würdest.

d) Viele solche Apps ermöglichen den Import von persönlichen Daten, die z. B. Fitness-Tracker über den Nutzer sammeln. Dadurch entsteht ein noch umfassenderes Bild des aktuellen Gesundheitszustands. Ergänze deine Antworten zu den Vorteilen und Risiken aus Teilaufgabe c) im Hinblick auf diese Zusatzfunktion und entscheide, ob du sie nutzen würdest.

e) Bildet Vierergruppen. Vergebt innerhalb der Gruppe jeweils die Rolle einer Vertreterin bzw. eines Vertreters einer Arztpraxis, einer medizinischen Forschungsabteilung, einer Krankenkasse und einer Lebensversicherung. Diskutiert aus der Sicht eurer jeweiligen Rolle miteinander, wie ihr die Daten der App nutzen könntet und welche Vorteile damit verbunden sind. Erläutert dabei, inwiefern Big Data zum Einsatz kommen könnte, und gebt an, was ihr beachten müsstet, um die Regelungen des Datenschutzes einzuhalten. Schildert gegebenenfalls Auswirkungen auf die Gesellschaft, die sich daraus ergeben können.

f) Eine Betriebskrankenkasse erhofft sich von der App einen gesünderen Lebensstil ihrer Nutzer und überzeugt die Betriebsleitung, das Nutzen der App zu fördern. Diese ist bereit, denjenigen Angestellten, denen die App gute Gesundheitswerte bescheinigt, Boni auszuzahlen. Außerdem sollen die Nutzer der App kostenlose Fitness-Tracker erhalten, um nachzuweisen, dass sie sich ausreichend bewegen und nachts genügend schlafen. Diese Angebote sind jedoch freiwillig. Erläutere, wie du als Betriebsrätin bzw. als Betriebsrat auf das Vorhaben der Betriebsleitung reagieren würdest.

2 Rasterfahndung

Zur Verfolgung oder Prävention einer Straftat kann die Polizei eine Rasterfahndung durchführen, die auch Big-Data-Verfahren einsetzt. Dabei werden aus vielen verschiedenen Datenquellen diejenigen Personen herausgefiltert, deren Merkmale in den Datenquellen mit denen übereinstimmen, die einer gesuchten Person zugeschrieben werden. Beispielsweise wurde nach den Anschlägen vom 11. September 2001 nach sogenannten „Schläfern" gefahndet. Dabei wurde nach Personen u. a. mit folgenden Merkmalen gesucht: männlich, Alter zwischen 18 und 40 Jahren, Student oder Ex-Student, Herkunft aus einem Land mit überwiegend islamischer Bevölkerung.

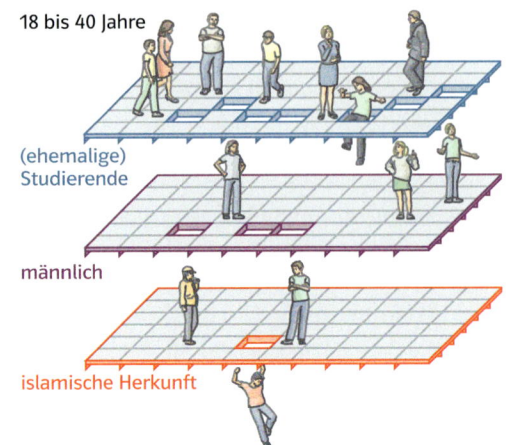

18 bis 40 Jahre

(ehemalige) Studierende

männlich

islamische Herkunft

Die beschriebene Rasterfahndung nach Schläfern wurde nachträglich durch ein Urteil des Bundesverfassungsgerichts vom 04.04.2006 als verfassungswidrig erklärt, da für Deutschland keine konkrete Gefahr ausging.

a) Eine Rasterfahndung darf nur unter strengen Auflagen durchgeführt werden. Begründe dies anhand der Grundsätze der DSGVO.

b) Nenne mindestens fünf verschiedene Datenquellen, die der Polizei bei Rasterfahndungen zur Verfügung stehen könnten.

c) Gib an, welche zwei der drei Vs, die Big Data charakterisieren, bei der Rasterfahndung vor allem eine Rolle spielen. Beziehe diese beiden Eigenschaften auf die Datenquellen, die du in Teilaufgabe b) genannt hast.

Vergleiche dazu auch die Fahndung nach dem Autobahnschützen im Exkurs auf Seite 189.

3 Internet der Dinge – Smarthome

Viele Geräte zu Hause verfügen mittlerweile über einen Internetzugang, über den sie ansteuerbar sind, den sie aber auch zur Kommunikation untereinander und mit Servern im Internet nutzen. Dadurch können sie Aufgaben erfüllen, die den Alltag der Menschen komfortabler und sicherer machen. Andererseits verarbeiten und übermitteln diese Geräte auch eine große Menge an Daten – darunter auch personenbezogene.

a) Erstelle eine Liste mit Smarthome-Geräten, die du kennst. Recherchiere im Internet, welche Geräte es darüber hinaus noch gibt, und ergänze damit deine Liste. Streiche diejenigen Smarthome-Geräte in deiner Liste an, die bei dir zu Hause genutzt werden.

b) Falls bei dir zu Hause Smarthome-Geräte im Einsatz sind, sieh dir die Datenschutzerklärung eines dieser Geräte an. Recherchiere ansonsten im Internet für ein beliebiges Gerät deiner Liste nach der Datenschutzerklärung. Ermittle, welche personenbezogenen Daten gesammelt und zu welchem Zweck sie genutzt werden. Entscheide, ob du dieser Verarbeitung zustimmen würdest, und überprüfe gegebenenfalls die getroffene Entscheidung.

c) Stelle die Chancen, die der Einsatz von Smarthome-Geräten für den Einzelnen und die Gesellschaft bietet, den Risiken gegenüber. Zeige auf, welche Rolle der Datenschutz dabei spielen sollte.

d) Erkläre anhand einiger Beispiele, welche Bedeutung Big Data bei der Verwendung von Smarthome-Geräten zukommt.

e) Stell dir vor, welche Möglichkeiten Smarthome in der Zukunft bieten könnte. Beschreibe ein Szenario, wie eines Tages das Leben in einem vernetzten Zuhause aussehen könnte.

4 Internet der Dinge – Sprachassistenten

Viele Smarthome-Geräte (vgl. Aufgabe 3), vernetzte Autos (vgl. Aufgabe 5), aber auch PCs, Tablets oder Smartphones haben einen Sprachassistenten integriert, sodass sie sich per Spracheingabe steuern lassen. Es gibt auch eigene Geräte dafür (Smart Speakers).

a) Recherchiere im Internet, wie solche Sprachassistenten funktionieren. Beschreibe dazu Schritt für Schritt, wie sie einen Befehl erkennen, verstehen und darauf reagieren können.

b) Lege dar, welche Rolle Big Data beim Einsatz von Sprachassistenten spielt.

c) Erläutere, welche Möglichkeiten und welche Risiken mit solchen Sprachassistenten verbunden sind.

d) Das Abschalten von Sprachassistenten ist nicht immer einfach. Recherchiere und erkläre, wie es sich bei einem Smartphone deiner Wahl bewerkstelligen lässt.

5 Internet der Dinge – Connected Car

Fast alle modernen Fahrzeuge verfügen über eine Vielzahl an Sensoren, deren Messdaten gespeichert werden, damit beispielsweise Werkstätten bei der Wartung und Reparatur des Fahrzeugs darauf zugreifen können. Aber auch andere Fahrzeugbestandteile wie Navigationssysteme oder Rückfahrkameras erfassen Daten. Mittlerweile ist in vielen Fahrzeugen auch eine mobile Internetverbindung bereits fest integriert.

a) Über die Internetverbindung können fahrzeugbezogene Daten unmittelbar an den Fahrzeughersteller übermittelt und dort ausgewertet werden. Erläutere, inwiefern dies eine Big-Data-Anwendung darstellt. Stelle dazu einen Bezug zu den drei Vs her, die Big Data charakterisieren, und erkläre, wodurch sich diese Anwendung von einer klassischen Datenbankanwendung unterscheidet.

b) Erläutere, wie aus diesen fahrzeugbezogenen Daten personenbezogene Informationen gewonnen werden können, und gib mindestens drei Beispiele an, welche persönlichen Daten man auf diese Weise ermitteln kann.

c) Eine Autoversicherung bietet ihren Kunden günstigere Tarife an, wenn man sich bereit erklärt, dass seine Daten zum Fahrverhalten an die Autoversicherung übermittelt werden. Dadurch weiß die Versicherung von seinen Kunden, wann sie wo wie schnell unterwegs waren. Würdest du einen solchen Tarif abschließen? Diskutiere Pro und Kontra.

d) Nenne mindestens drei verschiedene Beispiele, bei denen Daten, die durch die Fahrzeugelektronik gesammelt und gegebenenfalls über eine Mobilfunkverbindung übermittelt werden, der Polizei eine Hilfe sein könnten. Erläutere zu jedem Bespiel, ob bzw. unter welchen Umständen sie datenschutzrechtlich erlaubt sind.

e) Um den Komfort und die Sicherheit zu erhöhen, sind in Fahrzeugen mit Internetzugang häufig auch Sprachassistenten eingebaut, die Spracheingaben online übertragen und zentral auswerten (vgl. Aufgabe 4). Außerdem können Berechtigte remote, also über das Internet auf die Fahrzeugdaten zugreifen. Stelle den Nutzen solcher Techniken den Risiken gegenüber. Formuliere Bedingungen, die an deren Einsatz geknüpft sein sollten. Denke dabei auch an Fälle wie Fahrten in einem Leih- oder Dienstwagen.

f) Ein Fahrzeug mit Internetzugang hat auch die Möglichkeit, mit anderen Verkehrsteilnehmern bzw. mit Geräten der Verkehrsinfrastruktur wie etwa Ampeln zu kommunizieren, sofern diese ebenfalls über einen entsprechenden Anschluss verfügen. So eröffnen sich viele neue Möglichkeiten. Beschreibe mindestens drei dieser Möglichkeiten – auch im Hinblick auf Big Data – und erläutere, wie sie sich jeweils auf die Privatsphäre auswirken können.

Anwendungsbeispiele für Big Data

Ein Betrugsfall

Frank P. hatte hohe Schulden, seine Gläubiger saßen ihm im Nacken. Er sah keinen anderen Ausweg mehr, als sich das Geld illegal zu beschaffen und ersann deswegen folgenden Plan:

Er wollte ein teures Auto verkaufen, welches er gar nicht besaß. Um sein Vorhaben zu verwirklichen, besorgte er sich zunächst mithilfe falscher Daten ein Handy mit Prepaid-Karte. Anschließend informierte er sich zu Hause auf den Webseiten eines Automobilherstellers über dessen verschiedene Modelle. Mithilfe eines „Konfigurators" kann man sich online sein Wunschauto zusammenstellen. Man sucht sich das bevorzugte Modell in der Basisversion, entscheidet sich für Motor und Lackierung und wählt die gewünschte Sonderausstattung aus. Schließlich erhält man ein Angebot für seinen Traumwagen.

So hatte sich auch Frank P. sein Luxusmodell zusammengestellt, welches er schließlich in mehreren Zeitungen unter Angabe seiner neuen Handynummer inserierte. Die Interessenten ließen nicht lange auf sich warten. Seine Bedingung, Barzahlung bei Fahrzeugübergabe, wurde akzeptiert und man verabredete sich etwas außerhalb der Stadt auf einem ehemaligen Fabrikgelände. Dort zog Frank P. eine Waffe, nahm den Geldkoffer des betrogenen Käufers mit knapp 100 000 € an sich und floh. Das Handy entsorgte er umgehend und wähnte sich in Sicherheit. Doch bereits wenige Tage später wurde Herr P. von der Polizei festgenommen.

Doch wie kam die Polizei ihm auf die Schliche? Natürlich wurde zuerst das Handy zurückverfolgt. Die der Telefongesellschaft vorliegenden Daten über den Eigentümer der Nummer, die Herr P. inseriert hatte, waren zwar falsch und führten zunächst ins Leere, dennoch wurden selbstverständlich sämtliche Anrufe gespeichert. Insbesondere konnte festgestellt werden, an welchen Sendemasten (Mobilfunkzellen) das Handy zu welchen Zeiten eingebucht war. Auf diese Weise konnte die Polizei ermitteln, dass sich der Besitzer abends in München-Fürstenried und tagsüber in Unterhaching aufhielt. Der Sendemast, in den sich das Handy morgens eingebucht hat, versorgt insbesondere einige Bürogebäude mit Netzanschluss, abends und nachts dagegen handelte es sich um ein Wohngebiet. Die Ermittler überprüften alle Arbeitnehmer im Umkreis der Hachinger Zelle auf ihre Heimatadresse und konnten den Kreis der Verdächtigen schnell eingrenzen.

IP steht für Internet Protocol.

Als nächstes musste der Webadministrator des Automobilkonzerns die Datenbank durchforsten und sämtliche IP-Adressen herausfiltern, welche auf die Internetseite zugegriffen haben. Außerdem wurden, insbesondere wohl auch aus Marketingzwecken, sämtliche Konfigurationen, welche online zusammengestellt wurden, erfasst. Von monatlich mehreren zehntausend Zugriffen auf den Konfigurator sind im betreffenden Zeitraum nur drei übrig geblieben, die das Auto genau so beschrieben, wie es in der Anzeige zu lesen war. Über den Internetanbieter konnte eine der zugehörigen IP-Adressen dem in Fürstenried lebenden und in Unterhaching arbeitenden Frank P. zugeordnet werden.

Exkurs

Diese Geschichte hat sich tatsächlich so ereignet, lediglich Namen und Orte wurden verändert. Frank P. wurde mittlerweile zu vier Jahren Freiheitsstrafe verurteilt.

Einerseits zeigt der Fall von Frank P., dass die Speicherung von Daten, hier die Verbindungsdaten des Handys sowie die vollständigen Zugriffsdaten der Webseite des Autokonzerns, sicherlich sinnvoll zur Verbrechensbekämpfung eingesetzt werden können.
Andererseits ist es auch erschreckend, wenn man sich vorstellt, wie derartige Daten missbraucht werden könnten. Und nur wenigen Bürgern ist bewusst, wie viele ihrer Daten gespeichert werden.

Der Fall eines Autobahnschützen

Aufsehen erregte 2008 bis 2013 auch der Fall eines Autobahnschützen. In diesem Zeitraum wurden auf deutschen Autobahnen willkürlich mehr als 700 Schüsse auf verschiedene Fahrzeuge abgegeben. Man wusste zunächst nur, dass der Täter in einem Lkw gesessen haben musste. Die Polizei konnte den Täter erst ermitteln, nachdem sie mehrere Millionen Kfz-Kennzeichen, die zur infrage kommenden Zeit an entsprechenden Standorten erfasst wurden, mit den Daten von Mobilfunkzellen abgeglichen hatte.

Obwohl diese Maßnahmen zur Festnahme des Täters führten, wurde über die Zulässigkeit der Kennzeichenerfassung diskutiert. Kritiker fanden diese unverhältnismäßig und auch die Anwälte des Schützen forderten ein Beweisverwertungsverbot.

PRECOBS

Seit 2014 ist u.a. in München und Nürnberg PRECOBS (Pre Crime Observation System) im Einsatz – eine Software zur Prognose von zeitlichen und räumlichen Schwerpunkten für bestimmte Delikte. (Die Idee, künftige Straftaten vorherzusagen, hatte bereits 1956 Philip K. Dick in seiner Kurzgeschichte „The Minority Report".)

Für eine solche vorhersagende Polizeiarbeit (Predictive Policing) werden sehr viele, ganz unterschiedliche Daten herangezogen und analysiert, wie etwa Zeit, Ort und Art von bereits begangenen Straftaten, Täterprofile oder polizeiliche Erfahrungswerte. Auch wenn dabei nur anonymisierte Daten verwendet werden, fürchten Datenschützer, dass dadurch auch unbescholtene Bürger, die sich zufällig an einem solchen Ort aufhalten, ins Visier der Polizei geraten könnten bzw. dass deren Freiheit durch die verstärkte Polizeipräsenz dort eingeschränkt würde.

Globale Überwachungs- und Spionageaffäre

Dass auch Geheimdienste Big Data anwenden, ist spätestens seit 2013 bekannt, als der US-Geheimdienstmitarbeiter Edward Snowden die Überwachungs- und Spionagepraktiken v.a. der Vereinigten Staaten von Amerika und Großbritanniens enthüllte. Demnach sammelten diese Staaten mindestens seit 2007 Daten aus vielen verschiedenen Quellen. Regierungen wurden abgehört, der Daten- und Telefonverkehr über interkontinentale Datenverbindungen und große Datenknoten wurde überwacht und mitgeschnitten, Rechnernetze wurden zu Spionagezwecken mit Schadsoftware infiziert, Unternehmen wurden verpflichtet, bestimmte Daten und Schlüssel zur Entschlüsselung herauszugeben usw.

Edward Snowden (*1983), US-amerikanischer Whistleblower

Zur Speicherung und Auswertung dieser Unmenge an Daten wurden enorme Hardwarekapazitäten geschaffen und mittels Big Data umfangreich analysiert. Es ist davon auszugehen, dass praktisch jeder Bürger, der das Internet nutzt, davon betroffen ist.

Die Stasi

In der Vergangenheit haben sich auch andere Organisationen einen unrühmlichen Namen als Datensammler gemacht. Die Stasi, also das Ministerium für Staatssicherheit (MfS) der ehemaligen DDR, war nicht nur Geheimdienst, sondern auch ein Überwachungsorgan der Sozialistischen Einheitspartei Deutschlands (SED), welches fast vierzig Jahre lang Material über Millionen von Menschen sammelte.

Das MfS schreckte nicht davor zurück, in die Privatsphäre seiner Opfer einzudringen und selbst intimste Informationen für seine Zwecke zu missbrauchen, beispielsweise um system-kritische Bürger zu unterdrücken. Weder Bank- oder Postgeheimnis noch die Unverletzlich-keit der Wohnung wurden respektiert, selbst die ärztliche Schweigepflicht wurde gebro-chen und Millionen von Bürgern in ihren verfassungsmäßigen Grundrechten von der Stasi beschnitten.

Jeder deutsche Bürger hat das Recht, kos-tenfrei Einsicht in die über ihn angefertigten Stasi-Akten zu erlangen.
Ab dem 3.10.1990 bewahrte der „Bundes-beauftragte für die Unterlagen des Staats-sicherheitsdienstes der ehemaligen Deut-schen Demokratischen Republik" (BStU) die MfS-Unterlagen auf und stellte sie nach strengen Richtlinien der Öffentlichkeit zur Verfügung. Am 17.06.2021 soll das Stasi-Unterlagen-Archiv Teil des Bundesarchivs werden (Stand: März 2021). Statt eines BStU soll es dann einen Bundesbeauftragten für die Opfer der SED-Diktatur geben.

Der BStU wurde wegen des langen Titels kurz Gauck- bzw. Birthler- bzw. Jahn-Behörde genannt (nach ihren je-weiligen Vorsitzenden).

Die Schufa

Die Schufa besitzt Daten über jeden, der mit einem Unternehmen ins Geschäft kommen will. Bei Eröffnung eines neuen Kontos, Abschluss eines neuen Handyvertrags oder einem Dar-lehensantrag überprüft das Unternehmen die Bonität des Kunden, indem es bei der Schufa Auskunft über positive oder negative Einträge einholt. Kann ein Kunde beispielsweise seine Handyrechnung nicht bezahlen, so wird der Vertragspartner dies der Schufa melden und den Vertrag auflösen. Der Zahlungssäumige wird eventuell keinen neuen Handyvertrag mehr bekommen, da die anderen Telekommunikationsanbieter den negativen Schufa-Eintrag auf Anfrage erhalten und so dem Vertragsabschluss nicht zustimmen werden.

Die Schufa verwendet ein Scoring-Verfahren: Hierbei bekommt jeder Verbraucher einen Score-Wert, der alle bei der Schufa registrierten Bürger in Risikoklassen einteilt.

Dass hier jedoch auch mit den Daten missbräuchlich umgegangen werden kann, zeigt der Fall des Studenten Josef K. Dieser hat bei einem großen deutschen Telefondienstanbieter einen Handyvertrag abgeschlossen und regelmäßig seine Gesprächseinheiten bezahlt.
Als das Unternehmen jedoch eine nachweislich inkorrekte Rechnung über vertelefonierte Einheiten ausstellte, widersprach Josef K. dieser Forderung und bezahlte nur den tatsächlich geleisteten Betrag. Die Firma reagierte prompt mit einem negativen Schufa-Eintrag. Josef K. wurde daraufhin das Konto bei seiner Bank gekündigt und jedes Kreditkartenunternehmen verweigerte seinen Antrag auf eine Kreditkarte. Trotz allem sah sich Josef K. im Recht und zog vor Gericht – mit Erfolg. Die Telefongesellschaft musste zahlen und Josef K. in allen Punk-ten rehabilitieren.

Exkurs

Datensicherung und -rettung

Datenverlust und -rettung

Plötzlich gibt die Festplatte nur noch seltsame Geräusche von sich, dann geht gar nichts mehr. Harddisccrash! Alle Daten scheinen verloren. Der Student Peter B. kann weder das Adressbuch mit den Geburtstagen aller Freunde, noch seine E-Mails oder die 200 Seiten seiner fast fertig gestellten Masterarbeit erreichen.

Was für den Privatanwender schon eine Katastrophe sein kann, ist für eine Firma der „Super-Gau": Umsätze, Kontodaten, offene Rechnungen – alles ist verloren, wenn die Daten nicht mehrfach gesichert wurden. Was nützt die perfekte Datenbank, wenn von den Daten nicht regelmäßig eine Sicherung (Backup) erstellt wird?
Jede Festplatte hat nur eine bestimmte Lebensdauer. Insbesondere wenn sie (wie z.B. bei Servern üblich) rund um die Uhr läuft, ist es abzusehen, dass sie irgendwann nicht mehr funktioniert. Darüber hinaus ist eine Festplatte ein sehr empfindliches Instrument. Schon ein Staubkorn kann sie funktionsuntüchtig machen und Daten zerstören.

Manch kleineres Unternehmen, das keine Vorsorgemaßnahmen getroffen hat, wurde schon durch den Verlust seiner vollständigen Datenbank ruiniert. Doch selbst wenn sämtliche Daten stets parallel auf zwei Laufwerken gespeichert werden, ist man vor einem Totalverlust nicht völlig gefeit. Naturkatastrophen, Feuer oder auch Terroranschläge können die Datenträger physisch zerstören.

Die einzige Chance und Hoffnung für diese Unternehmen sind Firmen, die sich auf die Rettung scheinbar verlorener Daten spezialisiert haben. Die Erfolge sind dabei erstaunlich: Viele Daten der nach den Anschlägen vom 11. September 2001 in den Trümmern des World Trade Centers (WTC) gefundenen Festplatten konnten fast vollständig wiederhergestellt werden. Fig. 1 zeigt eine Computerspezialistin einer Firma in Pirmasens, die eine Festplatte aus den Trümmern des WTC untersucht, auf der das FBI Hinweise auf eventuelle illegale Geld-Transaktionen aus der Zeit kurz vor dem Anschlag vermutete. In Fig. 2 ist eine Festplatte aus dem WTC mit einer Betonstaubschicht zu sehen, die geheime Daten von Firmen aus dem zerstörten WTC enthält, die in wochenlanger Arbeit zu retten versucht wurden.

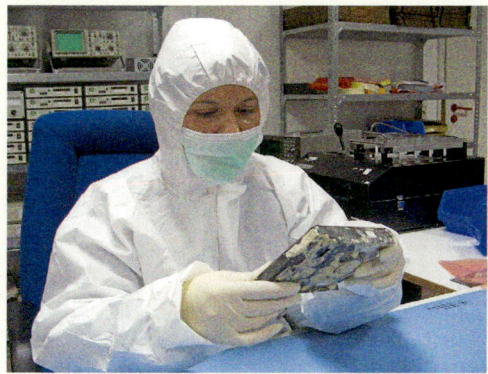

Fig. 1   Fig. 2

Die Kosten einer derart aufwendigen Datenrettung können sich auf mehrere zehntausend Euro belaufen. Dennoch ein geringer Preis im Vergleich zu den Folgen bei unwiederbringlichem Datenverlust.

Nach dem ersten Bombenattentat auf das WTC von 1993 mussten 145 der damals etwa 450 ansässigen Firmen Insolvenz anmelden, da sie über keine redundante IT-Struktur verfügten, mit der sie schnellstmöglich den Betrieb wieder hätten aufnehmen können. Viele Unternehmen haben nach diesem ersten Anschlag wohl reagiert und ihre Daten mehrfach gesichert.

Sollte sich die Sicherung jedoch ebenfalls im gleichen Gebäude befunden haben, war diese im Falle des zweiten Anschlags auf das WTC natürlich wertlos. Hier konnten nur die auf Seite 191 genannten Spezialisten weiterhelfen.

Dass keine genauen Zahlen über wirtschaftliche Einbußen der Firmen im WTC zu finden sind, liegt vermutlich auch daran, dass die Unternehmen nicht das Vertrauen ihrer Kunden aufs Spiel setzen wollten.

Der Mieter der größten Bürofläche im WTC, ein Börsen-Unternehmen, verlor bei den Anschlägen von 2001 zehn Mitarbeiter und veröffentlichte am Tag danach eine Mitteilung. Darin hieß es, dass das Hauptaugenmerk auf dem Wohlergehen und der Sicherheit der Kollegen läge, die im WTC gearbeitet haben. Die Kunden könnten aber sicher sein, dass das Unternehmen trotz der Tragödie weiter funktioniere und die Vermögenswerte der Kunden sicher seien. Sobald die Börse und die Märkte wieder öffneten, würde das Unternehmen wieder voll arbeiten.

Bei allen Anschlägen vom 11. September 2001 kamen insgesamt mehr als 3000 Menschen ums Leben. Viele Firmen und Organisationen widmeten ihnen ein ehrendes Andenken.

Spezialfirmen, die sich auf das Wiederherstellen sensibler Daten spezialisiert haben, bekommen ihre Aufträge aber nicht nur von verzweifelten Geschäftsführern oder Privatpersonen, auch die Polizei bedient sich ihres Könnens. Lange wähnten sich die Händler und Konsumenten illegaler Software und verbotener Dateien auf der sicheren Seite. Sogar auf plötzliche Razzien der Polizei waren sie oft vorbereitet, indem sie die Beweise schnell vernichteten. Doch die Zerstörung der Festplatte durch ein Bad in hochkonzentrierter Säure oder durch einen Vorschlaghammer wiegt glücklicherweise niemanden mehr in Sicherheit.

Das Verfahren der Datenrettung ist aufwendig. Zuerst müssen die Festplatten in einem Ultraschallbad komplett gereinigt werden. Das Ganze läuft in sterilen Räumen ab (Fig. 1 und Fig. 2). Anschließend werden mit bestimmten Verfahren die Daten ausgelesen. Beim „Blue-Laser-Scanning" tastet ein blauer Laserstrahl die Festplatte Bit für Bit ab und kann über Struktur und Größe der Erhebungen die Daten rekonstruieren. Dabei kommen Großrechner zum Einsatz, die die gefundenen, aber ungeordneten Daten wieder zusammenfügen.

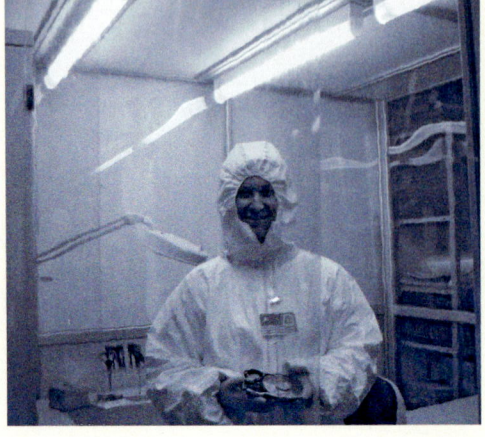

Fig. 1

Fig. 2

Exkurs

Datenverlust vorbeugen – Datensicherung

Am sichersten ist es jedoch, wenn man dem Datenverlust vorbeugt. Für den Privatanwender gibt es Software, die ein Backup von wichtigen Daten auf einer zweiten Festplatte oder DVD anlegt. Große Rechenzentren sind jedoch besonders geschützt. Dies zeigt das Beispiel eines Rechenzentrums eines großen Telekommunikationsunternehmens in München. Als ein neuer Eingang geschaffen werden sollte, mussten sich die Facharbeiter zwei Wochen lang mit Spezialwerkzeugen durch vier Meter dicke Beton- und Stahlmauern fräsen.

Doch Mauern sind nur ein Teil des Sicherheitskonzeptes moderner Rechenzentren. Der Zutritt wird streng bewacht, sowohl für Besucher durch Pförtner und weitere Sicherheitskontrollen wie Biometrie und Zugangscodes als auch der Zugang zum Netzwerk von außen, damit Hacker keine Chance haben. Darüber hinaus werden alle Daten meist dreifach gesichert: einmal auf Servern in den Rechnerräumen, dann in einem separaten Sicherheitsarchiv und ein weiteres Mal auf Rechnern einige Kilometer entfernt, um auch bei der Zerstörung des Gebäudes gewappnet zu sein.

Oft werden Daten auch mithilfe eines RAID-Systems gesichert. In diesem werden zwei oder mehrere Festplatten eines Computers zu einem logischen Laufwerk verbunden, um dadurch mehrere Vorteile zu erhalten. Neben einer größeren Speicherkapazität (bei günstigeren Kosten) erhält man einen größeren Datendurchsatz, was das Arbeiten am Rechner insgesamt beschleunigt. Der entscheidende Nutzen ist, dass RAID-Systeme redundante Informationen gezielt erzeugen, um diese beim Ausfall einzelner Komponenten weiterhin zur Verfügung zu haben. Das Zusammenspiel der einzelnen Festplatten muss jedoch mithilfe einer Software oder durch zusätzliche Hardware (einem RAID-Controller) organisiert und verwaltet werden. Hierfür wurden verschiedene „RAID-Level" spezifiziert, welche sich in der Art des Zusammenwirkens der einzelnen Platten unterscheiden. Ein RAID-1-System spiegelt beispielsweise den Inhalt einer Platte vollständig auf die anderen (Mirroring), sodass man vor Ausfällen gut geschützt ist.

RAID steht für **Re**dundant **A**rray of **I**ndependent **D**isks (redundanter Verbund unabhängiger Festplatten). Ursprünglich stand das „I" jedoch für Inexpensive, da zwei kleinere Festplatten deutlich günstiger zu bekommen waren als eine große mit der gleichen Kapazität.

Viele Rechenzentren verfügen darüber hinaus über einen batteriebetriebenen Netzersatzanschluss, um bei einem unerwarteten Stromausfall bis zu einer Woche lang den Betrieb aufrecht erhalten zu können.

Finanzielle Folgen von Datenverlust

Ausfallzeiten von Systemen sind mit hohen Kosten verbunden. Man rechnet z. B. mit einem direkten finanziellen Verlust von über 100 000 US-Dollar, wenn eine Anwendung für Flugreservierungen nur eine Stunde nicht verfügbar ist. Bei einer Anwendung für Kreditkartentransaktionen beläuft sich diese Summe nach Angabe von Wirtschaftsexperten auf etwa 3 Millionen US-Dollar.

Die gesamtwirtschaftlichen Kosten des Stromausfalls im August 2003 in Nordamerika werden auf Grundlage von Berechnungen der Folgeschäden des Stromausfalls von New York City im Jahr 1977 auf 6,8 – 10,3 Milliarden US-Dollar geschätzt.

Datenmodellierung

Beim Modellieren betrachtet man nur einen kleinen Ausschnitt aus der realen Welt, die „Miniwelt". Welche Informationen beim Datenmodell wichtig sind, muss vorher geklärt werden.

Man verwendet das **Klassenmodell**, welches alle benötigten Klassen mit ihren Attributen und eventuell zugehörigen Datentypen umfasst. Beziehungen zwischen den betrachteten Klassen vervollständigen zusammen mit den zugehörigen **Kardinalitäten** das Klassendiagramm.

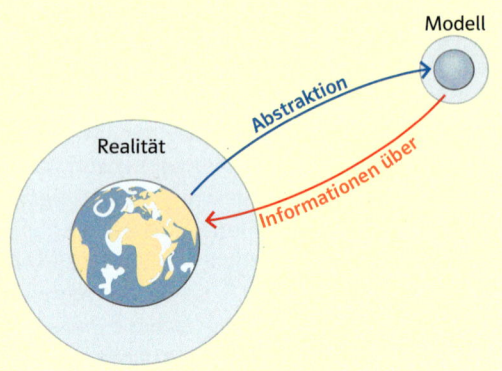

Relationales Datenbankmodell

Das Klassendiagramm kann systematisch in ein **relationales Datenbankmodell** umgewandelt werden. Dieses besteht aus mehreren Tabellen, die folgendermaßen aus dem Klassenmodell hervorgehen: Jede Klasse im Klassenmodell wird in eine eigene Tabelle umgesetzt und gegebenenfalls um einen Primärschlüssel ergänzt.

Jede m:n-Beziehung wird zu einer Tabelle, welche die Primärschlüssel beider Tabellen als **Fremdschlüssel** enthält und deren Kombination als eigenen Primärschlüssel festlegt.

Jede m:1-Beziehung wird aufgelöst, indem die Tabelle derjenigen Klasse auf der Seite mit Kardinalität m um den Primärschlüssel des Beziehungspartners erweitert wird.

Jede 1:1-Beziehung wird analog der m:1-Beziehung umgewandelt, wobei es hier keine Rolle spielt, welche der beiden zugehörigen Klassen um den Primärschlüssel der anderen erweitert wird.

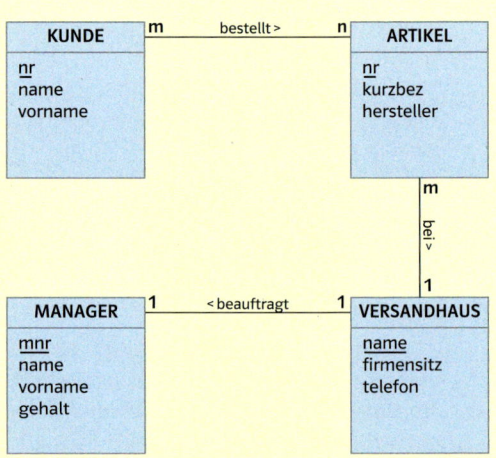

Join aus mehreren Tabellen

Daten aus zwei oder mehreren Tabellen, die über Fremdschlüssel miteinander in Beziehung stehen, können durch einen **Join** gewonnen werden.

Den Join kann man als Hintereinanderausführung von **Kreuzprodukt** und Abfrage verstehen. Die Bedingung muss sicherstellen, dass nur die Datensätze des Kreuzprodukts ausgewählt werden, bei denen Fremdschlüsselwert und zugehöriger Primärschlüsselwert übereinstimmen.

In *SQL* lautet die Abfrage:

```
SELECT *
FROM TABELLE1, TABELLE2
WHERE TABELLE2.Fremdschlüssel =
      TABELLE1.Primärschlüssel
```

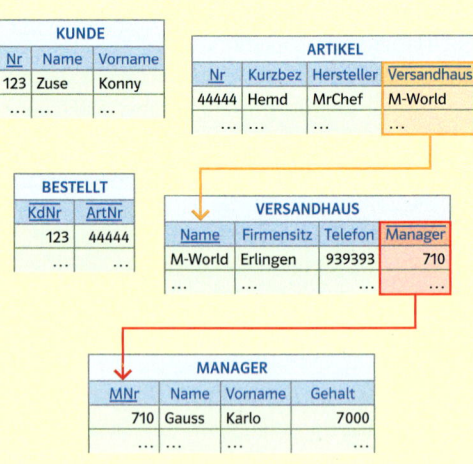

Versandhaus ist Fremdschlüssel in ARTIKEL und verweist auf den Primärschlüssel von VERSANDHAUS. *Manager* ist Fremdschlüssel in VERSANDHAUS und verweist auf den Primärschlüssel von MANAGER. Hier könnte auch als neues Attribut „von" der Primärschlüssel von VERSANDHAUS als Fremdschlüssel in MANAGER ergänzt werden.

Training

1 Abiturprüfung

Bei der Abiturprüfung haben immer zwei Lehrkräfte Aufsicht. Diese werden in einer Tabelle AUFSICHT[Tag; Std; $\overline{A1}$; $\overline{A2}$] gespeichert, wobei in $A1$ und $A2$ die Kürzel der Aufsicht führenden Lehrkräfte stehen (Fig. 1). $A1$ und $A2$ sind also Fremdschlüssel in der Tabelle AUFSICHT, die auf den Primärschlüssel $Kuerzel$ der Tabelle LEHRKRAFT verweisen. Der Tag soll als Zeichenkette gespeichert werden.

Formuliere folgende Abfragen in SQL.

a) Welche Lehrkraft (Name) ist am 12. Mai als erste Aufsicht zur 6. Stunde eingeteilt?
b) Welche Lehrkräfte (Name und Vorname) führen am 12. Mai in der 4. Stunde Aufsicht?
c) Wann führte jeweils Herr Engels Abituraufsicht?

AUFSICHT			
Tag	Std	$\overline{A1}$	$\overline{A2}$
12. Mai	2	BOE	HOF
12. Mai	3	BOE	NIS
12. Mai	4	DL	ENG
12. Mai	5	HKE	ENG
12. Mai	6	MOR	EB
15. Mai	2	NIS	KAB
...	...	...	...

LEHRKRAFT		
Kuerzel	Name	Vorname
BOE	Boeckh	Bastian
DL	Dahlkoff-Lang	Sabine
EB	Eb	Dorothea
ENG	Engels	Thorsten
KAB	Kabsch	Bärbel
MOR	Mortensen	Sabine
...	...	...

Fig. 1

2 Reisen bildet

Der Reiseveranstalter FORTRAN bietet Bildungsreisen nach Ägypten, Israel, Jordanien und Kuwait an. Jede Pauschalreise hat eine eigene individuelle Kennung, kann aber von verschiedenen Abflughäfen Deutschlands aus gebucht werden. Für jede Reise steht immer genau ein Reiseleiter zur Verfügung und betreut die Reisenden. Diese übernachten während ihrer Reise in bestimmten Unterkünften. Dies können bei Rundreisen auch verschiedene Hotels sein. Neben Name und Vorname geben die Kunden zusätzlich ihre E-Mail-Adresse und Kreditkartennummer an.

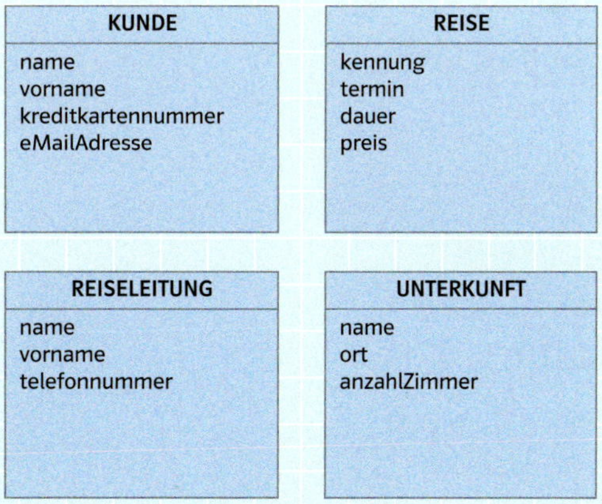

KUNDE
name
vorname
kreditkartennummer
eMailAdresse

REISE
kennung
termin
dauer
preis

REISELEITUNG
name
vorname
telefonnummer

UNTERKUNFT
name
ort
anzahlZimmer

Fig. 2

Weitere Kunden- und Reisedaten sind durch die Klassenkarten in Fig. 2 gegeben.

a) Erläutere, welche Klassen um einen künstlichen Schlüssel erweitert werden müssen, und gib das vollständige Klassendiagramm mit den Beziehungen und Kardinalitäten an. Überlege dir dabei auch, wie sich der Abflughafen realisieren lässt.
b) Überführe das Klassendiagramm in ein relationales Datenbankmodell. Unterstreiche die Primärschlüssel und markiere alle Fremdschlüssel.
c) Es sollen alle Kunden, die eine Reise mit Unterkunft in Rom gebucht haben, kontaktiert werden. Formuliere eine Abfrage in SQL, die die betreffenden E-Mail-Adressen ausgibt.

Lösungen auf den Seiten 281–282

VI Objektorientierte Modellierung und Programmierung

Dass wir miteinander reden können, macht uns zu Menschen.

Karl Jaspers (1883 – 1969), deutscher Philosoph

Beste Referenzen

Kompetenzerwartungen

- Eindimensional indizierte Datenstruktur zur Speicherung von Daten anwenden
- Objektbeziehungen analysieren und modellieren und diese mittels Referenzen zur Kommunikation implementieren
- Gleichartige Objekte in einer gemeinsamen Datenstruktur verwalten
- Polymorphismus zur Implementierung verschiedener Verhaltensweisen in Generalisierungshierarchien nutzen

Saskia hat gelesen, dass aktuell (2021) die Weltbevölkerung 7,8 Milliarden Menschen zählt und man mit einem jährlichen Zuwachs von 1,2 % rechnen kann. Sie möchte wissen, wann die Weltbevölkerung bei gleichbleibendem Wachstum die Marke von 10 Milliarden Menschen erreicht.
Erstelle ein Objekt der Klasse TASCHENRECHNER. Überlege dir geeignete Attribute und Methoden und stelle die Berechnung der Weltbevölkerung als Folge von Methodenaufrufen dar.

Objektorientierte Programme bestehen aus Klassendefinitionen mit Attributen, Konstruktoren und Methoden.

Objektorientierte Berechnungen

Mithilfe des Body-Mass-Index (BMI) kann man feststellen, ob Erwachsene unter- oder übergewichtig sind. Der BMI wird folgendermaßen berechnet (vgl. Aufgabe 2 auf Seite 8, Band 2A): BMI = (Körpermasse in kg) : (Körpergröße in m)^2.
Bei einem BMI-Wert unter 18,5 gilt man als Erwachsener über 20 Jahre gemäß der Klassifikation der WHO (Stand: Juli 2020) als untergewichtig, ab 18,5 bis 24,9 hat man Normalgewicht, ab 25 bis unter 29,9 Übergewicht. Ab dem Wert von 30 hat man Adipositas.
Im *Java*-Programm aus Fig. 1 wird der BMI berechnet, im Attribut bmi gespeichert, interpretiert und die bei Bedarf mitsamt der Interpretation ausgegeben.

Der BMI als Maß für Übergewicht ist nicht unumstritten. Gerade Sportler weisen aufgrund ihrer hohen Muskelmasse oft einen hohen BMI auf.

Java

```java
class BodyMassRechner {
  double bmi;

  BodyMassRechner() {
    bmi = 0;
  }

  void bmiBerechnen(double masse, double groesse_cm) {
    if (masse > 0 && groesse_cm > 0) {
      double groesse_m = groesse_cm / 100; // Umrechnung von cm in m
      bmi = masse / (groesse_m * groesse_m);
    }
    else {
      System.out.println("FEHLER: Eingabe(n) <= 0");
    }
  }

  String bmiInterpretieren() {
    if (bmi == 0) return "BMI noch nicht berechnet!";
    if (bmi < 18.5) return "Untergewicht";
    if (bmi < 25) return "Normalgewicht";
    if (bmi < 30) return "Übergewicht";
    else return "Adipositas";
  }

  void ausgeben() {
    System.out.println("Ihr BMI-Wert lautet: " + bmi);
    System.out.println("Sie haben " + bmiInterpretieren());
  }
}
```

Enthält bei einer bedingten Anweisung in *Java* der if- oder else-Teil nur eine einzige Anweisung, so kann auf die geschweiften Klammern im entsprechenden Teil verzichtet werden.

Fig. 1

Struktur von Klassendefinitionen

In der Klasse `BodyMassRechner` aus Fig. 1 von Seite 198 wird zunächst ein Attribut vom Typ `double` deklariert (vgl. Seite 81, Band 2A).

Dann wird festgelegt, dass der Konstruktor beim Anlegen eines neuen Objektes dieses Attribut mit dem Wert 0 vorbelegt (vgl. Seiten 83 und 87, Band 2A).

Die Methode `bmiBerechnen()` hat keinen Rückgabewert (`void`; vgl. Seite 81, Band 2A) und erwartet zwei Parameterwerte (`masse, groesse_cm`) vom Typ `double` (vgl. Seite 81, Band 2A). Sie berechnet daraus den BMI und speichert ihn im Attribut `bmi` ab. Falls einer der Parameter einen Wert kleiner oder gleich 0 hatte, gibt sie eine Fehlermeldung aus.

In der Methode `bmiInterpretieren()` wird je nach dem Wert des BMI im gleichnamigen Attribut die entsprechende Diagnose bestimmt und als Rückgabewert der Methode ausgegeben (vgl. Seiten 81 und 88, Band 2A).

Die Methode `ausgeben()` fasst die Ergebnisse unter Verwendung der Methode `bmiInterpretieren()` übersichtlich am Bildschirm zusammen.

> **A**
> Objektorientierte Programme bestehen aus **Klassendefinitionen**, die wiederum die **Definitionen** und **Deklarationen von Attributen, Konstruktoren und Methoden** enthalten.
> Die Werte der Attribute legen den Zustand der Objekte fest, die Methoden führen die Berechnungen aus.

1 Chemische Elemente

Aus dem Chemie-Unterricht kennst du das Periodensystem der Elemente. In diesem sind die chemischen Elemente angeordnet. Sie sollen als Objekte der Klasse ELEMENT erzeugt werden können.

a) Erstelle dazu eine geeignete Klassenkarte mit mindestens den in der Abbildung dargestellten Attributen und mit fünf Methoden, die nicht alle Standardmethoden sind.

b) Implementiere die Klasse mit einem Konstruktor, bei dem alle Attributwerte durch Parameter übergeben werden können.

c) Ergänze deine Klasse durch Implementierung deiner in Teilaufgabe a) gewählten Methoden.

39,0983 $_{19}$K Kalium 1	40,078 $_{20}$Ca Calcium 2	44,9559 $_{21}$Sc Scandium 3	47,867 $_{22}$Ti Titan 4	50,9415 $_{23}$V Vanadium 5
85,4678 $_{37}$Rb Rubidium 1	87,62 $_{38}$Sr Strontium 2	88,9059 $_{39}$Y Yttrium 3	91,224 $_{40}$Zr Zirconium 4	92,9064 $_{41}$Nb Niob 5
132,9055 $_{55}$Cs Caesium 1	137,327 $_{56}$Ba Barium 2	Lanthanoide 57–71	178,49 $_{72}$Hf Hafnium 4	180,9479 $_{73}$Ta Tantal 5
(223,0197) $_{87}$Fr* Francium 1	(226,0254) $_{88}$Ra* Radium 2	Actinoide 89–103	(261,1087) $_{104}$Rf* Rutherfordium 4	(262,1138) $_{105}$Db* Dubnium 5

Die Zeilen sind mit 4, 5, 6, 7 nummeriert.

Lanthanoide

138,9055 $_{57}$La Lanthan	140,116 $_{58}$Ce Cer	140,9077 $_{59}$Pr Praseodym	144,24 $_{60}$Nd Neodym	(146,9151) $_{61}$Pm* Promethium

Die Zeile ist mit 6 nummeriert.

2 Ampelsimulation

Mithilfe einer geeigneten Bibliotheksklasse, welche Interaktionen und grafische Visualisierungen unterstützt, soll eine Dreifarbenampel simuliert werden, bei der die verschiedenen Ampelzustände jeweils nach einem Mausklick wechseln.

Öffne mit deiner Programmierumgebung die Vorlage, die du über den Code auf dem Rand herunterladen kannst.

a) Ergänze ein Attribut zur Speicherung des aktuellen Zustands und eine Methode `ampelZeichnen`, die je nach Ampelzustand die korrekte Ampel visualisiert.

b) Ergänze eine Methode `zustandWechseln`, die je nach aktuellem Ampelzustand den korrekten Folgezustand zuweist. Teste dein Programm.

Zur verwendeten Bibliotheksklasse: vgl. Aufgabe 3 auf Seite 102, Band 2A.

🌐 **Vorlage**
Ampelsimulation
r76yi4

3 Winkel in der Antike

Das Sexagesimalsystem ist ein Stellenwert-
system mit der Basis 60, das bereits die
Babylonier vor 5000 Jahren benutzten. Man
findet es heute noch bei der Angabe von
Zeiten und Winkeln. Ein Winkel wird dabei
durch drei ganzzahlige Maßzahlen in der
Form Grad, Bogenminuten und Bogensekunden angegeben. Ein Grad entspricht 60 Bogenminuten, eine Bogenminute entspricht
wiederum 60 Bogensekunden.

a) Implementiere eine Klasse, die einen
   Winkel im sexagesimalen und dezimalen
   System enthält. Im Konstruktor soll der
   dezimale Wert gesetzt werden.

b) Implementiere eine Methode, die die einzelnen Teile des sexagesimalen Formats
   berechnet und speichert.

Babylonische Tontafel YBC 7289 (Yale Babylon
Collection)

Hinweis:
In Aufgabe 3 b) sind
Operationen zur Be-
rechnung des Restes
bei Division zweier
Zahlen sowie zur ganz-
zahligen Division erfor-
derlich.

4 Wie lange dauert das denn noch?

Ganz schön ärgerlich, wenn man einen dringenden Termin hat, am Bahnhof auf den Zug
wartet und dann die Durchsage hört: „Wegen Gleisbauarbeiten hat der gemäß Fahrplan um
13:53 Uhr ankommende Zug 35 Minuten Verspätung." Wann kommt der Zug dann an? Einfaches Addieren genügt hier nicht, denn bei 60 Minuten fängt die nächste Stunde an.

a) Gib die Klassenkarte einer Klasse ZEITARITHMETIK an. Die Klasse soll über Attribute verfügen, um die Daten zweier Zeitangaben in der Form „Stunde, Minute und Sekunde" zu speichern.

b) Im Konstruktor sollen die Zeiten gesetzt werden. Gib die Klassendefinition (ohne Methoden) und einen geeigneten Konstruktor an.

c) Implementiere eine Methode zum Addieren der Zeitwerte. Speichere das Ergebnis in weiteren Variablen ab.

5 Pseudocode

Übersetze den umgangssprachlich formulierten Algorithmus in einen korrekten Code in
deiner Programmierumgebung und erläutere seinen Zweck.

a) *Gib die ganzen Zahlen a und b ein*
   Anzahl ist ebenfalls eine ganze Zahl
   Setze Anzahl gleich null
   Wiederhole solange a kleiner b ist
     b = b – a
     Anzahl = Anzahl + 1
   EndeWiederhole
   Gib Anzahl aus
   Gib „Rest: "+b aus

b) *Gib die ganze Zahl n ein*
   Note ist ein Text
   Falls n = 1 ist, setze Note auf „sehr gut"
     n = 2 ist, setze Note auf „gut"
     n = 3 ist, setze Note auf „befriedigend"
     n = 4 ist, setze Note auf „ausreichend"
     n = 5 ist, setze Note auf „mangelhaft"
     n = 6 setze Note auf „ungenügend"
   EndeFalls
   Gib Note aus

c) *Gib das Alter in Jahren ein*
   Falls Alter größer oder gleich 18 ist
     Setze das Attribut volljährig auf WAHR
   Sonst
     Setze das Attribut volljährig auf FALSCH
   EndeFalls

d) *Gib die reelle Zahl x ein*
   y ist ebenfalls eine reelle Zahl
   Falls x größer oder gleich null ist
     y ist gleich der Wurzel aus x
     Gib y aus
   EndeFalls

Zur Lösung der
Aufgabe 5 d) ist die
Info-Box auf Seite 85
(Band 2A) nötig.

6 Datensicherheit und Quersumme

Die Quersumme einer Zahl ist für die Sicherheit der Datenübertragung von entscheidender Bedeutung. Um zu gewährleisten, dass beim Transfer von Daten keine Fehler auftreten, wird nicht nur der Datenwert selbst übertragen, sondern auch die Quersumme des Datenwertes. Dadurch lässt sich überprüfen, ob die Datenübertragung korrekt ablief.

a) Berechne die Quersumme der Zahl 2367.

b) Formuliere in natürlicher Sprache einen Algorithmus zur Berechnung der Quersumme einer Zahl.

c) Implementiere den Algorithmus in einer Klasse mit einer Methode, die zu einer gegebenen Zahl die Quersumme berechnet.

d) Die iterierte Quersumme erhält man, wenn man vom Resultat der Quersummenberechnung jeweils so lange wiederum die Quersumme berechnet, bis sich eine einstellige Zahl ergibt. Gib unter Verwendung der Lösung von Teilaufgabe c) eine Methode zur Berechnung der iterierten Quersumme an.

Beispiel zur Quersumme: Die Quersumme von 2675 ist 20.

Hinweis:
In Aufgabe 6 c) und d) sind Operationen zur Berechnung des Restes bei Division zweier Zahlen sowie zur ganzzahligen Division erforderlich.

7 Schatzsuche

Mithilfe der in Aufgabe 2 verwendeten Bibliotheksklasse soll das kleine Spiel „Schatzsuche" implementiert werden:

Einem zunächst unsichtbaren Schatz wird eine zufällige Position innerhalb eines Grafikfensters zugewiesen. Dem Spieler wird bei jedem Mausklick der aktuelle Abstand zum Schatz angezeigt (vgl. Fig. 1).

Trifft der Spieler den Schatz, so wird dieser sichtbar. Eine Anzeige gibt die Anzahl der benötigten Klicks an (vgl. Fig. 2). Implementiere und teste ein solches Spiel.

Fig. 1   Fig. 2

8 Häuslebauer

Eine klassische Finanzierungsmöglichkeit für Immobilien ist der Bausparvertrag. Ziel ist es, einen Kredit zu einem festen Zins zu erhalten. Bei herkömmlichen Krediten ist der Zins im Allgemeinen an konjunkturelle Entwicklungen gebunden und daher variabel.

Der Vertrag wird auf eine bestimmte Gesamtsumme abgeschlossen. Bevor der Kredit ausgezahlt wird, muss der Kunde einen bestimmten Anteil eingezahlt haben. Sobald dieser Anteil erreicht ist, kann der Kredit ausgegeben werden. Dabei wird die Kreditsumme mit dem bisher eingezahlten Betrag verrechnet.

a) Herr Häfele schließt bei der Baufix-Bank einen Bausparvertrag über 100 000 € ab. Sobald sein Guthaben 50 % dieser Summe beträgt, wird der Kredit mit einem Zinssatz von 1,75 % ausgezahlt. In der Ansparphase erhält Herr Häfele 0,5 % Zinsen. Bei Abschluss des Vertrages ist eine sofortige Verwaltungsgebühr von 0,2 % der Gesamtsumme fällig.

Gib eine Methode an, die ermittelt, zu welchem Zeitpunkt Herr Häfele mit dem Kredit rechnen kann, wenn er monatlich 500 € einzahlt. Berücksichtige auch die Verzinsung und die Verwaltungsgebühr.

b) Herr Häfele erhält seinen Kredit zu dem in Teilaufgabe a) ermittelten Zeitpunkt. Ab diesem Zeitpunkt muss er den Kredit mit einer bestimmten monatlichen Rückzahlrate (z. B. 800 €) zurückzahlen.

Gib eine Methode an, die aus der Gesamtsumme, den Ansparzinsen, der Einzahlrate, den Schuldzinsen, der Verwaltungsgebühr und der Rückzahlrate den Zeitpunkt berechnet, zu dem der gesamte Kredit zurückgezahlt ist.

9 Ein Ballspiel

Implementiere mithilfe der in Aufgabe 2 verwendeten Bibliotheksklasse ein Spiel, bei dem ein fallender Ball von einem Schläger aufgefangen wird, der sich am unteren Rand je nach Mausposition waagerecht bewegt. Der Ball fliegt nach Erreichen der unteren Kante wieder nach oben und fällt erneut aus einer zufälligen x-Position. Die Schwierigkeitsstufe soll mit den Tasten „+" bzw. „–" durch Ändern der Schlägerbreite eingestellt werden können. Die wichtigsten Daten werden angezeigt (vgl. Abbildung rechts).

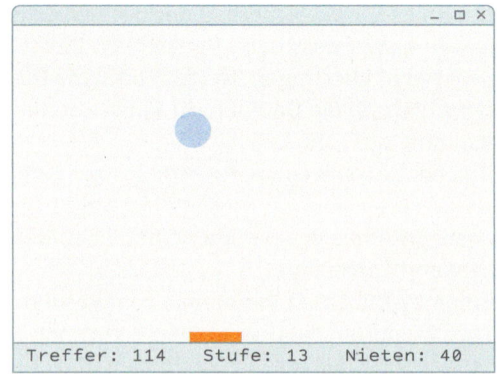

10 Autofahrt

Mithilfe der in Aufgabe 2 verwendeten Bibliotheksklasse soll ein Auto mit verschiedenen Tasten der Tastatur gesteuert werden können. Öffne dazu mit deiner Programmierumgebung die Vorlage, die du über den Code auf dem Rand herunterladen kannst.

a) Ergänze die Methoden `autoZeichnen` bzw. `straßeZeichnen` zum Zeichnen eines Autos bzw. einer Straße ähnlich wie rechts abgebildet.

b) Ergänze deine Implementierung so, dass durch Drücken der Taste „f" bzw. „h" das Auto geradeaus fährt bzw. anhält. Dabei soll es nach Verlassen des rechten Fensterrandes links wieder erscheinen.

c) Ergänze deine Implementierung so, dass durch Drücken der Taste „+" bzw. „–" das Auto schneller bzw. langsamer fährt.

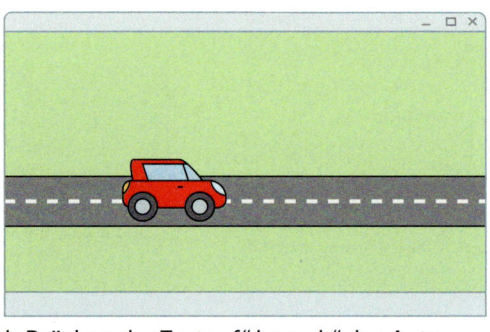

⊕ **Vorlage**
Autofahrt
r76yi4

11 Alpenländische Leidenschaften

Bei der Jahresfeier der Miesberger Fingerhakler gestaltet sich die Berechnung des Eintrittspreises etwas kompliziert. Es wird unterschieden zwischen Vereinsmitgliedern und Nichtvereinsmitgliedern sowie jeweils nochmals zwischen Schülern und Nichtschülern. Außerdem bezahlen die Mitglieder des Fördervereins nur 3 €, während an der Abendkasse ein Zuschlag von 20 % gezahlt werden muss.

	Nichtschüler	3,50 €
Vereinsmitglied	Schüler	2,50 €
	Nichtschüler	5,10 €
Nichtmitglied	Schüler	4,10 €
Förderverein		3,00 €
Zuschlag an der Abendkasse		20 %

Fingerhakeln ist eine Sportart, die besonders in Bayern und Österreich betrieben wird. Dabei versucht man, seinen Gegner bei eingehakten Fingern über einen Tisch zu ziehen.

a) Definiere eine Klasse `Jahresfeier`, die ein Attribut für die Gesamtkosten enthält, das im Konstruktor geeignet gesetzt wird.

b) Das angegebene Berechnungsschema soll schrittweise in eine Methode umgesetzt werden, die zum einen den Eintrittspreis für eine Person zurückgibt und zum anderen auch die Gesamteinnahmen aktualisiert. Unterscheide dabei zunächst nur zwischen Vereinsmitgliedern und Nichtvereinsmitgliedern, erweitere dann die Funktion um Alternativen, die berücksichtigen, ob es sich um einen Schüler handelt. Füge schließlich die Unterscheidung bezüglich des Fördervereins und der Abendkasse ein.

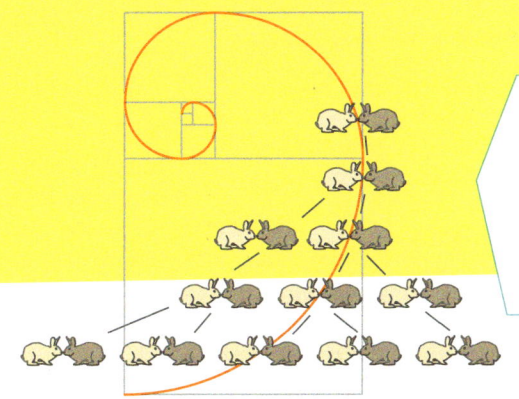

Ein Kaninchenpaar bekommt vom zweiten Monat an in jedem weiteren Monat zwei Nachkommen, von denen eines weiblich und eines männlich ist. Dies gilt ebenso für alle ihre Nachkommen. Berechne die Anzahl der Kaninchen für die ersten zehn Monate und versuche, einen Zusammenhang zwischen diesen Zahlen abzuleiten.

Für viele Aufgaben benötigt man eine Reihe von Variablen gleichen Typs. Oft ist die Anzahl dieser Variablen von vornherein bekannt. Für diesen Zweck bieten die meisten Programmiersprachen einen speziellen zusammengesetzten Datentyp an, der als Feld (engl. array) bezeichnet wird.

Indizes

In der Mathematik verwendet man (tiefgestellte) Indizes zur Bezeichnung von Zahlen, die gleichartig sind, aber dennoch unterschieden werden sollen, wie z. B. die ersten zehn Primzahlen: $p_1 = 2$; $p_2 = 3$; $p_3 = 5$; $p_4 = 7$; $p_5 = 11$; $p_6 = 13$; $p_7 = 17$; $p_8 = 19$; $p_9 = 23$; $p_{10} = 29$.

In der Informatik verwendet man dazu den Datentyp **Feld (Array)** und schreibt die Indizes in eckigen Klammern, zum Beispiel bei der Berechnung der Zinszahlungen bei einem für fünf Jahre angelegten Guthaben:

Java

```java
void zinsenBerechnen (double kapital, double zinssatz) {
    double kontostand = kapital;
    double[ ] zinszahlung = new double[6];
    // Berechnung der Zinszahlung
    for (int i = 1; i <= 5; i++) {
        zinszahlung[i] = kontostand * zinssatz / 100;
        kontostand = kontostand + zinszahlung[i];
    }
    // Ausgabe
    for (int i = 1; i <= 5; i++) {
        System.out.println ("Zinsen für das " + i + ". Jahr: " + zinszahlung[i]);
    }
}
```

Bei Feldern beginnt der Index immer bei 0. Das erste Feldelement wird im Beispiel mit `zinszahlung[0]`, das zweite mit `zinszahlung[1]`, ... und das letzte mit `zinszahlung[5]` angesprochen. `zinszahlung.length` liefert die Länge des Feldes.
Im Programmbeispiel wird die Position 0 des Feldes, also `zinszahlung[0]`, nicht belegt.

Mit `double[ ] zinszahlung = new double[6]` wird zunächst ein leeres Feld mit dem Bezeichner `zinszahlung`, der Länge 6 und dem Datentyp `double` der Elemente definiert und dafür Speicherplatz reserviert.
Erst in der Wiederholung wird bei jedem Durchgang ein Element des Feldes per Zuweisung mit Werten gefüllt.

double zinszahlung	?	?	?	?	?	?
	0	1	2	3	4	5

double zinszahlung	?	40	41,6	43,3	45,0	46,8
	0	1	2	3	4	5

Felder (Arrays) dienen der Zusammenfassung mehrerer Variablen gleichen Typs in einer zusammenhängenden Folge fester Länge. Auf die einzelnen Elemente des Feldes kann über Indizes (nichtnegative ganze Zahlen) zugegriffen werden.

A

1 Temperaturmessung

Steffi will ein Jahr lang jeden Tag um 15 Uhr die Temperatur auf ihrem Balkon messen und die Ergebnisse auswerten. Dazu definiert sie eine Klasse `Tempmessung`.

a) Lege ein Feld `temperatur` an, welches die reellen Werte für jeden Tag eines Jahres aufnehmen kann. Definiere eine Methode, um das Feld mit zufälligen Temperaturwerten zu belegen. Verwende dafür den systeminternen Zufallszahlengenerator.

b) Nach genau einem Jahr sollen mithilfe dreier Methoden der Tag mit dem höchsten Temperaturwert, die niedrigste gemessene Temperatur und der Durchschnittswert aller Messwerte bestimmt werden. Implementiere geeignete Methoden.

Zur Lösung der Aufgabe 1a) ist die Info-Box auf Seite 98 (Band 2A) nötig.

2 Potenzen

a) Erläutere die rechts abgebildete Klasse `Potenz`, ihre Attribute und den Konstruktor.

b) Verändere die Klasse derart, dass die Länge des Feldes erst bei der Erzeugung eines Objektes festgelegt wird.

c) Erweitere die Klasse aus Teilaufgabe b) um eine Methode, die für beliebige Basen die n-te Potenz ermittelt.

Java

```java
class Potenz {
    int[] pot = new int[10];
    int basis;
    Potenz(int b) {
        basis = b; pot[0] = 1;
        for (i = 1; i < 10; i++) {
            pot[i] = pot[i – 1] * basis;
        }
    }
}
```

3 *Bubblesort*

Zum Sortieren eines Feldes kann der Algorithmus *Bubblesort* eingesetzt werden. Er lautet in natürlicher Sprache:

Wiederhole (Anzahl der Elemente des Feldes – 1)-mal
    Wiederhole für alle Feldinhalte vom ersten bis zum vorletzten
        Falls der betrachtete Feldinhalt größer als der folgende ist
            Vertausche die beiden Feldinhalte
        EndeFalls
    EndeWiederhole
EndeWiederhole

a) Implementiere innerhalb einer Klasse `Bubblesort` eine Methode, die ein Feld ganzzahliger Zufallszahlen erzeugt.

b) Definiere eine Methode, die das in Teilaufgabe a) erzeugte Feld mit dem Algorithmus *Bubblesort* sortiert.

c) Ergänze die in Teilaufgabe b) implementierte Methode so, dass die Sortierung nach jedem Durchgang der äußeren Wiederholung mithilfe geeigneter Grafiken visualisiert wird, z. B. wie rechts angedeutet. Nutze dazu die Bibliotheksklasse aus Aufgabe 2 auf Seite 199.

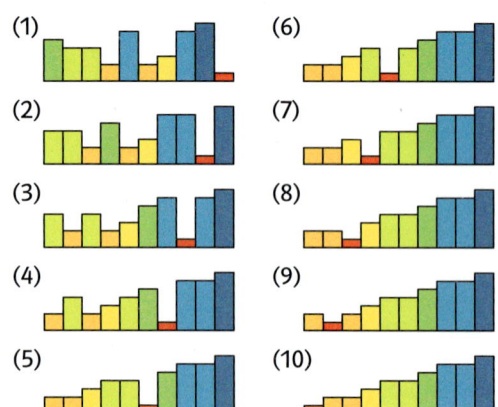

Zur Lösung der Aufgabe 3a) ist die Info-Box auf Seite 98 (Band 2A) nötig.

4 Verteilung von Zufallszahlen

Zufallszahlengeneratoren sollten so konzipiert sein, dass in einem gewünschten Intervall jede Zahl mit gleicher relativer Häufigkeit auftritt.

a) Gib mithilfe des von deiner Programmierumgebung zur Verfügung gestellten Zufallszahlengenerators eine Methode an, die das Würfeln mit einem Standardwürfel simuliert.

b) Würfle 100-, 1000- und 10 000-mal mit dem Würfel, der von deiner Programmierumgebung zur Verfügung gestellt wird, und bestimme jeweils die relative Häufigkeit sowie die Abweichung der Werte von denen bei einem idealen Würfel.

Zur Lösung der Aufgabe 4 ist die Info-Box auf Seite 98 (Band 2A) nötig.

5 Zufallsexperiment: Ziehen ohne Zurücklegen

Beim Lotto „6 aus 49" werden aus 49 durchnummerierten Kugeln zufällig sechs Kugeln gezogen und die Kugeln nach dem Ziehen nicht mehr zurückgelegt. Eine Zufallszahl darf also nur einmal auftreten. Gib eine Methode an, die das Ziehen von k Kugeln aus einer Urne mit n durchnummerierten Kugeln simuliert. Dabei soll das Feld der gezogenen Kugeln sortiert zurückgegeben werden.

Zur Lösung der Aufgabe 5 ist die Info-Box auf Seite 98 (Band 2A) nötig.

6 Das Sieb des Eratosthenes

Das Sieb des Eratosthenes ist ein Algorithmus zur Bestimmung von Primzahlen. Primzahlen sind für die Verschlüsselung von Daten von großer Wichtigkeit. Viele Verfahren zur sicheren Datenübertragung machen von Primzahlen entscheidenden Gebrauch.
Das Sieb des Eratosthenes filtert alle Primzahlen p mit $1 < p \leq n$ auf folgende Weise:
Generiere ein sortiertes Feld der Zahlen 2 bis n
Wiederhole so lange, bis alle Zahlen markiert sind
  Wähle die kleinste nichtmarkierte Zahl und markiere sie
  Lösche alle echten Vielfachen der soeben markierten Zahl
EndeWiederhole

a) Führe den Algorithmus für $n = 20$ auf dem Papier durch.

b) ✎ Implementiere eine Methode, die ein Feld mit allen Primzahlen p mit $p \leq n$ zurückgibt.

Eratosthenes
(ca. 276 – 194 v.Chr.),
Vorsteher der Bibliothek
von Alexandria

Zur Lösung der Aufgabe 7 ist die Info-Box auf Seite 98 (Band 2A) nötig.

7 Feldarbeiten

Implementiere eine Klasse `Feldarbeiten` mit einem Konstruktor, der ein Feld der Länge n erzeugt und dieses mit ganzzahligen Zufallszahlen belegt. Dabei soll dafür gesorgt werden, dass keine zwei gleichen Zahlen als Feldelemente gespeichert werden.
Ergänze die Klasse mit der beschriebenen Methode.

a) Eine Methode `int minimum()`, die den kleinsten Wert berechnet und zurückgibt.

b) Eine Methode `int summe()`, die den Wert der Summe aller Feldelemente zurückgibt.

c) Eine Methode `double durchschnitt()`, die den Durchschnittswert berechnet und zurückgibt.

d) Eine Methode `int anzahlKleinerAls(int k)`, welche die Anzahl der vorkommenden Feldelemente zurückgibt, die kleiner als n sind.

e) Eine Methode `String positionMinimum()`, welche zusammen mit dem kleinsten Wert die Position innerhalb des Feldes (die Zählung beginnt mit dem ersten Element bei 0) als zusammengesetzten Text zurückgibt.

f) Eine Methode `int[] gemischtesFeld()`, die die Feldelemente zufällig neu anordnet und dieses Feld zurückgibt.

g) Eine Methode `void ausgeben()`, die die Feldinhalte und Funktionswerte der in den Teilaufgaben a) bis f) definierten Methoden übersichtlich ausgibt.

8 Notenverwaltung

Es soll eine Mini-Notenverwaltung für deine Informatik-Zensuren erstellt werden.

a) Definiere eine Klasse `Noten` zur Verwaltung von bis zu zehn Schulnoten. Dafür sollen nur zwei globale Attribute verwendet werden: ein Feld `note` der Länge 10 für die Zensuren und ein Attribut `anzahl` für die Anzahl der momentan vorhandenen Noten.

b) Implementiere den Konstruktor, der ein leeres Feld erzeugt und das Attribut `anzahl` auf null setzt.

c) Ergänze die Klasse um eine Methode, welche in das erste freie Feldelement die übergebene Note einträgt und das Attribut `anzahl` um eins erhöht.
Die Methode soll außerdem überprüfen, ob der übergebene Zahlenwert zwischen 1 und 6 liegt und eine Fehlermeldung ausgeben, wenn bereits zehn Noten eingegeben wurden, das Feld also voll ist.

d) Implementiere eine weitere Methode, die aus den vorhandenen Noten den Durchschnitt berechnet und zurückgibt.

e) Implementiere eine Methode, welche die eingegebene Note an der Stelle i liefert.

f) Vervollständige die Klasse mit einer Methode, die die Note an der Stelle i ändert.

9 Datenbanken mit Feldern

Eine einfache Datenbanktabelle lässt sich provisorisch auf folgende Weise mithilfe von Feldern realisieren. Für eine Tabelle mit n Datensätzen und k Spalten verwendet man dabei eine Klasse mit k Attributen, wobei jedes Attribut ein Feld der Länge n enthält.

a) Gib die Klassenkarte einer Datenbank für die Verwaltung der Daten deiner Lieblingsbücher an.
Die Datenbank soll neben Autor und Titel auch die Seitenanzahl, den Verlag und das Erscheinungsjahr enthalten.

b) Implementiere die Klasse aus Teilaufgabe a).

c) Gib eine Methode an, mit deren Hilfe ein Datensatz eingetragen werden kann.

d) Ein Datensatz soll gelöscht werden. Überlege, was zu beachten ist, damit die Tabelle möglichst kompakt und konsistent bleibt.

e) Diskutiere die Nachteile einer auf diese Weise implementierten Tabelle. Welche Verbesserungen und Methoden wären auf jeden Fall nötig?

Hinweis zu Teilaufgabe d):
Hier ist es eventuell notwendig, den Datentyp einer lokalen Variablen zu ändern. Man spricht von einer Typumwandlung oder einem Type-Cast (vgl. Seite 270). In *Java* erfolgt eine Typumwandlung dadurch, dass man vor der entsprechenden Variablen den Datentyp, in den die Variable umgewandelt werden soll, in Klammern angibt. Beispiel:
Wenn x und m ganzzahlige Größen sind, so wird durch `((double) x / (double) m)` der Quotient als Fließkommazahl berechnet.

Zweidimensionale Felder

Für die Bearbeitung mancher Aufgaben ist es von Vorteil, wenn die Daten nicht nur in einer Reihe, sondern in einer zweidimensionalen Struktur angeordnet werden können.
In *Java* wird ein zweidimensionales Feld ganzer Zahlen beispielsweise folgendermaßen erzeugt und mit ganzzahligen Werten belegt.

Java

```java
int[][] matrix = new int[7][4]; // Initialisierung einer 7x4-Matrix
for (int i = 0; i < 7; i++) {
    for (int j = 0; j < 4; j++) {
        matrix[i][j] = i + j; // Wertzuweisung der Matrixelemente
    }
}
for (int i =0; i < 7; i++) {
    for (int j = 0; j < 4; j++) {
        System.out.print("|" + matrix[i][j] + "|"); // Ausgabe der Matrix
    }
    System.out.println();
}
```

Ein zweidimensionales Feld nennt man auch Matrix.

Der abgebildete Algorithmus erzeugt die folgende Darstellung.

```
 _ □ ×
|0||1||2||3|
|1||2||3||4|
|2||3||4||5|
|3||4||5||6|
|4||5||6||7|
|5||6||7||8|
|6||7||8||9|
```

10* Mauschronik

Analysiere die unten abgebildete Implementierung innerhalb einer Klasse `Mauschronik` und beschreibe, was du beobachten kannst, wenn du innerhalb des Fensters die Maus bewegst. Deine Antwort kannst du anhand der Vorlage überprüfen, die du über den Code auf dem Rand herunterladen kannst.

Zur Lösung der Aufgabe 10 ist die Info-Box auf Seite 206 nötig.

⊕ **Vorlage**
Mauschronik
r76yi4

In der abgebildeten Implementierung werden die von der Bibliotheksklasse `PApplet` (vgl. Aufgabe 2 auf Seite 199) geerbten Attribute `mouseX` und `mouseY` sowie die Methoden `background`, `fill` und `ellipse` genutzt. Die Methode `draw` wird überschrieben.

Java

```java
public class Mauschronik extends processing.core.PApplet {
    int[][] mausposition = new int[100][2];

    public void draw() { // Methode wird automatisch alle 60 Sekunden ausgeführt
        // Zeichnen eines weißen Hintergrundes
        background(255, 255, 255);
        for (int i = 0; i < mausposition.length-1; i++) {
            mausposition[i][0] = mausposition[i + 1][0];
            mausposition[i][1] = mausposition[i + 1][1];
        }
        // Festlegen der aktuellen x-Position der Maus
        mausposition[mausposition.length - 1][0] = mouseX;
        // Festlegen der aktuellen y-Position der Maus
        mausposition[mausposition.length - 1][1] = mouseY;
        for (int i = 0; i < mausposition.length; i++) {
            // Festlegen der Füllfarbe im rgb-Format
            fill(255 - i * 3, 0, 255 - i * 2);
            // Zeichnen eines Kreises mit Radius i / 2 an der entsprechenden
            // Mausposition
            ellipse(mausposition[i][0], mausposition[i][1], i / 2, i / 2);
        }
    }
    ...
}
```

11* Lotto, Pascal und ein Dreieck

Die Gewinnchancen beim Lotto „6 aus 49" sind außerordentlich klein: Für z. B. sechs Richtige ohne Superzahl stehen einem einzigen Treffer 13 983 815 Nieten entgegen. Zur Berechnung der Anzahl der Möglichkeiten, aus 49 durchnummerierten Kugeln 6 Kugeln ohne Zurücklegen und ohne Beachtung der Reihenfolge zu ziehen, verwendet man den Binomialkoeffizienten, abgekürzt *bin* (49, 6).

Fig. 1

Zur Lösung der Aufgabe 11 ist die Info-Box auf Seite 206 nötig.

Blaise Pascal (1623 – 1662), französischer Mathematiker und Physiker
Nach ihm wurden die Einheit des Druckes (1 hPa = 1 mbar) und eine Programmiersprache (Pascal; vgl. Seite 109, Band 2A) benannt.

Aus dem in Fig. 1 angegebenen Pascal'schen Dreieck lassen sich die Binomialkoeffizienten direkt ablesen: Beispielsweise ergibt sich für den Binomialkoeffizienten *bin* (5, 3) (Anzahl der Möglichkeiten, aus 5 durchnummerierten Kugeln 3 Kugeln ohne Zurücklegen und ohne Beachtung der Reihenfolge zu ziehen): *bin* (5, 3) = 10. Die erste Zahl (5) steht für die Zeile, die zweite (3) für die Spalte; die Zählung beginnt mit der nullten Zeile bzw. der nullten Spalte.

a) Eine Zeile des Pascal'schen Dreiecks ergibt sich jeweils aus der vorhergehenden. Erläutere die Regel. Gib die vorletzte Zeile in Fig. 1 vollständig an.

b) Implementiere eine Methode, die die ersten n Zeilen des Pascal'schen Dreiecks berechnet und in einem zweidimensionalen Feld mit n Zeilen und n Spalten abspeichert.

c) Implementiere eine Methode, die mithilfe der Lösung aus Teilaufgabe b) den Binomialkoeffizienten *bin* (n, k) berechnet und zurückgibt.

d) In drei anderen Lotterien tippt man „6 aus 45", „5 aus 90" bzw. „7 aus 35". Berechne, bei welcher Lotterie die Wahrscheinlichkeit für den Hauptgewinn am größten ist.

12* ⊘ Das Spiel des Lebens

Im Jahr 1970 hat der britischer Mathematiker John Horton Conway das bekannte „Spiel des Lebens" entwickelt (engl. Conway's Game of Life).

Das Spiel simuliert die Entstehung verschiedener Generationen von Zellen, wobei jede Zelle im Folgenden als kleines Quadrat in einem Gitternetz repräsentiert wird.

Beim Starten des Spiels legt der Spieler zunächst in einem zweidimensionalen Gitterquadrat fest, welche der Zellen entweder den Zustand „lebend" oder „tot" haben sollen. Werden nur die lebenden Zellen farbig dargestellt, ergibt sich z. B. ein Muster, wie in Fig. 1 gezeichnet. Dieses Muster repräsentiert also die erste Generation von Zellen.

Jede Zelle hat (bei einem unendlich großen Gitter) genau acht Nachbarzellen, die ihren Zustand beeinflussen, nämlich die Zellen, die eine Seite oder eine Ecke der betrachteten Zelle berühren.

Die Zustände der einzelnen Zellen der Folgegeneration werden durch folgende Regeln festgelegt:

- Hat eine lebende Zelle weniger als zwei lebende Nachbarn, stirbt sie (z. B. an Vereinsamung).
- Hat eine lebende Zelle entweder zwei oder drei lebende Nachbarn, bleibt sie am Leben.
- Hat eine lebende Zelle mehr als drei lebende Nachbarn, stirbt sie (z. B. an der Überbevölkerung).
- Hat eine tote Zelle genau drei lebende Nachbarn, wird sie selbst zum Leben erweckt.

Fig. 1 bis Fig. 5 zeigen Beispiele für die ersten fünf Generationen, beginnend mit dem Muster der ersten Generation.

John Horton Conway (1937 – 2020), britischer Mathematiker

Zur Lösung der Aufgabe 12 ist die Info-Box auf Seite 206 nötig.

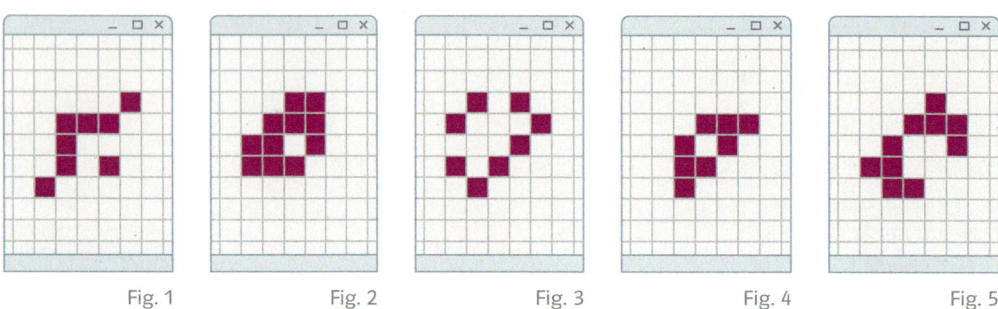

| Fig. 1 | Fig. 2 | Fig. 3 | Fig. 4 | Fig. 5 |

a) Zeichne auf ein kariertes Blatt ein beliebiges Startmuster und mindestens drei Folgemuster nach den oben beschriebenen Regeln.

b) In den folgenden Teilaufgaben soll eine Simulation des Spiels des Lebens implementiert werden. Implementiere dazu zunächst eine Klasse SpielDesLebens und deklariere zwei Attribute feldA und feldB vom Typ int[][] für die Speicherung der Zustände (0 für „tot" bzw. 1 für „lebend") der Zellen der aktuellen Generation bzw. der Anzahl der lebenden Nachbarn jeder dieser Zellen. Zwei Methoden neuesFeldA bzw. neuesFeldB sollen die Werte aller Elemente der entsprechenden Matrix auf 0 setzen.

c) Definiere eine Methode belegenFeldA, welche die Belegung der Matrix feldA der ersten Generation mit einem bestimmten Muster festlegt.

d) Definiere eine Methode belegenFeldB, welche den entsprechenden Zellen der Matrix feldB die Anzahl der Nachbarn im aktuellen Zustand von feldA zuweist.

e) Definiere eine Methode regelAnwenden, welche die Belegung der Folgegeneration von feldA abhängig von den Einträgen in feldB zuweist.

f) Definiere eine Methode zeichnenFeldA, welche die Belegung von feldA grafisch ausgibt. Nutze dafür z. B. die Bibliotheksklasse aus Aufgabe 2 auf Seite 199.

g) Teste deine Implementierung anhand der in Fig. 1 abgebildeten ersten Generation. Gib an, wie viele verschieden aussehende Generationen erzeugt werden.

Tipp zu Teilaufgabe d): Addiere die zu einer bestimmten Zelle gehörenden Werte aller acht Nachbarn von feldA.

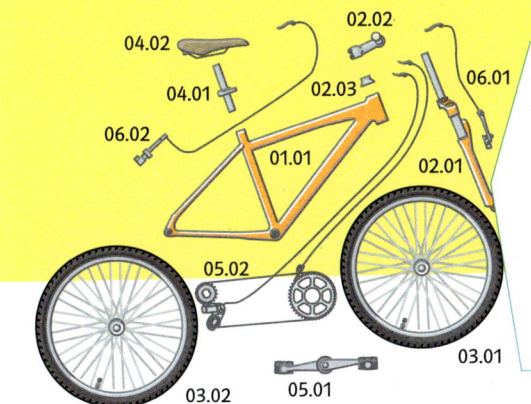

Ein Fahrradhersteller will einen Ersatzteilkatakog für sein neuestes Mountainbike-Modell CoolStorm erstellen. Dazu wird das Rad zunächst in einzelne Baugruppen (z. B. vorderes Laufrad und Kurbelgarnitur) unterteilt. Diese Baugruppen werden dann wiederum in Einzelteile (mit eindeutiger Bestell-Nr.) oder in weitere Baugruppen aufgeteilt.

Erstelle ausschnittsweise ein Klassendiagramm für den Ersatzteilkatalog, in dem die verschiedenen Baugruppen als unterschiedliche Klassen auftreten.

In vielen Objekt- bzw. Klassenmodellen begegnet man Objekten, die wiederum Objekte anderer Klassen enthalten. Eine solche *enthält*-Beziehung wird in Programmobjekten durch ein Attribut implementiert, als dessen Typ die Klasse der enthaltenen Objekte angegeben wird.

Zusammengesetzte Objekte

In Grafiken stößt man oft schon bei sehr einfachen Objekten auf *enthält*-Beziehungen, die man als **Aggregationen** bezeichnet. Ein Beispiel ist die Darstellung einer Fußgängerampel mit zwei Lichtern (Fig. 3). Ein Objekt der Klasse AMPEL enthält hier zwei Objekte der Klasse KREIS (für die Lichter) sowie ein Objekt der Klasse RECHTECK (für das Gehäuse). Dabei handelt es sich um eine Beziehung zwischen Objekten verschiedener Klassen, die man sowohl in Objektdiagrammen (Fig. 1) wie auch in Klassendiagrammen (Fig. 2) einzeichnen kann.

Zur Erinnerung:
In Band 1 bzw. Band 1A wurden grafische Gruppenobjekte durch Aggregationen anderer Objekte gebildet (vgl. jeweils Seite 32 ff. in den erwähnten Bänden).

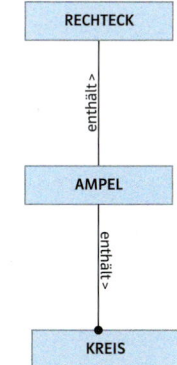

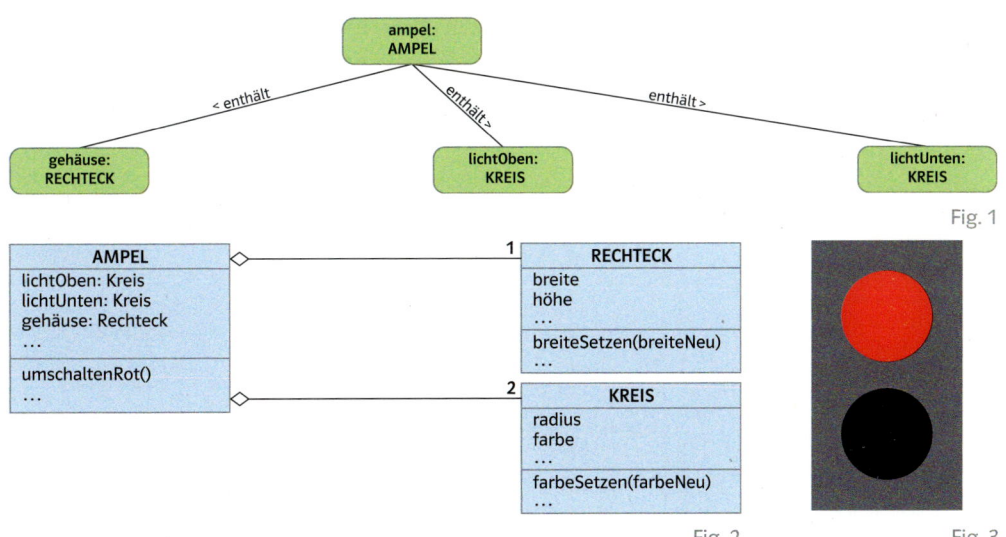

Fig. 1

Fig. 2   Fig. 3

In Kapitel V wurden auf den Seiten 146 – 148 bereits Beziehungen zwischen den Objekten verschiedener Klassen (bzw. Tabellen) relationaler Datenbankmodelle besprochen. Bei der Aggregation handelt es sich um einen Spezialfall einer solchen Objektbeziehung. Anstelle einer einfachen Beziehungslinie mit beidseitiger Angabe der Multiplizitäten und des Beziehungsbezeichners verwendet man für die Aggregation auf der Seite der enthaltenden Klasse eine Raute (Fig. 2). Auf die Angabe der Multiplizität 1 kann auf dieser Seite verzichtet werden.

Implementierung von Aggregationen

Die Aggregation zwischen den Objekten der Klassen AMPEL und KREIS bzw. RECHTECK auf Seite 209 wird mithilfe dreier Attribute implementiert: `lichtOben` und `lichtUnten` für die Kreise sowie `gehaeuse` für das Rechteck. Diese Attribute haben als Typ die jeweilige Klasse des enthaltenen Objektes (KREIS bzw. RECHTECK).

Anlegen von Objekten als Attributwerte

Im Gegensatz zu Werten einfacher Typen wie `int` muss ein Objekt, das als Attributwert eines anderen dienen soll, in der Regel erst erzeugt werden. Dazu muss die Konstruktormethode der entsprechenden Klasse aufgerufen werden (vgl. Seite 87, Band 2A).

In *Java*-Programmen verwendet man dazu den `new`-Operator innerhalb einer Zuweisung, im Beispiel rechts `new Rechteck()`.

```
Java

class Ampel {
    Rechteck gehaeuse;
    Kreis lichtOben;
    Kreis lichtUnten;
    ...

    Ampel() {
        lichtOben = new Kreis();
        lichtUnten = new Kreis();
        gehaeuse = new Rechteck();
        ...
    }
}
```

Beim Aufruf des `new`-Operators wird allerdings nicht das Objekt selbst, sondern nur ein Verweis auf seinen Speicherort übergeben (vgl. Fig. 2). Ein solcher Verweis heißt **Referenz**. Im Beispiel wird in der Konstruktormethode der Klasse `Ampel` dem Attribut `lichtOben` die Referenz auf ein Objekt der Klasse `Kreis` übergeben (Fig. 2). Das Attribut `lichtUnten` erhält dann als Wert eine Referenz auf ein weiteres Objekt der Klasse `Kreis`.

Referenzen

Eine Referenz besteht lediglich aus der Nummer der ersten Speicherzelle des Arbeitsspeicherbereiches, in dem das Objekt angelegt wurde, in Fig. 2 z. B. der Wert 10500 für das Objekt *kreis1*. In allen Fällen, in denen Attributwerte Objekte sind (wie hier *kreis1*), wird im Attribut eine Referenz auf dieses Objekt gespeichert.

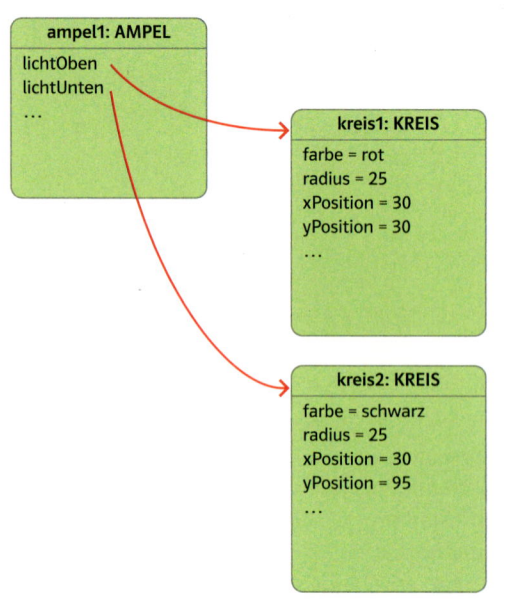

Nr. der Zelle	Inhalt	Attributwert von:
...		
10000	...	
10020	10500	lichtOben
10100	...	
10120	11000	lichtUnten
...		
10500	...	
10510	rot	farbe
10520		
...		
11000	...	
11010	schwarz	farbe
11020		
...		

Fig. 1   Fig. 2

In Objektdiagrammen symbolisieren wir den Wert eines Attributs, das Referenzen enthält, durch einen Pfeil auf das enthaltene Objekt wie z. B. den Wert von *lichtOben* durch den Pfeil zu *kreis1*.

Aggregation und Referenzen

Technisch wird eine Aggregation zwischen zwei Objekten also nicht dadurch realisiert, dass ein Programmobjekt tatsächlich ein anderes enthält. Vielmehr speichert das enthaltende Objekt lediglich eine Referenz auf das enthaltene Objekt als Wert eines Attributs. Das enthaltene Objekt existiert selbstständig außerhalb des enthaltenden Objektes. Wir sprechen dennoch von einer *enthält*-Beziehung.

Im Gegensatz zu einfachen Typen wie `int` werden die Typen bei objektwertigen Attributen (d.h. die Klassenbezeichner) immer groß geschrieben.

In *Java* sind auch die Zeichenketten vom Typ `String` Objekte.

> Eine *enthält*-Beziehung (**Aggregation**) wird im enthaltenden Objekt als Attribut implementiert, dessen Wert ein Verweis auf das enthaltene Objekt ist. Einen derartigen Verweis nennt man **Referenz**.

1 Lkw modellieren

Modelliere ein Klassen- sowie ein Objektdiagramm für den abgebildeten Lkw bestehend aus Rechtecken und Kreisen.

2 Flaggen der Erde III

Viele Nationalflaggen bestehen nur aus Rechtecken, Dreiecken oder Kreisen.

a) Gib die zu den unten abgebildeten Flaggen gehörenden Nationen an.
b) Zeichne ein Klassendiagramm, mit dem alle unten abgebildeten Flaggen gemeinsam beschrieben werden können.
c) Wähle drei der abgebildeten Flaggen aus und zeichne das jeweilige Objektdiagramm.
d) Analysiere die folgende Implementierung und gib an, welche der abgebildeten Flaggen nach dem Aufruf des Konstruktors instanziiert wird. Überlege dabei, welche Bedeutung wohl die übergebenen Parameterwerte jeweils haben.

Wird ein neues Objekt (eine neue Instanz) erzeugt, so spricht man auch von Instanziierung.

```Java
class Flagge {
   Rechteck r1; Dreieck d1; Dreieck d2;
   Flagge() {
      r1 = new Rechteck(0, 0, 300, 200, "gelb");
      d1 = new Dreieck(0, 0, 0, 200, 200, 0, "grün");
      d2 = new Dreieck(300, 200, 300, 0, 100, 200, "rot");
   }
}
```

e) Öffne die Vorlage, die du über den Code auf dem Rand herunterladen kannst, und implementiere einen Konstruktor `Flagge(String nation)`, der abhängig von der übergebenen Nation eine von mindestens drei der abgebildeten Nationalflaggen instanziiert.

⊕ **Vorlage**
Flaggen
r76yi4

3 Hausbau

Die Klasse HAUS soll wie im abgebildeten Klassendiagramm realisiert werden.

a) Gib analog zum Lehrtext auf Seite 210 für ein Objekt der Klasse HAUS die Repräsentation im Speichermodell an.

b) Begründe, dass aggregierte Objekte im Speichermodell nicht unbedingt einen Bezeichner haben müssen.

c) Implementiere die Klasse HAUS mit einem Konstruktor, der das abgebildete Haus erzeugt.

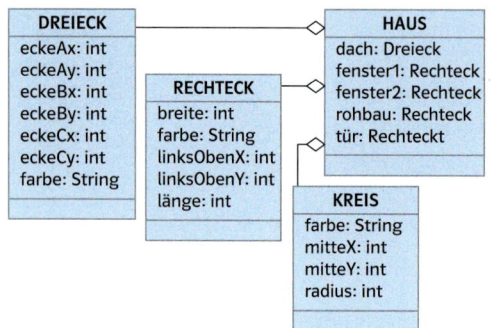

4 Elektronische Telefonbücher

Die Tabelle zeigt einen Ausschnitt aus dem Speichermodell einer Liste von Telefonbucheinträgen.

a) Modelliere das Objektdiagramm dieser Liste sowie das Klassendiagramm.

b) Durch einen Virus wird in der Speicherzelle 20 550 der ursprüngliche Eintrag durch die Zahl 10 100 ersetzt. Beschreibe, welche Konsequenz dies für das Objekt- und Klassenmodell hat.

Beschreibe, wie sich eine Methode, die die Einträge der Reihe nach ausgeben soll, verhält.

Nr. der Zelle	Inhalt	Nr. der Zelle	Inhalt
10 000	liste	20 100	name
10 100	name	20 150	„Schmitz"
10 200	„Müller"	20 200	nummer
10 300	nummer	20 250	„0456789"
10 400	„0807532"	20 275	naechster
10 500	naechster	20 300	20350
10 550	20100	20 350	name
10 575	name	20 400	„Schmitz"
10 600	„Letzter"	20 450	nummer
10 700	nummer	20 500	„0439198"
10 800	„0638428"	20 525	naechster
		20 550	10 575

5 Eine optimierte Telefonliste

Das rechts angegebene Objektdiagramm zeigt Telefonbucheinträge in einem Baumdiagramm.

a) Beschreibe, nach welchem Prinzip die Namen eingefügt worden sein könnten. Füge entsprechend einen Eintrag mit deinem eigenen Namen ein.

b) Erläutere, welche Vorteile die Anordnung gegenüber einer einfachen Liste hat (vgl. Aufgabe 4).

c) Gib für das Baumdiagramm ein Speichermodell analog zu Seite 210 an.

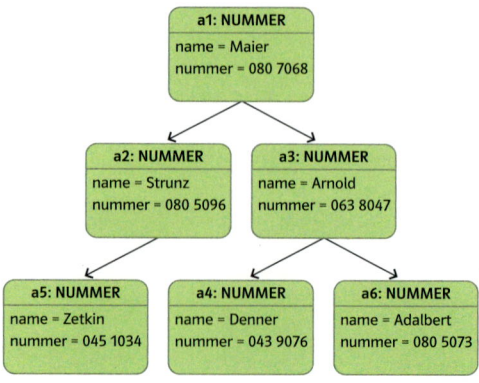

In Frankfurt und München werden am selben Tag zwei Autos gleichen Typs und völlig gleichen Aussehens mit demselben Kennzeichen jeweils in einer Radarkontrolle geblitzt. Welche möglichen Erklärungen gibt es dafür?

Der Vergleich zweier Objekte über Referenzen erfordert eine Präzisierung des Gleichheitsbegriffes. Wenn auf ein Objekt über mehrere Referenzen zugegriffen wird, müssen diese Zugriffe abgestimmt werden.

Identität und Gleichartigkeit von Objekten

Wann sind zwei Objekte „gleich"? Zunächst muss man zwischen „identisch" und „gleichartig" unterscheiden. Wenn sich zwei Brüder jeweils ein Sakko des gleichen Typs, derselben Konfektionsgröße und derselben Farbe kaufen, so handelt es sich um zwei **gleichartige** Kleidungsstücke. Sparsamere Brüder kaufen sich aber vielleicht zusammen nur ein Sakko, das sie dann allerdings nur abwechselnd tragen können. In diesem Fall besitzen beide dasselbe **(identische)** Kleidungsstück.

Gleichartig sind zwei Objekte dann, wenn sie in allen ihren Attributwerten übereinstimmen, also völlig gleiche Eigenschaften haben (z. B. zwei gleichartige Fahrzeuge desselben Typs mit völlig gleicher Ausstattung von der Farbe bis zu den Extras). Dann stellt sich jedoch bei objektwertigen Attributen die Frage, ob sie auf dasselbe Objekt referenzieren müssen oder auch auf mehrere gleichartige verweisen dürfen. Im zweiten Fall kann man für deren objektwertige Attribute wiederum dieselbe Frage stellen usw.

Identität liegt dagegen vor, wenn zwei Referenzen auf dasselbe Objekt verweisen, was man leicht mit einer Zuweisung erreichen kann. Im Beispiel der nebenstehenden *Java*-Box sind etwa p1 und p2 identisch.

Überprüfen lässt sich die Identität mit dem üblichen Gleichheitsoperator „==". Wenn beispielsweise zwei weitere Objekte p3 und p4 der nebenstehenden Klasse Person denselben Vater haben, muss ihr Attribut vater dasselbe Objekt referenzieren. Dann muss gelten: p3.vater == p4.vater.

Java

```java
class Person {
   String vorname, name;
   Person vater;
   Person mutter;
   ...
}
...
Person p1 = new Person();
Person p2 = p1;
```

Eine Übersicht zu Operatoren in *Java* findest du im Anhang auf Seite 269.

Für zwei verschiedene Zeichenketten s1 und s2 vom Typ String mit gleicher Zeichenfolge liefert s1.equals(s2) das Ergebnis true, s1 == s2 dagegen false.

Wegen der eingangs beschriebenen Problematik ist bei der Verwendung des Gleichheitsoperators bei Objekten jedoch Vorsicht geboten. Wenn „nur" die Gleichartigkeit zweier Objekte festgestellt werden soll, muss man dazu meist spezielle klassenspezifische Methoden anstelle des Gleichheitsoperators verwenden.

Referenzen in Feldern (1:n-Beziehung)

Das ATG (Alan-Turing-Gymnasium) beteiligt sich an einem Wettbewerb, bei dem ein Team in einem bestimmten Zeitraum möglichst viele mit dem Fahrrad gefahrene Kilometer sammeln muss. Die Organisatoren rechnen mit 400 Radfahrern, die beim ATG-Team mitmachen. Wenn nun ein entsprechendes Objekt der Klasse Team für jedes Teammitglied ein entsprechendes Objekt der Klasse Radfahrer referenzieren soll, ist es zu umständlich, für jedes dieser 400 Objekte ein eigenes Attribut einzurichten. Man verwendet in solchen Fällen meist ein Feld (vgl. Seite 203 f.), in dem die Referenzen für diese Beziehungen gespeichert werden. Dabei ist zu beachten, dass ebenso wie das Feld selbst alle von ihm referenzierten Objekte mithilfe des new-Operators explizit angelegt werden müssen. In der Regel erledigt man dies mit einer Wiederholungsanweisung über alle Feldelemente. Für das Beispiel in Fig. 1 würde etwa der Konstruktoraufruf team1 = new Team("ATG", 400) ein Team-Objekt sowie 400 Radfahrer-Objekte erzeugen.

Java

```java
class Radfahrer {
    String name; int nummer;
    Radfahrer (int nr) {
        nummer = nr;
    }
}

class Team {
    String name;
    int kmstand;
    Radfahrer[] rfahrer;
    Team(String tname, int groesse) {
        name = tname; kmstand = 0;
        rfahrer = new Radfahrer[groesse];
        for (int i = 0; i < groesse; i++) {
            rfahrer[i] = new Radfahrer(i);
        }
    }
}
```

Fig. 1

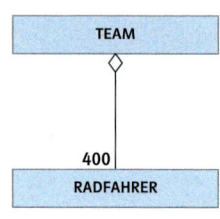

Fig. 2

Mehrfache Referenzierung

Da nur die Radfahrer wissen, wann sie ihre Fahrten beendet haben, sollen sie die zurückgelegte Strecke an ihr Team melden. Dazu muss jedes Objekt der Klasse RADFAHRER über eine Referenz auf sein TEAM-Objekt verfügen. Ein TEAM-Objekt wird somit mehrfach referenziert. So gehören z.B. sowohl *radfahrer1* als auch *radfahrer2* dem ATG-Team an; deswegen referenzieren beide dasselbe Objekt *team1* (vgl. Fig. 3).

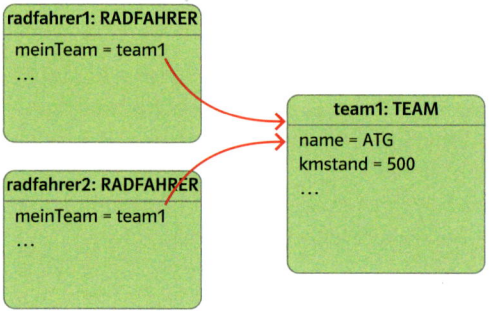

Fig. 3

Durch den ersten Methodenaufruf in Fig. 4 wird der Kilometerstand des Team-Objektes team1 von radfahrer1 um den Wert *50* erhöht. radfahrer2 gehört ebenfalls team1 an, d.h., es gilt radfahrer1. meinTeam == radfahrer2.meinTeam. Durch den zweiten Methodenaufruf wird also der Kilometerstand desselben Teams um weitere 100 km erhöht. Beträgt der Wert des Attributs kmstand von team1 anfänglich *500* (Fig. 3), ergibt sich nach beiden Methodenaufrufen ein Wert von *650*.

Java

```java
class Radfahrer {
    ...
    Team meinTeam;
    ...
    void kmUebermitteln(int km) {
        meinTeam.kmstand =
                meinTeam.kmstand + km;
    }
}

...
radfahrer1.kmUebermitteln(50);
radfahrer2.kmUebermitteln(100);
```

Fig. 4

Wenn es also beim Zugriff auf ein Objekt über eine Referenz zu Änderungen kommt, dann „sehen" diese Änderungen auch alle anderen Objekte, die dieses Objekt referenzieren.

Zugriff auf Objekte anderer Klassen

Umfangreiche objektorientierte Programme werden oft arbeitsteilig von vielen Personen in mehreren Arbeitsgruppen entwickelt und dabei an vielen Stellen gleichzeitig verändert. Für eine Klasse ist dann meist eine bestimmte Person oder Gruppe verantwortlich. Um ungewollte oder nicht autorisierte Zugriffe auf Objekte dieser Klasse zu verhindern, will man die Attribute bzw. Methoden eines Objektes möglichst gegen „fremde" Zugriffe (d. h. gegen Zugriffe von Objekten anderer Klassen) abschotten (**Datenkapselung**). Nur die für die Entwicklung der jeweiligen Klasse zuständigen Programmierer sollen das Innenleben im Detail kennen bzw. ändern dürfen. Dies unterstützt einerseits die arbeitsteilige Entwicklung und erhöht andererseits die Sicherheit der Programme.

Zugriffsmodifikatoren für Attribute und Methoden

Wird ein **Attribut** als privat (in *Java* `private`) markiert, so können nur Objekte der gleichen Klasse seinen Wert direkt lesen oder verändern. Eine **private Methode** kann nur von Objekten der gleichen Klasse aufgerufen werden.
Auf **öffentliche Attribute bzw. Methoden** (in *Java* `public`) können dagegen auch alle anderen Objekte zugreifen, d. h. Attributwerte lesen und schreiben bzw. Methoden aufrufen.
In der Regel definiert man Methoden als öffentlich und Attribute als privat.

Standardmethoden zum Zugriff auf private Attribute

Weil Objekte anderer Klassen nicht auf private Attribute zugreifen dürfen, definiert man spezielle öffentliche Methoden zum Lesen („Geben-Methoden") bzw. Schreiben („Setzen-Methoden") ihrer Werte durch Objekte fremder Klassen. Oft werden zusätzliche Anweisungen in Lese- oder Schreibmethoden eingebaut, die beispielsweise spezielle Sicherheitsmaßnahmen wie Passwortabfragen ermöglichen oder das Abfangen problematischer Werte.

Java

```java
class Person {
   private String ausweisID, lkey, skey;
   ...
   public String ausweisIDGeben(String pk) {
     if (pk == lkey) {
       return ausweisID;
     } else { return "ZUGRIFF NICHT ERLAUBT";
   } }
   public String ausweisIDSetzen(String pk, String pID) {
     if (pk == skey) {
       ausweisID = pID; return "NEUE ausweisID GESETZT";
     } else { return "ZUGRIFF NICHT ERLAUBT";
} } }
class Amt {
   private String bezeichnung, aIDlkey, aIDskey;
   ...
   public void persaIDGeben(Person pp) {
     String ergebnis = pp.ausweisIDGeben(aIDlkey);
     System.out.println(ergebnis);
   }
   public void persaIDSetzen(Person pp, String pnID) {
     String ergebnis = pp.ausweisIDSetzen(aIDskey, pnID);
     System.out.println(ergebnis);
} }
...
Amt amt1 = new Amt("Meldeamt", "x3245f", "z765d");
Amt amt2 = new Amt("Finanzamt", "x3245f", "GESPERRT");
Person p1 = new Person("Anna", "Mustermann", "BCCFK54Y5F", "x3245f", "z765d");
amt1.persaIDGeben(p1);
amt1.persaIDSetzen(p1, "RSSFK99ZY9A");
amt2.persaIDSetzen(p1, "XYZZAAZZ7SK");
amt2.persaIDGeben(p1);
```

Im Beispiel auf Seite 215 soll zwar das Meldeamt eine neue Ausweisnummer für eine Person eintragen können, nicht aber das Finanzamt. Beide sollen die Ausweisnummer aber lesen können. Dies ist hier über spezielle Zugriffsschlüssel der Klasse `Amt` gelöst. So kann flexibel festlegt werden, welche Zugriffe auf die Attribute einer Klasse jeweils erlaubt sein sollen.

M

Zwei Objekte sind **gleichartig**, wenn sie in allen Attributwerten übereinstimmen.
Mehrere Referenzen können auf dasselbe **(identische)** Objekt verweisen.
Auf **private** Attribute bzw. Methoden einer Klasse dürfen Objekte anderer Klassen nicht zugreifen. Zum Zugriff auf die Attribute von Objekten anderer Klassen verwendet man spezielle **öffentliche** Lese- bzw. Schreibmethoden.

I

Schnittstelle

Mit dem Begriff „Schnittstelle" bezeichnet man im Allgemeinen die Beschreibung der möglichen Kommunikationsformen zwischen zwei Systemen. Unter der **Schnittstelle einer Klasse** versteht man die Menge ihrer öffentlichen Attribute sowie der Signaturen ihrer öffentlichen Methoden. Die Schnittstelle einer Klasse beschreibt also alle Komponenten, die ihre Objekte zur Benutzung durch Objekte anderer Klassen zur Verfügung stellen.

Zur Signatur einer Methode: vgl. Seite 80 (Band 2A).

A **1** **Männermoden**

Ein Anzug besteht aus Sakko, Weste und Hose.
a) Gib das Klassendiagramm an. Deklariere für die einzelnen Klassen geeignete Attribute.
b) Notiere eine Implementierung der Klassen für Sakko, Weste und Hose sowie für den Anzug, der im Konstruktor als Eingaben die Referenzen für die drei Teile berücksichtigt.
c) Die Zwillingsbrüder Jan und Tim wollen sich einen Anzug kaufen. Erläutere anhand eines Objektdiagramms, in welchen Fällen es sich um gleichartige oder identische Kleidungsstücke handelt. Berücksichtige z.B. den Fall, dass sich die Brüder ein gemeinsames Sakko, aber unterschiedliche Hosen kaufen würden. Erläutere, womit man rechnen muss, wenn zuerst Jan und dann Tim „seinen" Anzug in den verschiedenen Varianten anzieht.
d) In einer Klasse `Anprobe` sollen die verschiedenen Fälle durch Variation des Konstruktors der Klasse `Anzug` realisiert werden. Zusätzlich zu den oben genannten Klassen ist bereits eine Klasse `Person` mit einer Methode `anziehen(Anzug a)` in der Vorlage, die du über den Code auf dem Rand herunterladen kannst, berücksichtigt. Ergänze die Klasse `Anprobe` so, dass durch Drücken der Tasten „j" bzw. „t" zuerst Jan und dann Tim „seinen" Anzug anprobiert. Überprüfe damit deine Überlegungen zu Teilaufgabe c).

 Vorlage
Männermoden
r76yi4

Hinweis:
In der Vorlage wird die Grafikbibliothek mit ihrer Standardentwicklungsumgebung genutzt. Lies dazu auch die README-Datei innerhalb des Vorlagenordners.

2 **Menüwahl**

Ein Menü besteht aus Vor-, Haupt und Nachspeise.
a) Gib das zugehörige Klassendiagramm an, wenn es sich bei den drei Gängen jeweils um Objekte der gleichen Klasse NAHRUNG handelt bzw. wenn zwischen den Klassen VORSPEISE, HAUPTSPEISE und NACHSPEISE unterschieden wird.
b) Implementiere für die Klassen NAHRUNG, VORSPEISE, HAUPTSPEISE und NACHSPEISE jeweils die Klassendefinition.
c) Zwei Kollegen gehen gemeinsam in der Kantine essen. Illustriere anhand von Objektdiagrammen, unter welchen Umständen sie das gleiche bzw. dasselbe Menü zu sich nehmen.
d) Ergänze in deiner Implementierung die Klasse `Menue` sowie eine Klasse `Kantine`, welche die beiden Fälle aus Teilaufgabe c) durch Variation der Parameterwerte des Konstruktors der Klasse `Menue` realisiert.

Array-List

Der Nachteil eines Arrays in *Java* ist, dass die maximale Anzahl an Elementen bereits bei der Definition des Feldes festgelegt werden muss und später nicht mehr geändert werden kann, da genau der für die gewünschte Anzahl an Objektes benötigte Speicherplatz reserviert wird. Man spricht daher von einer statischen Datenstruktur. Oft möchte man jedoch flexibel bleiben und benötigt eine dynamische Datenstruktur, die während ihrer Lebenszeit die Aufnahmekapazität verändern kann. Hierfür bietet *Java* eine Alternative an: die Klasse `ArrayList`.

Die Klasse `ArrayList` muss zuerst importiert werden, bevor sie verwendet werden kann. Sie befindet sich im Paket `java.util`. Dazu muss vor der Klassendeklaration folgende Anweisung eingefügt werden: `import java.util.ArrayList`
Die Deklaration einer Array-List sieht folgendermaßen aus:
`private ArrayList<E> bezeichner = new ArrayList<>();`
`E` steht dabei für eine beliebige Klasse, also z.B.:
`private ArrayList<String> einkaufsliste = new ArrayList<>();`
In den spitzen Klammern muss also stehen, welche Objekttypen die Array-List aufnehmen soll, hier Zeichenketten. Eine Array-List kann keine primitiven Datentypen (vgl. Seite 267) aufnehmen.

Die Klasse `ArrayList` stellt eine Vielzahl von Methoden zur Verfügung. Beispiele sind:

Methode	Beschreibung
`add(E objekt)`	Fügt ein Objekt des betreffenden Typs am Ende der Liste hinzu, z.B. `einkaufsliste.add("Nudeln");`.
`clear()`	Entfernt sämtliche Elemente der Liste.
`contains(E objekt)`	Gibt `true` zurück, falls sich das betreffenden Objekt in der Liste befindet, ansonsten `false`.
`get(int index)`	Gibt das Objekt zurück, das sich aktuell an dem durch den Parameter angegebenen Index befindet. Die Zählung beginnt wie üblich bei null.
`indexOf(E objekt)`	Gibt den Index des betreffenden Objektes oder (falls nicht vorhanden) – 1 zurück.
`isEmpty()`	Gibt `true` zurück, wenn die Liste keine Elemente enthält, ansonsten `false`.
`remove(E objekt)`	Entfernt das betreffende Objekt aus der Liste, sofern vorhanden.
`remove(int index)`	Entfernt das Objekt mit dem betreffenden Index. Im Gegensatz zum einfachen Array müssen hier keine aufwendigen Nachrückungen selbst vorgenommen werden.
`size()`	Gibt die Anzahl der Elemente in der Liste zurück.

Die spitzen Klammern zeigen dabei, dass es sich um eine generische Klasse (Generics) handelt. Dies bedeutet kurz gesagt, dass ein Array-List-Objekt einmal Texte, ein anderes Mal beispielsweise Objekte der Klasse MITGLIED aufnehmen kann. Solche Generics lassen sich auch selbst erstellen. Mithilfe von „Wrapper-Klassen" (`Integer`, `Double` …) lassen sich primitive Datentypen in eine eigene Klassen „packen" (to wrap (engl.): einpacken, einhüllen). So können in Objekte „eingehüllte" primitive Datentypen in eine Array-List aufgenommen werden.

Intern steckt hinter einer Array-List ein gewöhnliches Array. Sollte die Anzahl der Elemente nicht ausreichen, wird die Liste automatisch vergrößert. Diese Operation heißt Resizing. Während `size()` die Anzahl der Elemente in der Liste liefert, lässt sich mithilfe der Methode `capacity()` die Kapazität des darunterliegenden Arrays angeben.
Nutzt man bei der Erzeugung einer Array-List ihren Standardkonstruktor, wird eine Anfangskapazität von zehn gewählt. Alternativ kann ein Konstruktor mit ganzzahligem Parameter verwendet und so die Anfangskapazität selbst bestimmt werden:
`ArrayList<>(int initialCapacity)`.
Bei jedem Resizing-Vorgang wird im Hintergrund ein neues Array der 1,5-fachen Größe des ursprünglichen Arrays erstellt. Anschließend werden die Elemente in das neue Array kopiert.

3 Perlenkette

Eine Perlenkette besteht zunächst aus zwölf Perlen mit Radius 10, welche in einer Reihe angeordnet sind und sich gegenseitig berühren.

a) Definiere die Klasse `Perlenkette` mithilfe eines Feldes, das Objekte der Klasse `Kreis` enthält, die waagerecht angeordnet sind, und implementiere die Klasse.

b) Ergänze in der Klasse `Perlenkette` einen weiteren Konstruktor, bei dem die Anzahl der Perlen erst bei der Erzeugung der Perlenkette festgelegt werden muss.

c) Ergänze die Klasse um eine Methode `farbeSetzen(nummer, farbe)`, welche die Farbe der durch die Nummer angegebenen Perle verändern kann. Bei eventuell fehlerhaft eingegebenen Nummern soll ein entsprechender Hinweis ausgegeben werden.

d) Ergänze die Klasse um eine Methode `radiusSetzen(nummer, radius)`, welche den Radius der angegebenen Perlen verändert. Alle benachbarten Perlen berühren sich anschließend wieder. Auf eine fehlerhaft eingegebene Nummer soll hingewiesen werden.

e) Ergänze die Klasse um eine Methode `positionSetzen(mitteX0, mitteY0)`, die den Mittelpunkt der ersten Perle auf (mitteX0; mitteY0) festlegt und damit auch die Position der anderen Perlen anpasst.

f) Nun sollen die Perlen der Perlenkette verschiedenartig ausgegeben werden können. Implementiere eine entsprechende Methode `anordnungSetzen(art)`, die dafür sorgt, dass die Perlen horizontal (`art == 'h'`), vertikal (`art == 'v'`) bzw. diagonal (`art == 'd'`) so angeordnet werden, dass sie sich wieder berühren, und zwar unabhängig vom Radius und von der Anzahl der Perlen.

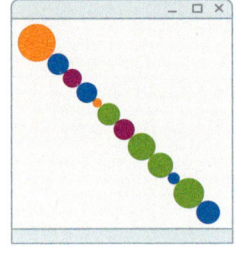

4* Schachspiel I

Ein Schachbrett besteht aus 64 quadratischen Feldern, die in acht Zeilen und acht Spalten angeordnet sind.

a) Definiere die Klasse `Schachbrett` mithilfe eines zweidimensionalen Feldes, wobei die einzelnen Felder durch Quadrate modelliert werden.

b) Implementiere die Klasse `Schachbrett` derart, dass das Schachbrett grafisch ausgegeben werden kann.

Zur Lösung der Aufgabe 4 ist die Info-Box auf Seite 206 nötig.

5* ✏ Schachspiel II

Ein Schachbrett besteht aus 64 Feldern, wobei jedes Feld durch die „Schachkoordinaten" (A3, C7 …) und die Farbe gekennzeichnet ist. Darüber hinaus kann auf dem Feld einer der zwölf Figurtypen Turm, Springer, Läufer, Dame, König und Bauer (je schwarz oder weiß) stehen.

Zur Lösung der Aufgabe 5 ist die Info-Box auf Seite 206 nötig.

a) Gib ein Klassenmodell an, das aus den Klassen SCHACHBRETT, FELD und FIGUR besteht. Wähle die Attribute derart, dass verschiedene Zustände des Spiels (d.h. die verschiedenen Spielstellungen) simuliert werden können. Der Typ der Figur soll in einfacher Weise in Textform beschrieben werden.

b) 👥 Implementiert in arbeitsteiliger Gruppenarbeit das in Teilaufgabe a) erstellte Modell. Repräsentiert die Figuren durch geeignete Symbole.
Verwendet zum Zeichnen der Figuren die Grafikbibliothek, die bereits in Aufgabe 2 auf Seite 199 verwendet worden ist.

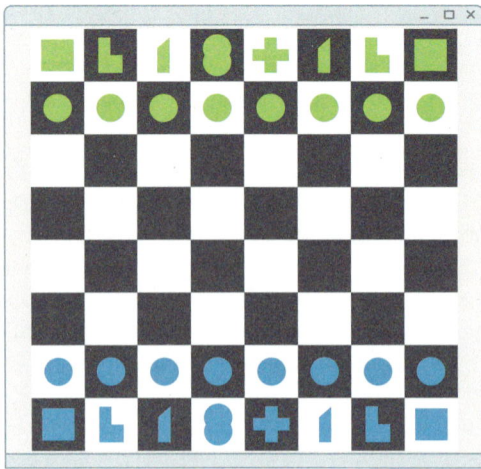

Hinweis:
Für die grafische Ausgabe des Schachbretts in Aufgabe 5 b) kann gegebenenfalls die Lösung von Aufgabe 4 angepasst werden.

6 Coloration

Innerhalb einer Klasse `Coloration` ist der in Fig. 1 abgebildete Algorithmus mit zwei Varianten (1) und (2) für die Referenzierung von Objekten der Klasse `ColorPikser` bzw. `Target` (vgl. Ausschnitte aus den Klassendefinitionen in Fig. 2 und Fig. 3) festgelegt.

a) Zeichne jeweils ein Objektdiagramm unter Berücksichtigung der drei genannten Klassen.

b) Beschreibe, welche Beobachtung du nach dem Start des Programms jeweils machen kannst.
Gib an, in welchen Fällen von identischen bzw. gleichartigen Targets gesprochen werden kann.

c) Ergänze die fehlende Implementierung und teste deine Antwort von Teilaufgabe b). Verwende dabei die Vorlage, die du über den Code auf dem Rand herunterladen kannst.

Java

```java
private ColorPikser[] pikser;
...

public void setup() {
    Target tar = new Target();
    pikser = new ColorPikser[10];
    for (int i = 0; i < 10; i++) {
        // (1)
        pikser[i] = new Color-
            Pikser(tar);
        // (2)
        pikser[i] = new ColorPikser(new
            Target());
    }
}

public void draw() {
    background(0, 0, 0);
    for (int i = 0; i < 10; i++) {
        pikser[i].bewegen();
        pikser[i].piksen();
        pikser[i].zeichnen();
    }
}
```

Fig. 1

Vorlage
Coloration
r76yi4

Java

```java
class ColorPikser {
    private int xpos;
    private int ypos;
    private int[] farbe;
    private Target tar;
    public ColorPikser(Target t) {
        ... // Position und Farbe zufällig
            // festlegen
        tar = t;
    }
    public void piksen() {
        if (dist(xpos, ypos, tar.xposGe-
                ben(), tar.yposGeben())
                < 50) {
            tar.farbeSetzen(farbe);
        }
    }
    public void bewegen() {
        ... //zufällige Bewegung
    }
    public void zeichnen() {
        fill(farbe[0], farbe[1], farbe[2]);
        rect(xpos, ypos, 10, 10);
        tar.zeichnen();
    }
}
```

Fig. 2

Java

```java
class Target {
    private int xpos;
    private int ypos;
    private int[] farbe;
    public Target() {
        xpos = round(random(100, 500));
        ypos = round(random(100, 500));
        farbe = new int[3];
        farbe[0] = 30;
        farbe[1] = 30;
        farbe[2] = 30;
    }
    public void zeichnen() {
        fill(farbe[0], farbe[1], farbe[2]);
        ellipse(xpos, ypos, 100, 100);
    }
    public void farbeSetzen(int[] f) {
        ...
    }
    public int xposGeben() {
        ...
    }
    public int yposGeben() {
        ...
    }
}
```

Fig. 3

Hinweis:

Nutzt man die zur Grafikbibliothek aus Aufgabe 2 auf Seite 199 gehörende Entwicklungsumgebung, können die Methoden von der entsprechenden Oberklasse, z.B. `fill` oder `ellipse`, innerhalb jeder neu definierten Klasse aufgerufen werden. Beachte dabei die README-Datei innerhalb der Vorlage, die du über den Code auf dem Rand herunterladen kannst.

4 Arbeiten mit Referenzen **219**

Das aktuelle Album der Sängerin Smoothy wurde von Bill Earny produziert und enthält 13 Lieder. Acht davon hat Smoothy selbst komponiert und getextet, drei stammen von den Komponisten Jack Tillman und Anna Cry, die ihre Texte von John Writeman verfassen lassen. Die restlichen zwei Lieder wurden von Silly McLaugh geschrieben und getextet. Als Musiker wirkten neben Smoothy noch Carl Zipper (Gitarre) und Earl Push (Percussion) mit. Beschreibe diese Zusammenhänge durch ein Objekt- und ein Klassendiagramm.

Oft findet man bei der objektorientierten Modellierung eines Systems neben der Aggregation (*enthält* bzw. *ist_Teil_von*) noch weitere Beziehungen zwischen den Objekten diverser Klassen, wie z.B. *ist_Angestellter_von*, *benutzt*, *bucht*, *überweist*, *reserviert* oder *verkauft*.

Allgemeine Beziehungen

In Objektmodellen von Sportvereinen gibt es neben Aggregationen weitere Arten von Beziehungen zwischen Objekten.

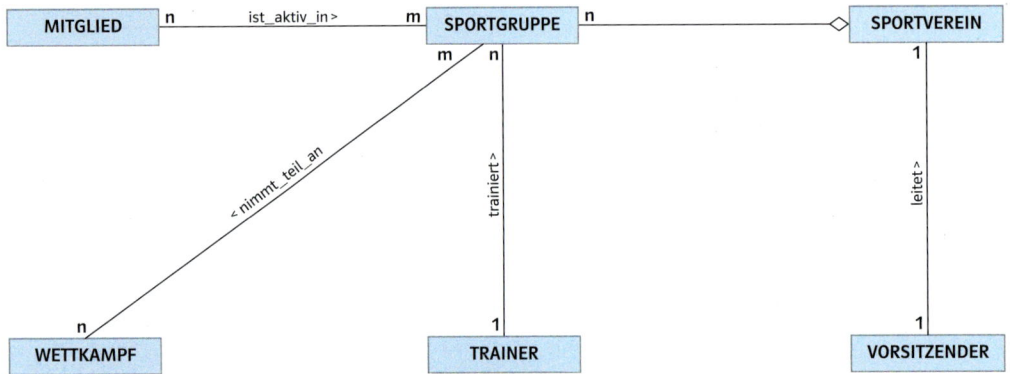

Beziehungen zwischen Objekten bezeichnet man allgemein als **Assoziationen**.

Art der Assoziation

Eine Assoziation beschreibt immer eine bestimmte Art von Kommunikation zwischen zwei Objekten, für die es folgende Möglichkeiten gibt:
– Ein Objekt **nutzt Daten** (Attributwerte) eines anderen Objektes.
– Ein Objekt **ruft Methoden** eines anderen Objektes **auf**.

Wenn die Attribute wie üblich privat sind, kann die direkte Nutzung von Attributwerten anderer Objekte nur stattfinden, wenn beide Objekte derselben Klasse angehören. Andernfalls muss diese Kommunikation über den Aufruf spezieller Lese- oder Schreibmethoden ausgeführt werden.

Referenzierung

In jedem Fall muss dafür gesorgt werden, dass das Objekt, dessen Attribute oder Methoden genutzt werden sollen *(objekt2)*, dem nutzenden Objekt *(objekt1)* bekannt ist, d.h., *objekt1* muss über eine Referenz auf *objekt2* verfügen.

Richtung der Assoziation

Für die Form der Implementierung ist zunächst die Richtung der Beziehung ausschlaggebend: Nutzt nur eines der beiden an der Beziehung beteiligten Objekte die Attribute bzw. Methoden des anderen oder findet diese Nutzung in beiden Richtungen statt? Im ersten Fall handelt es sich um eine unidirektionale, im zweiten um eine bidirektionale Assoziation. Im zweiten Fall muss bei der Implementierung dafür gesorgt werden, dass jedes der beiden Objekte über eine Referenz auf das jeweils andere verfügt.

Multiplizität der Assoziation

Außerdem ist für die Umsetzung in ein Programm sehr wichtig, wie viele Objekte der einen Klasse durch die Assoziation jeweils jedem Objekt der anderen Klasse zugeordnet werden. Dies wird durch die **Multiplizität** der Assoziation ausgedrückt.

Im Datenbankbereich verwendet man den Begriff Kardinalität anstelle von Multiplizität.

(1) Der einfachste Fall liegt bei einer **1:1-Assoziation** vor: Einem Objekt der einen Klasse wird genau ein Objekt der anderen Klasse zugeordnet. In diesem Fall genügt ein einzelnes Attribut zur Aufnahme der Referenz.

(2) Bei **1:n-Assoziationen** werden einem Objekt mehrere Objekte der anderen Klasse zugeordnet. Hier verwendet man (wie etwa im Fall der Aggregation, vgl. Seite 214) oft ein Feld, um die Menge der Referenzen aufzunehmen. Je nach Richtung der Nutzung ist es eventuell auch möglich, die umgekehrte Assoziation zu implementieren. Aus *Trainer_trainiert_Sportgruppe* wird im Beispiel *Sportgruppe_wird_trainiert_von_Trainer*. Statt dem Trainer eine Menge von Sportgruppen zuzuordnen, muss hier der Sportgruppe nur ein einziges Attribut zur Aufnahme der Referenz auf den Trainer hinzugefügt werden.

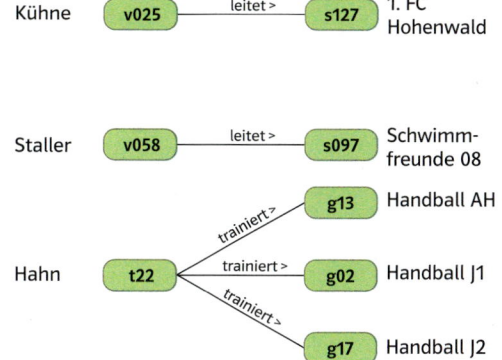
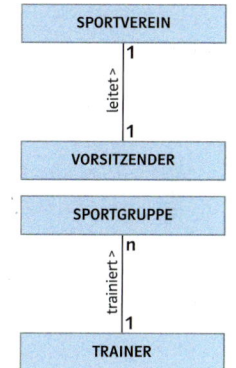

(3) Aufwendiger wird die Implementierung bei der Multiplizität **m:n**. Hier bieten sich zwei Möglichkeiten an:

(i) Man löst die Beziehung in zwei getrennte Assoziationen (1:n und m:1) auf und implementiert diese wie in Fall (2).

(ii) Die Assoziation wird durch ein Objekt einer speziellen **Assoziationsklasse** implementiert.

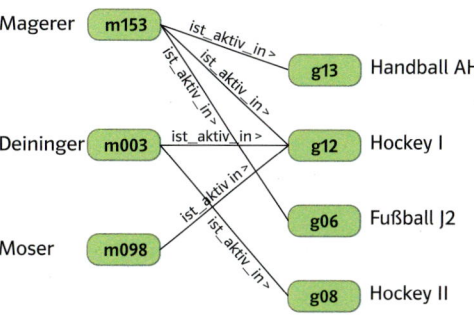
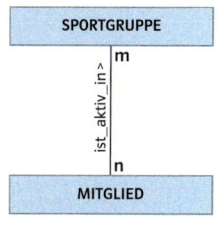
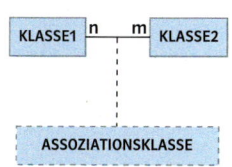

Im Wesentlichen besteht ein solches „Assoziationsobjekt" aus einem Feld, dessen Elemente (eigentlich Objekte) jeweils eine Zuordnung der Assoziation darstellen, indem sie je eine Referenz auf die beiden einander zugeordneten Objekte enthalten.

Damit kann man der Beziehung zwischen zwei Objekten auch Attribute zuordnen, z. B. seit wann ein Mitglied in einer Sportgruppe aktiv ist.

Beispielsweise verbindet die Beziehung *ist_aktiv_in* Objekte der Klassen MITGLIED und SPORTGRUPPE miteinander. Ein Objekt der entsprechenden Assoziationsklasse IST_AKTIV_IN enthält ein Feld, dessen Objekte wiederum jeweils ein Objekt der Klasse MITGLIED mit einem Objekt der Klasse SPORTGRUPPE verbinden.

Im zugehörigen Programm wird eine Klasse `MitglSportgr` definiert, welche Attribute für je eine Referenz auf die beiden zusammengehörigen Beziehungspartner (je ein Objekt der Klassen `Mitglied` bzw. `Sportgruppe`) enthält. In der eigentlichen Assoziationsklasse `Ist_Aktiv_In` wird schließlich ein Feld für die Objekte der Klasse `MitglSportgr` deklariert.
Der Einfachheit halber werden im folgenden Beispiel die Objekte der Klassen `Mitglied` und `Sportgruppe` innerhalb der Assoziationsklasse angelegt.

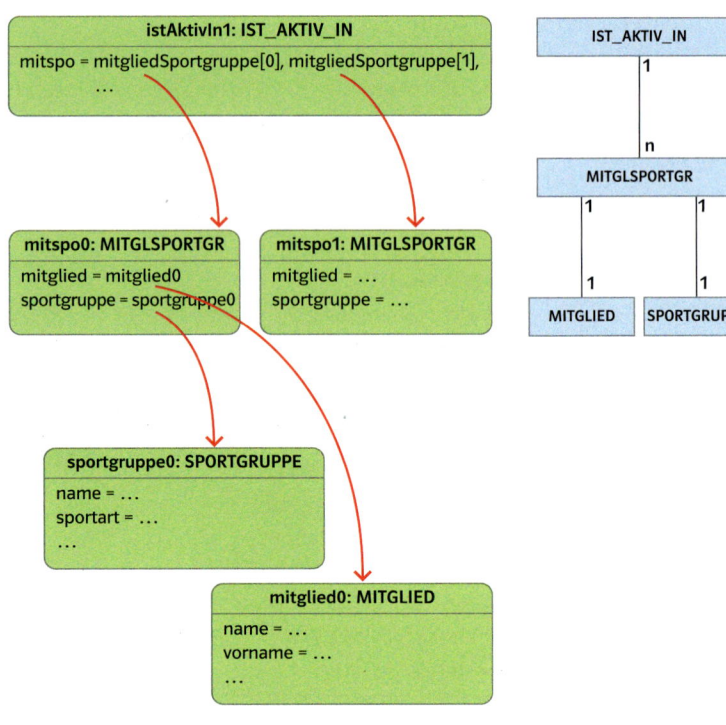

Java

```
class Mitglied {
  private String name;
  private String vorname; ...
  public Mitglied(String n, String v, ...) {
    name = n; vorname = v; ...;
  }
}
class Sportgruppe {
  private String name;
  private String sportart; ...
  public Sportgruppe(String n, String s, ...) {
    name = n; sportart = s; ...;
  }
}
class MitglSportgr {
  private Mitglied mitglied1;
  private Sportgruppe sportgruppe1;
  public MitglSportgr(Mitglied mtgl, Sportgruppe spgr) {
    mitglied1 = mtgl;
    sportgruppe1 = spgr;
  }
}
class Ist_Aktiv_In {
  private MitglSportgr[] mitspo = new MitglSportgr[100];
  public void mitglSportgrZuordnen() {
    mitspo[0] = new MitglSportgr(new Mitglied("Benni", "Huth", ...),
      new Sportgruppe("J1", "Hockey", ...));
    mitspo[1] = new MitglSportgr(new Mitglied("Mia", "Kaiser", ...),
      new Sportgruppe("F1", "Handball", ...));
    mitspo[2] = new MitglSportgr(new Mitglied("Lena", "Bauer", ...),
      new Sportgruppe("J2", "Hockey", ...));
    mitspo[3] = new MitglSportgr(new Mitglied("Henry", "Bader", ...),
      new Sportgruppe("J3", "Turnen", ...));
  }
}
```

Auch bei Datenbanken werden m:n-Beziehungen zwischen Tabellen als eigene Tabelle (Klasse) realisiert (Beziehungstabelle; vgl. Seite 162 f.).

Bekanntschaft zwischen Objekten

Ein Objekt kann nur dann mit einem anderen Objekt kommunizieren, wenn es dieses kennt, d.h., wenn es über eine Referenz darauf verfügt. Wie kann ein Objekt aber ein anderes kennenlernen, d.h. eine solche Referenz bekommen?

Die folgende Simulation eines Fußballspiels für einen E-Sport-Wettkampf zeigt zwei Möglichkeiten, Objekte miteinander bekannt zu machen. In der ersten Variante hat jedes Objekt der Klasse Spieler zu Trainingszwecken seinen eigenen Ball (Objekt der Klasse Kreis), in der zweiten gibt es einen gemeinsamen Ball für alle Spieler.

(1) Das Objekt meinball wird in der Klasse Spieler angelegt. Der Spieler operiert mit der Methode schiessen auf einem Attribut der eigenen Klasse.

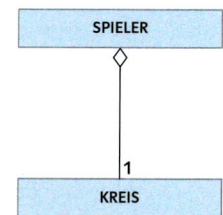

Java

```java
class Spieler {
  private Kreis meinball;
  ...
  public Spieler() {
    meinball = new Kreis();
    ...
  }
  ...
  public void schiessen(int xZiel, int yZiel) {
      meinball.xBewegen(xZiel);
      meinball.yBewegen(yZiel);
  }
  ...
}
```

(2) Die beiden beteiligten Objekte spieler1 und fussball werden als Werte von Attributen in der Klasse Fussballspiel angelegt. Das Objekt spieler1 übernimmt eine Referenz auf den Fußball als Parameterwert und kann somit in seiner Methode schiessen die Methoden des Objektes fussball nutzen.

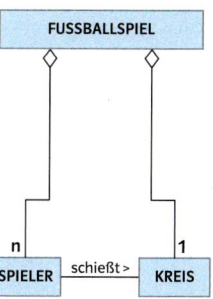

Java

```java
class Fussballspiel {
  private Rechteck spielfeld;
  private Rechteck tor1; private Rechteck tor2;
  private Kreis fussball;
  private Spieler spieler1, spieler2;
  ...
  public Fussballspiel() {
    fussball = new Kreis();
    spieler1 = new Spieler(); spieler2 = new Spieler();
    ...
  }
  public void passen(Spieler sp) {
    spieler1.schiessen(fussball, sp.xPosGeben(), sp.yPosGeben());
    ...
  }
}
class Spieler {
  private String name;
  private int xPos, yPos;
  ...
  public void schiessen(Kreis ball, int xZiel, int yZiel) {
      ball.xBewegen(xZiel);
      ball.yBewegen(yZiel);
  }
  ...
}
```

Ein Objekt *objekt1* kann mit einem anderen Objekt *objekt2* kommunizieren, indem es dessen Methoden aufruft oder die Werte seiner Attribute ausliest oder verändert. Falls die beiden Objekte verschiedenen Klassen angehören, müssen die genutzten Methoden bzw. Attribute von *objekt2* öffentlich sein.

Solche Kommunikationsvorgänge werden im Klassenmodell durch **Assoziationen** zwischen den Klassen von *objekt1* und *objekt2* beschrieben. Voraussetzung für die Kommunikation ist jedoch, dass *objekt1* über eine Referenz auf *objekt2* verfügt.

1 Kontoführung

Das Klassendiagramm zeigt, wie bei einer Bank Kunden, deren Konten sowie die Bank selbst miteinander in Beziehung stehen können.

KUNDE	m hat> n	KONTO	n bei> 1	BANK
name		typ		name
vorname		dispo		
...		...		...

a) Verfeinere das Klassendiagramm derart, dass die Klassen, die zur Implementierung der m : n-Beziehung notwendig sind, dargestellt werden.

b) Implementiere die Klassen. Im Konstruktor soll dabei eine „Mini-Bank" erzeugt werden, die maximal 100 Kunden aufnehmen und 200 Konten aufweisen kann.

c) Implementiere eine Methode, mit der man ein Konto eröffnen kann.

Hinweis:
Verwende bei Aufgabe 1 a) eine Assoziationsklasse.

2 Kurarztpraxis

In einem Kurort eröffnet ein Arzt eine neue Praxis. Von jedem Patienten werden Name, Geschlecht, Größe, Gewicht und Alter gespeichert. Die Anzahl der Patienten ist auf 100 beschränkt. Der Arzt kennt die Anzahl seiner Patienten, kann jederzeit auf deren Daten zugreifen und bietet eine Schnittstelle für seine Patientenliste sowie die aktuelle Patientenanzahl an. Zur Verwaltung der Praxis sollen folgende Methoden bereitstehen.

Die physikalische Größe Masse wird umgangssprachlich oft als Gewicht bezeichnet.

– Aufnahme eines neuen Patienten, falls die Höchstgrenze noch nicht erreicht ist.

– Bestimmung und Rückgabe einer Referenz des Patienten in der Liste mit gegebenem Index.

– Bestimmung und Rückgabe des in der Liste gespeicherten Index eines Patienten.

– Feststellung und Rückgabe der Diagnose für einen Patienten mit einem entsprechenden Ratschlag in Textform.

– Bestimmung und Rückgabe des Patienten mit dem größten BMI in der Liste.

– Berechnung und Rückgabe des Anteils der weiblichen Patienten, die der Arzt gerade behandelt.

– Entlassung eines Patienten, die zur Streichung des in der Patientenliste gespeicherten Patienten aus der Liste führt. Die Liste soll dann wieder von vorne durchgängig belegt sein.

In der Klasse ARZTPRAXIS wird der Arzt Dr. Huber verwaltet, der zu Beginn seiner Tätigkeit zunächst 30 Patienten mit zufälligen Daten zugewiesen bekommt. Der Einfachheit halber legt man als Namen z. B. „Patient1", „Patient2" ... fest. Ansonsten soll diese Klasse dazu dienen, verschiedene Szenarien wie die oben beschriebenen anzuwenden.

a) Entwirf ein Klassendiagramm für die Darstellung der beschriebenen Situation.

b) Implementiere die Klassen `Patient` und `Arzt` mit den angegebenen Attributen und Methoden sowie die Klasse `Arztpraxis` durch Ergänzung geeigneter Methoden für verschiedene Anwendungsszenarien und Testausgaben auf die Konsole.

3 Ein unternehmerisches Schwergewicht

Die Firma Hinkelstein AG besteht aus mehreren Mitarbeitern und hat zahlreiche Kunden. Die Aufträge, die die Kunden erteilen, werden von jeweils einem Mitarbeiter bearbeitet.

a) Gib das Klassendiagramm an, das die Beziehungen zwischen den Klassen FIRMA, MITAR-BEITER, KUNDE und AUFTRAG beschreibt, und beachte insbesondere die Multiplizitäten. Definiere in den einzelnen Klassen charakteristische Attribute.

b) Implementiere das Klassendiagramm. Die Firma soll dabei auf maximal zehn Mitarbeiter, 1000 Kunden sowie 10 000 Aufträge ausgelegt sein. Bei der Gründung hat die Firma fünf Mitarbeiter, jedoch keine Kunden und keine Aufträge.

c) Füge folgende Methoden an geeigneter Stelle ein:
- eine Methode, um einen Kunden einzutragen bzw. zu löschen,
- eine Methode, um einen Auftrag zu erteilen bzw. diesen zu löschen,
- eine Methode, mit der die Firma alle Aufträge, die von einem bestimmten Mitarbeiter bearbeitet wurden, ermitteln kann.

4 ✎ Schulbeziehungen

Fig. 1 stellt die Beziehungen zwischen den Schülerinnen und Schülern einer Schul-klasse, den Lehrkräften und den einzelnen Fächern dar.

a) Erweitere das Klassendiagramm um die Klasse SCHULE und die dazugehörigen Assoziationen. Gib die Klassen, die zur Implementierung der einzelnen Assoziationen notwendig sind, an. Erläutere, weshalb es sinnvoll sein könnte, auch die Beziehung zwischen Schülerinnen und Schülern und der Schulklasse durch eine Assoziationsklasse zu implementieren.

b) Begründe, weshalb die Einführung einer m : n-Assoziation zwischen den Klassen SCHÜLER und FACH sinnvoll ist. Ergänze das Klassendiagramm entsprechend.

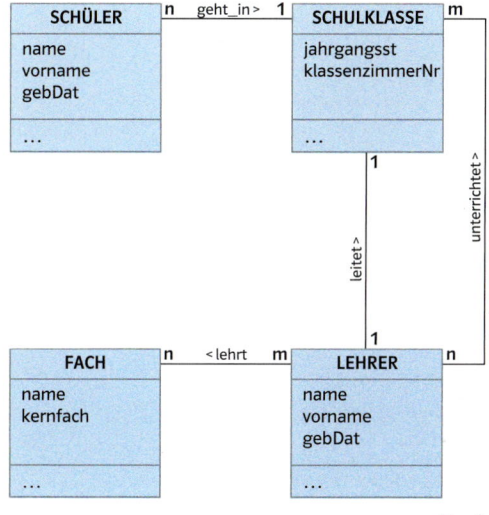

Fig. 1

c) 👥 Die Implementierung der Schulbeziehungen erfolgt in arbeitsteiliger Gruppenarbeit, d.h., die einzelnen Gruppen arbeiten jeweils an verschiedenen Teilen des Programms. Dabei bieten sich folgende Phasen an.
1. Implementieren der Klassen `Schule`, `Schueler`, `Schulklasse`, `Lehrer` und `Fach`.
2. Erzeugen einer hinreichenden Anzahl von Objekten der Klassen `Schueler`, `Schul-klasse`, `Lehrer` und `Fach` in jeweils einer Methode der Klasse `Schule`. Auch hier bietet sich eine Aufteilung in mehrere Gruppen an.
3. Implementieren der Assoziationen; die einzelnen Assoziationen werden von verschie-denen Gruppen implementiert.
4. Realisieren verschiedener Methoden in der Klasse `Schule`:
   - eine Methode, um die Daten eines bestimmten Schülers auszugeben,
   - eine Methode, um alle Schüler einer bestimmten Klasse zu ermitteln,
   - eine Methode, um alle Fächer, die in einer bestimmten Klasse unterrichtet werden, zu bestimmen.
5. Sortiertes Ausgeben der Daten in 4. mithilfe einer geeigneten privaten Methode.
6. Realisieren einer Methode, um eine bestimmte Schülerin bzw. einen bestimmten Schüler zu löschen. Dabei soll sichergestellt sein, dass auch alle Assoziationen, an de-nen diese Schülerin bzw. dieser Schüler beteiligt ist, gelöscht sind.

Nach jeder Phase soll-ten die jeweils in den einzelnen Gruppen er-stellten Programmteile zusammengeführt und getestet werden.

5 Autovermietung

Eine kleine Mietwagenfirma (vgl. Klassendiagramm in Fig. 1) verleiht Fahrzeuge tageweise an Kunden. Nach Beendigung des Mietverhältnisses werden die Kundenauftragsdaten wieder gelöscht.

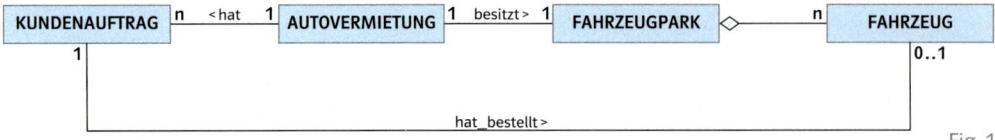

Fig. 1

Die Kommunikation zwischen den beteiligten Objekten verschiedener Klassen beim Bestellvorgang eines Autos ist im nachfolgend ausschnittsweise definierten Programm dargestellt.

Java

```java
class Autovermietung {
  private Fahrzeugpark fahrzeugpark1 = new Fahrzeugpark();
  private Kundenauftrag[] auftrag = new Kundenauftrag[100];
  private int index = 0;
  ...
  public void auftragAnlegen(String name, String email, int ausleihtag,
        String autotyp) {
    auftrag[index] = new Kundenauftrag(name, email, ausleihtag, autotyp);
  }
  public Fahrzeug bestellen(Kundenauftrag kauf) {
    return fahrzeugpark1.suchen(kauf.ausleihtag, kauf.autotyp);
  }
  ... // Methoden mieten, zurueckgeben ...
}

class Fahrzeugpark {
  private Fahrzeug[] fahrzeugliste = new Fahrzeug[100];
  public Fahrzeugpark() {
    fahrzeugliste[0] = new Fahrzeug("Kleinwagen", "OBA-FJ-195");
    fahrzeugliste[1] = new Fahrzeug("Mittelklasse", "OBA-SV-63"); ...
  }
  public Fahrzeug suchen(int ausleihtag, String autotyp) {
    int i = 0;
    while ((fahrzeugliste[i].belegung2020[ausleihtag] == true) ||
          (fahrzeugliste[i].autotyp! = autotyp)) {
      i++;
    }
    fahrzeugliste[i].reservieren(ausleihtag);
    return fahrzeugliste[i];
  }
  ... // Methoden mieten, zurueckgeben ...
}

class Fahrzeug {
  private String autotyp;
  private String kennzeichen;
  private boolean[] belegung2020;
  ...
  public void reservieren(int ausleihtag) {
    belegung2020[ausleihtag] = true;
  }
  ... // Methoden mieten, zurueckgeben ...
}
```

a) Beschreibe in einigen Sätzen, wie die Interaktion zwischen den beteiligten Objekten vonstattengeht, die beim Ablauf der Methode `bestellen(Kundenauftrag kauf)` ausgelöst wird.

b) Ergänze die Implementierung so, dass auch der Zahl- und Mietvorgang sowie die Rückgabe des Fahrzeugs realisiert wird.

6 🍃 Spieleprogrammierung – Snake

Ein Computerspielklassiker ist das Spiel Snake, das in vielen verschiedenen Variationen gespielt werden kann. Schrittweise soll in dieser Aufgabe eine eigene Version entwickelt und implementiert werden. Dabei wird die Grafikbibliothek aus Aufgabe 2 auf Seite 199 mit der Möglichkeit der Visualisierung und Interaktion verwendet.

Zu den ersten Ausgaben von Snake gehört der im Jahr 1979 von F. Seger auf einem TRS-80 programmierten „Hyper-Wurm".

Eine sich horizontal oder vertikal bewegende Schlange (rechts mit gelbem Kopf und blauen Gliedern dargestellt), die zu Beginn nur aus dem Kopf besteht, wird durch ein zweidimensionales quadratisches Spielfeld, das in einzelne Quadrate eingeteilt ist, manövriert. Ziel des Spieles ist es, dass die Schlange das zufällig erscheinende Futter (rotes Kästchen) frisst und dabei jeweils um ein Glied wächst. Dabei darf sich die Schlange weder über den Rand hinausbewegen noch sich selbst berühren. Unterhalb des Spielfeldes befindet sich ein Bereich für die Ausgabe aktueller Informationen.

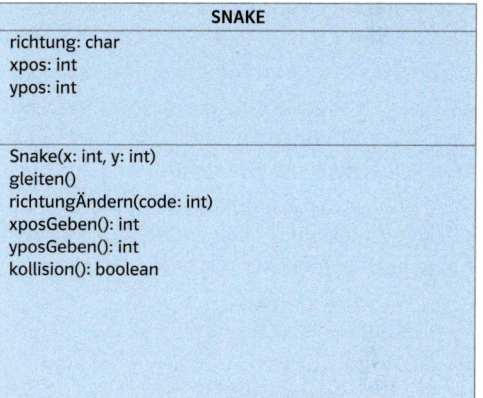

Aktueller Punktestand: 27

SNAKE
richtung: char xpos: int ypos: int
Snake(x: int, y: int) gleiten() richtungÄndern(code: int) xposGeben(): int yposGeben(): int kollision(): boolean

a) Im ersten Schritt werden nur zwei Klassen Snakespiel und Snake (Schlangenkopf) berücksichtigt. Implementiere die Klasse Snake gemäß der nebenstehenden Klassenkarte. Der Schlangenkopf soll erst dann anfangen, sich automatisch zu bewegen (z. B. mit einer Taktfrequenz von 10 Schritten pro Sekunde), wenn eine entsprechende Pfeiltaste gedrückt worden ist. Richtungsänderungen sind jederzeit möglich. Die Textausgabe gibt die aktuelle Position aus. Trifft der Kopf auf den Spielfeldrand, ist das Spiel beendet.

Die Pfeiltasten ←, ↑, → und ↓ können mit den Werten 37, 38, 39 und 40 des Attributs keyCode der Bibliotheksklasse PApplet zugewiesen werden.

b) Es wird nun eine Klasse Futter eingeführt sowie ein Attribut zur Speicherung des Punktestandes innerhalb der Klasse Snakespiel. Zu Beginn des Spiels wird ein Objekt der Klasse Futter an einer zufälligen Position des Spielfeldes positioniert. Die Textausgabe berücksichtigt die Koordinaten von Schlange und Futter und den aktuellen Punktestand. Sobald die Schlange auf das Futter trifft, erscheint ein neues Futterkästchen an einer zufällig berechneten Position innerhalb des Spielfeldes und der Punktestand wird um eins erhöht. Zeichne ein Klassendiagramm, welches die Beziehungen zwischen allen bisher beteiligten Klassen darstellt, und passe deine Implementierung entsprechend an.

c) Nun soll die Schlange um je ein Glied wachsen, wenn sie auf das Futter trifft. Dazu wird eine Klasse Glied eingeführt. Die Klasse Snake verwaltet ihre Glieder durch ein genügend großes Feld. Falls die Schlange auf das Futter trifft, wird (an ihrem Ende) ein neues Glied erzeugt und seine aktuelle Position berechnet. Bei der Bewegung folgen die einzelnen Schlangenglieder immer dem Vorgängerglied und das erste Glied folgt dem Kopf. Ergänze das Klassendiagramm aus Teilaufgabe b) und passe die Implementierung an.

d) Im nächsten Schritt soll dafür gesorgt werden, dass eine Kollision des Snake-Objektes (also des Schlangenkopfs) mit einem seiner Glieder das Spiel ebenso beendet wie die bereits umgesetzte Randkollision. Setze diese Forderung in deinem Programm um. Wahlweise kannst du durch Vergrößerung der Taktfrequenz den Schwierigkeitsgrad deines Spieles erhöhen und damit das Spiel spannender gestalten.

Wenn man wissen will, wie spät es ist, muss man nur auf die Uhr schauen. Jede funktionierende Uhr muss die aktuelle Zeit anzeigen können. Dabei hängt es vom Uhrentyp ab, wie die Zeit bestimmt und angezeigt wird.
Wie setzen Sonnenuhren, Funkuhren, Quarzuhren, Pendeluhren usw. die Zeitmessung um?

Innerhalb einer Vererbungshierarchie verstehen Objekte verschiedener Unterklassen denselben Methodenaufruf, wenn die Methode von einer gemeinsamen Oberklasse geerbt ist. Je nach Klassenzugehörigkeit wird erst zur Laufzeit darüber entschieden, wie die eventuell in den Unterklassen überschriebene Methode ausgeführt wird. Dieses Phänomen wird Polymorphismus genannt: Der gleiche Methodenaufruf bewirkt bei Objekten verschiedener Klassen eine unterschiedliche Ausführung.

Polymorphismus stammt aus dem Griechischen und bedeutet Vielgestaltigkeit.

Ein Methodenaufruf für Objekte verschiedener Klassen

Von allen Mitarbeitern einer Firma werden Name, Vorname, Geburtsdatum, Anschrift, Position, Grundverdienst und Kontonummer in einer Liste gespeichert. Der Rechenterm für den Verdienst unterscheidet sich jedoch bei Managern, Angestellten bzw. Arbeitern: Während Manager beispielsweise neben dem Grundverdienst noch einen bestimmten Prozentsatz ihres Grundverdienstes als Gewinnbeteiligung erhalten, können Angestellte ihre Überstunden abrechnen. Arbeiter hingegen werden nur nach Stunden bezahlt.

Alle Mitarbeiter der Firma sollen in einem Feld verwaltet werden. Besonders problematisch ist dabei, dass zur Programmierzeit noch nicht klar ist, zu welcher der Klassen ARBEITER, ANGESTELLTER oder MANAGER ein bestimmtes Feldelement zur Laufzeit des Programms gehören wird, weil alle Daten erst dann von einer Sekretärin eingegeben werden. Zudem kann man als Datentyp für alle Elemente dieses Feldes nur eine einzige Klasse angeben.

Als Lösung bietet sich die Generalisierung der drei Klassen zu einer Oberklasse MITARBEITER an, die dann als Klasse für dieses Feld verwendet wird.
Dann können sowohl Manager als auch Angestellte oder Arbeiter in diesem Feld gespeichert werden, da jedes dieser Objekte die Instanz einer Unterklasse von MITARBEITER ist (Fig. 1).

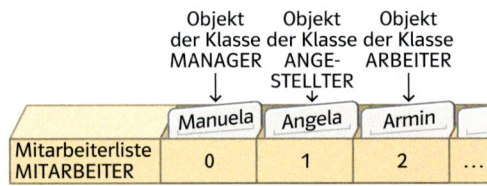

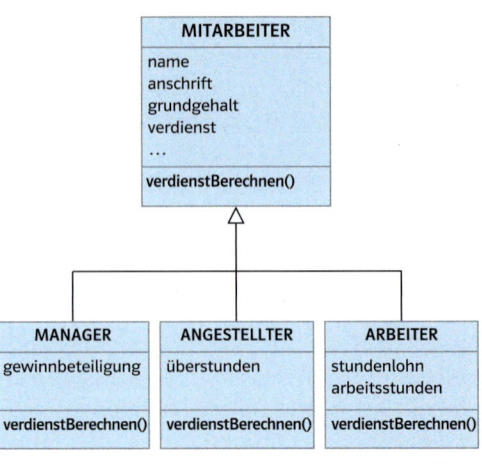

Fig. 1

Methoden überschreiben

Damit die Methode *verdienstBerechnen* für alle Feldelemente aufgerufen werden kann, muss sie in der gemeinsamen Oberklasse MITARBEITER definiert werden. Bei Bedarf kann sie in den Unterklassen passend überschrieben werden. Dies bezeichnet man als **Polymorphismus**.

Java

```java
class Mitarbeiter {
  protected double grundgehalt;
  ...
  public double verdienstBerechnen() {
     return grundgehalt; }
}

class Manager extends Mitarbeiter {
  private double gewinnbeteiligung;
  ...
  public double verdienstBerechnen() {
     return (1 + gewinnbeteiligung / 100) * grundgehalt; }
}

class Angestellter extends Mitarbeiter {
  private double ueberstunden;
  ...
  public double verdienstBerechnen() {
     return (1 + ueberstunden / 160) * grundgehalt; }
}

class Arbeiter extends Mitarbeiter {
  private double stundenlohn, arbeitsstunden;
  ...
  public double verdienstBerechnen() {
     return stundenlohn * arbeitsstunden; }
}
```

Vorsicht in *Java*: Private Attribute bzw. Methoden können trotz Vererbung nicht von Objekten einer Unterklasse benutzt werden. Durch die Deklarierung als *geschützt* mit dem Zugriffsmodifikator `protected` kann man dieses Problem beheben, ohne dass man mit `public` den Zugriff auch für alle anderen Klassen öffnen müsste.

Bei der Berechnung des Verdienstes eines Angestellten wird von 160 Stunden pro Monat ausgegangen.

Zur Laufzeit des Programms wird dann je nach Klassenzugehörigkeit des i-ten Feldelementes beim Methodenaufruf `mitarbeiterliste[i].verdienstBerechnen()` entschieden, aus welcher der drei Klassen die jeweilige Methode ausgeführt wird:

Java

```java
class Abrechnung {
  Mitarbeiter[] mitarbeiterliste = new Mitarbeiter[100];
  ...
  public void abrechnen() {
     for (int i = 0; i < 100; i++) {
        mitarbeiterliste[i].verdienst = mitarbeiterliste[i].verdienstBerechnen(); }
  }
}
```

Polymorphismus liegt vor, wenn gleichnamige Methoden verschiedene Definitionen bzw. Implementierungen haben. Dies wird durch Überschreiben von geerbten Methoden ermöglicht.

1 Polymorphismus bei Computerspielen

Viele Computerspiele enthalten Figuren, die auf einem gemeinsamen Spielfeld unterschiedlich agieren, sich z. B. zufällig bewegen, durch Mausbewegungen gesteuert werden können oder Hindernissen automatisch ausweichen. Erstelle ein Klassenmodell für ein solches Spiel unter Berücksichtigung von Polymorphismus. Implementiere dein Modell und teste es.

Abstrakte Klassen

Im Mitarbeiterverwaltungssystem, das im Lehrtext beschrieben wurde, kann es auch Mitarbeiter geben, die weder Manager noch Angestellte noch Arbeiter sind. Soll dies vermieden werden, kann die Klasse *MITARBEITER* **abstrakt** definiert werden. Dann können keine Objekte dieser Klasse erzeugt werden und die Methode *verdienstBerechnen* wird niemals wirklich ausgeführt.

Man kann sich in der Klasse `Mitarbeiter` auf die reine Deklaration der Methode `verdienstBerechnen` beschränken, d.h., man kennzeichnet sie als abstrakt und verzichtet auf einen Methodenrumpf (vgl. *Java*-Box).

Hinweis:
Die Bezeichner abstrakter Klassen werden zur Unterscheidung von konkreten Klassen kursiv geschrieben.

Java

```java
abstract class Mitarbeiter {
   protected double grundgehalt;
   ...
   public abstract double verdienst-
       Berechnen();
}
```

Abstrakte Methoden müssen in den Unterklassen überschrieben werden, falls diese nicht wiederum abstrakt sind. Jede Klasse mit mindestens einer abstrakten Methode ist selbst abstrakt.

2* Versicherung

Versicherungen bieten unterschiedliche Versicherungspolicen an, beispielsweise Lebens-, Hausrat-, Rechtsschutz-, Haftpflicht-, Unfall-, Kfz- oder Rentenversicherungen. Die Bedingungen für die einzelnen Policen können teilweise sehr variieren.

a) Erstelle ein Klassendiagramm mit der Oberklasse *POLICE* und wenigstens drei Unterklassen. Gib an, welche Attribute und Methoden du den Klassen jeweils zuweisen würdest, und begründe, warum es sinnvoll ist, die Klasse *POLICE* als abstrakt zu definieren.

b) Alle Klassen besitzen eine Methode *auszahlen*. Überlege dir, wie sich diese Methode von Fall zu Fall anpassen muss (beispielsweise bei Einbehalt einer Selbstbeteiligung oder anteiliger Schadensbegleichung) und implementiere die Klassen.

Zur Lösung der Aufgabe 2 ist die Info-Box nötig.

3 Krankenhaus I

In einem Krankenhaus gibt es eine Vielzahl unterschiedlicher Ärzte: Ärzte verschiedener Fachrichtungen, wie Chirurg oder Orthopäde, sowie Ärzte mit oder ohne Promotion.

a) Gib ein Klassenmodell an, das die Beziehungen zwischen den einzelnen „Arzttypen" wiedergibt.

b) Ein Krankenhaus ist in verschiedene Bereiche gegliedert: die Ambulanz, den stationären Bereich mit der Intensivstation, die innere Abteilung, die Orthopädie usw. Erweitere das Klassenmodell so, dass die Beziehungen zwischen den verschiedenen Abteilungen und den Ärzten dargestellt werden.

c)* Neben der fachlichen Qualifikation gibt es auf den verschiedenen Abteilungen Stationsärzte, Oberärzte und Chefärzte. Ein Krankenhaus hat außerdem zahlreiche andere Mitarbeiter: Verwaltungsangestellte, den Manager des Krankenhauses, Schwestern und Pfleger, Küchenangestellte, technisches Personal oder Reinigungskräfte. Erweitere das Modell so, dass die beschriebenen Zusammenhänge modelliert werden. Führe dazu geeignete generalisierte Klassen ein. Gib an, bei welchen durch Generalisierung deklarierten Oberklassen es sinnvoll ist, diese abstrakt zu definieren.

d)* Im Krankenhausmodell treten die bekannten Assoziationstypen auf: Zwischen dem Arzt und der Abteilung kann beispielsweise eine m:n-Assoziation bestehen; ein Pfleger ist dagegen nur einer Abteilung zugeordnet. Erweitere das Modell derart, dass die Realisierung der Assoziationen deutlich wird.

Zur Lösung der Aufgaben 3c) und d) ist die Info-Box nötig.

4   👥 Krankenhaus II

In arbeitsteiliger Gruppenarbeit soll das Krankenhausmodell implementiert werden. Neben der Deklaration geeigneter Attribute sollen Methoden definiert werden, um einen Mitarbeiter einzustellen und einer Abteilung zuzuordnen.

5*   🔖 1. Bundesliga, 2. Bundesliga und 3. Liga

Zur Verwaltung der in den höchsten drei Spielklassen des Deutschen Fußballbundes aktiven Vereine, Mannschaften, Spieler, Trainer, Funktionäre und Präsidenten soll ein Programm erstellt werden (Stand: Juli 2020).

Zur Lösung der Aufgabe 5 ist die Info-Box auf Seite 230 nötig.

a) Gib ein Klassendiagramm an, das die Beziehungen zwischen den genannten Objekten wiedergibt. Führe nach Bedarf abstrakte Klassen ein und verzichte zunächst auf Attribute und Methoden.

b) Erweitere das Modell derart, dass auch ein Spiel zwischen zwei Mannschaften erfasst werden kann.

c) Verfeinere das Modell durch Angabe von Attributen und Standardmethoden.

d) 👥 Nun soll das Modell im Klassenverband implementiert werden. Hierbei bearbeiten die einzelnen Gruppen unterschiedliche Teile des Modells.
Nach Abschluss der Gruppenarbeit werden diese Teile zusammengeführt.

e) Erweitere das Modell um eine Klasse, die eine Methode enthält, um folgende Abfrage durchzuführen: Gib alle Spiele der aktuellen Saison in der 2. Bundesliga aus.

6*   Schachspiel III

In Aufgabe 4 auf Seite 218 wurde das Modell eines Schachspiels mit Feldern und Figuren entwickelt. Bei den sechs Figurtypen (Bauer, Dame, König, Springer, Turm und Läufer) ist nicht jeder Zug erlaubt. Zudem werden sie unterschiedlich gezeichnet. Gib ein Klassendiagramm an, das durch Verwendung einer geeigneten Spezialisierung einer abstrakten Klasse *FIGUR* deutlich macht, inwiefern hier das Konzept des Polymorphismus genutzt werden kann.

Zur Lösung der Aufgabe 6 ist die Info-Box auf Seite 230 nötig.

7*   🔖 👥 Schachspiel IV

Implementiert in Gruppenarbeit wie folgt ein vereinfachtes Schachspiel.

a) Öffnet die Vorlage, die ihr über den Code auf dem Rand herunterladen könnt, und setzt die Spezialisierung der Klasse `Figur` entsprechend dem Modell aus Aufgabe 6 um. Die Methode zur Prüfung der Zugerlaubnis muss zunächst nur deklariert werden.

b) Es soll nun möglich sein, einfache interaktive Spielzüge durch Klicken auf entsprechende Felder des Schachbretts durchzuführen, also Figuren zu verschieben, indem man nacheinander auf ein Start- und Zielfeld klickt, und gegnerische Figuren zu schlagen, die auf dem Zielfeld stehen. Ergänzt eine Klasse `Schachspiel`, welche je eine Referenz auf das Schachbrett, auf die betroffenen Felder und die zu ziehende Figur enthält.
Ergänzt außerdem eine Methode, welche auf das Drücken der Maustaste durch den Spieler reagieren kann. Eine automatische Überwachung von Regeln muss in diesem Schritt noch nicht berücksichtigt werden. Ergänzt in den übrigen Klassen geeignete Attribute bzw. Methoden.

c) Das Ziehen einer Figur soll nur dann durchgeführt werden können, wenn es gemäß den Spielregeln für diese Figur erlaubt ist, wobei vereinfachend die Position anderer Spielfiguren unberücksichtigt bleiben darf. Definiert dazu eine Methode `zugErlaubt` und wendet dabei das Prinzip des Polymorphismus an. Passt eure Implementierung von Teilaufgabe b) entsprechend an.

Zur Lösung der Aufgabe 7 ist die Info-Box auf Seite 230 nötig.

 Vorlage
Schachspiel
r76yi4

Zustände von Computerprogrammen

Computerprogramme sind eigentlich nur Texte in einer bestimmten Programmiersprache. Zunächst müssen diese Texte in eine Form übersetzt werden, die von der Maschine direkt gelesen und interpretiert werden kann. Erst nach Ablauf dieses Übersetzungsvorgangs können die Anweisungen des Programms vom Rechner ausgeführt werden.

Übersetzung von Computerprogrammen

Eine **höhere Programmiersprache** (z.B. *Basic*, *Pascal*, *C* oder *Java*) ist eine Sprache, deren Elemente für den Menschen einigermaßen verständlich dargestellt sind wie z.B. `if ... then ... else` oder `wiederhole ...-mal`. Die Anweisungen solcher Sprachen können jedoch vom Computer nicht unmittelbar ausgeführt werden, weil dieser nur Folgen binärer Signale interpretieren kann, z.B. „0011 0101 1110 ...“ Daher müssen die Programme vor ihrer Ausführung zuerst in eine solche direkt maschinenlesbare Form gebracht werden. Dazu werden sie meist strukturell erheblich verändert und als Folge direkt ausführbarer **Maschinenbefehle** dargestellt.

Es gibt auch „nicht-höhere“ Programmiersprachen, deren Sprachelemente direkt Maschinenaktionen wiedergeben (**Maschinensprachen**).

Ausführung von Programmen

Erst nach diesem Übersetzungsvorgang kann das Programm (bzw. das Ergebnis des Übersetzungsvorgangs) gestartet werden. Die Zeitspanne, in der das Programm tatsächlich ausgeführt wird, bezeichnet man als **Laufzeit**.

Nur während seiner Laufzeit ist ein Programm tatsächlich aktiv: Anweisungen werden ausgeführt, Objekte erzeugt und gelöscht, Daten als Eingabe entgegengenommen, verarbeitet und wieder ausgegeben. Vor bzw. nach seiner Laufzeit existiert ein Programm nur als „ruhender" Text.

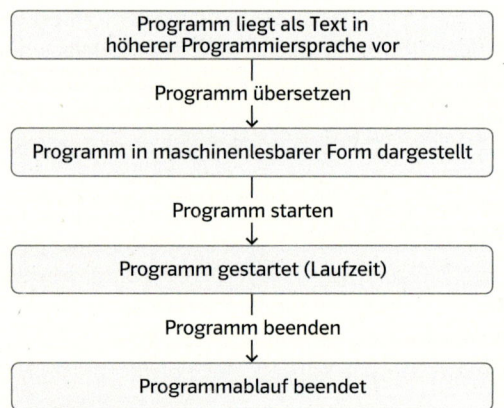

Übersetzung und Ausführung kann man auf zwei Weisen verzahnen:
(1) Jede Anweisung (bzw. Kontrollstruktur) wird einzeln übersetzt und sofort ausgeführt (**Interpreter-Prinzip**). Ein Beispiel für ein solches Programm ist etwa der *Roboter*.
(2) Das gesamte Programm wird übersetzt, das Ergebnis nach Abschluss dieses Vorgangs abgespeichert und erst dann ausgeführt (**Compiler-Prinzip**). Beispiele hierfür sind die Programmiersprachen *C*, *C++* und in gewisser Weise auch *Java* (vgl. folgenden Abschnitt).

Bytecode bei *Java*

Java-Programme werden zunächst von einem *Java*-Compiler übersetzt. Der Übersetzer erzeugt jedoch keinen Maschinencode, sondern zunächst einen sogenannten Bytecode, der unter allen gängigen Betriebssystemen lauffähig ist. Für alle gängigen Betriebssysteme existiert jeweils ein eigener *Java*-Interpreter (*Java Virtual Machine JVM*), der den *Java*-Bytecode direkt ausführen kann.

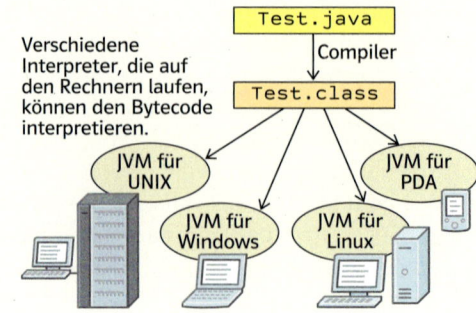

Verschiedene Interpreter, die auf den Rechnern laufen, können den Bytecode interpretieren.

Exkurs

Abläufe von Algorithmen und Programmen

Ein Programm bzw. ein Algorithmus beschreibt meist ein Verfahren, das mit vielen verschiedenen Eingabewerten arbeiten kann. So kann ein Programm für das Werkzeug *Roboter* mit vielen verschiedenen Welten starten oder eine *Java*-Methode unzählige Eingaben als Parameterwerte übernehmen. Je nach den Werten dieser Eingaben kann sich das Programm nach seinem Start dann sehr unterschiedlich verhalten.

Eine Alternative beispielsweise führt je nach Eingabewert zur Ausführung unterschiedlicher Anweisungen.

In Fig. 1 wird im Falle des Eingabewertes 0 für divisor ein Fehler gemeldet, während in allen anderen Fällen das Ergebnis der Division ausgeführt wird. Je nach Eingabewert hat diese Methode also zwei verschiedene Ausführungsmöglichkeiten.

Java

```java
public void dividieren(double divi-
        dend,double divisor) {
   if (divisor == 0) {
      System.out.println("FEHLER: DI-
          VISION DURCH 0!");
   }
   else {
      System.out.println("ERGEBNIS: "
          + dividend / divisor);
   }
}
```

Fig. 1

Ein Programm beschreibt somit oft viele verschiedene Folgen von tatsächlichen Aktionen des Computers, die je nach Eingabewerten ausgeführt werden. Ein solche Folge von Aktionen heißt **Ablauf** des Programms.

Selbst einfache Programmstrukturen können eine enorme Anzahl von Abläufen haben. So gibt es für die 100-malige Wiederholung einer Alternative 2^{100} (also ca. $1{,}3 \cdot 10^{30}$) Möglichkeiten! Dies macht das naive Testen der Korrektheit eines Programms durch einfaches Ausprobieren aller Möglichkeiten meist unmöglich.

Zwei verschiedene Abläufe des Programms Bubblesort aus Fig. 2 zeigt Fig. 3. Die einzelnen Zustandsfolgen des Programms werden durch die aktuellen Werte des zu sortierenden Feldes aus Zeichen dargestellt.

Java

```java
public class Bubblesort {
   char [] zeichen;
   public void sortieren(char [] z) {
      zeichen = z;
      int n = z.length;
      for (int i = 1; i < n; i++) {
         for (int j = 0; j < n - i; j++) {
            if (zeichen[j] > zeichen[j + 1]) {
               char temp = zeichen[j];
               zeichen[j] = zeichen[j + 1];
               zeichen[j + 1] = temp;
               System.out.println(zeichen);
            }
         }
      }
   }
}
```

Je nachdem, wie lang das eingegebene Feld ist bzw. wie sehr dieses Feld bereits vorsortiert ist, unterscheidet sich die Anzahl der Programmzustände teilweise erheblich.
Mit der Eingabe von {'r', 'b', 'a', 'e'} durchläuft das Programm fünf Zustände, wohingegen die Eingabe von {'a', 'x', 't'} in einem Schritt abläuft.

Fig. 2

| r b a e | → | b r a e | → | b a r e | → | b a e r | → | a b e r |

| a x t | → | a t x |

Fig. 3

Kleine Fehler, große Auswirkungen

Mit fehlerhafter Software hat wohl jeder schon seine eigenen Erfahrungen gemacht. Beim Start eines neuen Programms stürzt der Rechner plötzlich ab, ein Computerspiel benötigt einen Patch (Korrekturprogramm) oder das Betriebssystem meldet einen „schweren Ausnahmefehler". Was für den Heimanwender meist nerven- und zeitraubend ist und oft mit Datenverlust einhergeht, kann an anderer Stelle aber Menschenleben gefährden oder gar kosten.

Boeing 737 MAX – ein Fehler im Stabilisierungssystem mit tödlichen Folgen

Am 29. Oktober 2018 stürzte eine Boeing 737 MAX der Lion Air dreizehn Minuten nach dem Start vor der Küste Javas ins Meer. Alle 189 Personen an Bord wurden getötet. Keine fünf Monate später, am 10. März 2019, stürzte eine weitere Boeing 737 MAX, diesmal eine Maschine der Ethiopian Airlines, mit 149 Passagieren und acht Besatzungsmitgliedern an Bord auf dem Flug von Addis Abeba nach Nairobi ab. Bereits kurz nach dem ersten Unglück kamen Vermutungen auf, dass Softwareprobleme den Absturz verursacht haben könnten. Nach dem zweiten Absturz gab es als Reaktion ein weltweites Flugverbot für Maschinen des betreffenden Typs. Nach den Untersuchungen lieferte das Maneuvering Characteristics Augmentation System (MCAS), ein Stabilisierungssystem, das kritische Flugsituationen erkennen und beheben sollte, fehlerhafte Steuersignale, die die Piloten überforderten, sodass sie schließlich die Kontrolle über das Flugzeug verloren hatten.

Mitte 2019 entdeckte die Federal Aviation Administration (FAA), die Bundesluftfahrtbehörde der USA, bei Tests einen grundlegenden Fehler im Software-Design des Flugzeugs.

Im Januar 2020 berichtete Boeing selbst, dass es ein weiteres Problem mit der Software bei der 737 MAX gebe.

Die Softwarefehler dieses Flugzeugtyps kosteten insgesamt 346 Menschen das Leben und stürzten den Weltkonzern in eine tiefe Krise. Schätzungen gehen von 12 Milliarden US-Dollar allein für Kompensationszahlungen an Fluglinien aus, die ihre Flugzeuge am Boden lassen müssen. Der Prestigeverlust für Boeing lässt sich dagegen kaum in Zahlen beziffern.

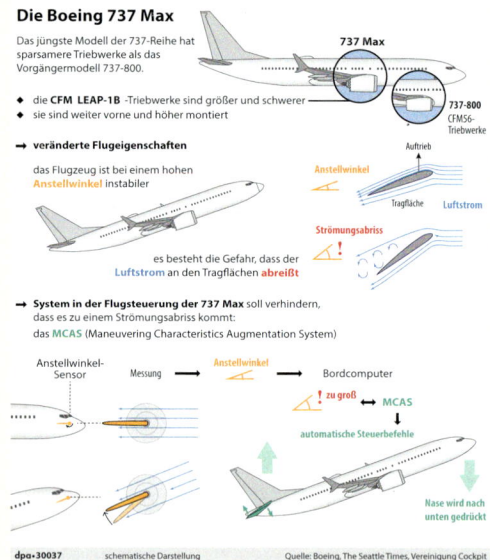

Die Boeing 737 Max

Das jüngste Modell der 737-Reihe hat sparsamere Triebwerke als das Vorgängermodell 737-800.

◆ die CFM LEAP-1B -Triebwerke sind größer und schwerer
◆ sie sind weiter vorne und höher montiert

→ veränderte Flugeigenschaften
das Flugzeug ist bei einem hohen Anstellwinkel instabiler
es besteht die Gefahr, dass der Luftstrom an den Tragflächen abreißt

→ System in der Flugsteuerung der 737 Max soll verhindern, dass es zu einem Strömungsabriss kommt: das MCAS (Maneuvering Characteristics Augmentation System)

Anstellwinkel-Sensor → Messung → Anstellwinkel → Bordcomputer
zu groß ↔ MCAS
automatische Steuerbefehle
Nase wird nach unten gedrückt

dpa•30037   schematische Darstellung   Quelle: Boeing, The Seattle Times, Vereinigung Cockpit

Im November 2020 hob die FAA das Flugverbot auf, im Januar 2021 ebenso die Agentur der Europäischen Union für Flugsicherheit (EASA). Vorausgegangen waren Umrüstungen bei der Hard- und Software sowie Trainings für die Piloten (Stand: April 2021).

Patriot-Abwehrraketen – ein Rundungsfehler kostet Menschenleben

Während des Zweiten Golfkrieges verfehlte am 25. Februar 1991 eine Patriot-Abwehrrakete der in Dharan (Saudi-Arabien) stationierten amerikanischen Streitkräfte eine ankommende irakische Scud-Rakete, welche daraufhin einschlug, 28 Soldaten tötete und etwa 100 weitere verletzte. Als Ursache für den misslungenen Abwehrversuch wurde ein Softwarefehler ausgemacht: die interne Zeitsteuerung des Verteidigungssystems rechnete in Zehntelsekunden (als Integer). Um die Zeit in Sekunden zu erhalten, wurde die interne Uhr mit $\frac{1}{10}$ multipliziert. Hierbei ergab sich ein Rundungsfehler, der auf den ersten Blick zwar sehr klein war, sich bei zu langer Laufzeit des Systems jedoch sehr auf die Treffergenauigkeit auswirkte (vgl. auch Exkurs auf Seite 238).

Als Erster Golfkrieg wird der Krieg zwischen dem Irak und dem Iran von 1980 bis 1988 bezeichnet.

Exkurs

Therac-25 – Softwarefehler mit fatalen Auswirkungen

Ein weiteres tragisches Beispiel betrifft den medizinischen Linearbeschleuniger Therac-25, ein Gerät zur Anwendung in der Strahlentherapie bei bösartigen Tumoren. Durch Fehler in der Software und mangelnde Qualitätssicherung wurden im Zeitraum 1985–1987 mehrere Patienten mit einem Vielfachen der maximal erlaubten Dosis bestrahlt, was drei von ihnen mit dem Leben bezahlten und weitere drei schwer verletzte.

Vergleiche hierzu auch Seite 111 (Band 2A).

Ariane 5 – wie ein Kalkulationsfehler eine Rakete abstürzen lässt

Am 4. Juni 1996 wollte die European Space Agency (ESA) eine unbemannte Rakete, die Ariane 5, für wissenschaftliche Zwecke von Französisch Guyana aus ins All schicken. Mit an Bord waren vier teure Satelliten, welche zur Erforschung der Magnetosphäre bestimmt waren. 39 Sekunden nach dem Start zerstörte in einer Höhe von knapp vier Kilometern der Selbstzerstörungs-Mechanismus die ca. 500 Millionen US-Dollar teure Rakete und die Satelliten und mit ihnen die Hoffnungen und Träume der Wissenschaftler.

Was war passiert? Nach genau 36,7 Sekunden stürzte der Bordcomputer ab, als er versuchte, den Wert der horizontalen Geschwindigkeit der Rakete von einer 64-Bit-Gleitkommadarstellung in eine 16-Bit signed Integer umzuwandeln (16-Bit signed: $-32\,768, \ldots, 32\,767$, unsigned: $0, \ldots, 65\,535$). Die berechnete Zahl war jedoch größer als $2^{15} = 32\,768$ und erzeugte so einen Überlauf, der nicht abgefangen wurde.

Der Ersatzrechner hatte das gleiche Problem schon einige Millisekunden früher (es lief die gleiche Software) und schaltete sich sofort ab, was zur Folge hatte, dass Diagnose-Daten zum Hauptrechner geschickt wurden, die dieser fälschlicherweise als Flugbahndaten interpretierte. Folglich wurden zur (unnötigen und abrupten) Kurskorrektur Steuerbefehle an die seitlichen, schwenkbaren Feststoff-Triebwerke sowie an das Haupttriebwerk gegeben. Da die aerodynamischen Kräfte bei einer derart radikalen Flugroutenänderung zu groß waren, drohte die Rakete auseinanderzubrechen, was zur Auslösung der Selbstzerstörung führte.

Der Schaden belief sich auf mehrere hundert Millionen US-Dollar, den Zeit- und Imageverlust nicht eingerechnet. Dabei wäre der Fehler leicht vermeidbar gewesen, insbesondere, da das Programm für den eigentlichen Flug nicht gebraucht, sondern nur für die Startvorbereitungen benötigt wurde. Hauptfehler war, dass man nicht damit rechnete, dass die Ariane 5 schneller war als die Ariane 4, von der die Software ursprünglich stammte. Damals funktionierte sie problemlos und wurde mehrfach getestet, weswegen ein erneuter intensiver Test des Navigations- und Hauptrechners nicht unternommen wurde. Der Überlauf wurde auch nicht abgefangen, da Berechnungen existierten, dass die Werte klein genug bleiben würden. Dies galt jedoch nur für die Ariane 4, für die Ariane 5 wurden diese Beweise fatalerweise nicht nachvollzogen.

Banken – Softwareprobleme, die viel Geld kosten

Auch verschiedene Banken hatten mit Softwareproblemen zu kämpfen. Die Bank of America beispielsweise beschloss 1982, ein neues System („MasterNet") zur Verwaltung ihrer Treuhänderkonten entwickeln zu lassen. Für die Entwicklung wurden zwei Jahre veranschlagt. Als das System schließlich 1987 vollständig ans Netz ging, gab es Fehler über Fehler (Abstürze, Fehlbuchungen, Zeitverzögerungen bei Zinszahlungen usw.). Nach zehnmonatigem Einsatz gab man das Projekt schließlich auf. Neben dem direkten Verlust von 80 Millionen US-Dollar durch Entwicklungskosten und Überziehungszinsen wird mit einem indirekten Geschäftsverlust von 1,5 Milliarden US-Dollar gerechnet, nachdem viele Investoren der Bank den Rücken zugekehrt haben.

Zu Beginn des Online-Bankings war es bei einigen Banken möglich, über die betreffenden Webseiten Zugriff auf Daten oder Konten anderer Nutzer zu erhalten. Die Kunden der Postbank konnten Anfang 2002 ohne Geheimzahl mit ihrer SparCard unbegrenzt Geld abheben. Die New Yorker Börse hatte am 19.10.1987 den zweitschlechtesten Handelstag ihrer Geschichte („schwarzer Montag"; Stand: Juli 2020), als der Dow Jones Industrial Average aufgrund von Computerproblemen innerhalb weniger Stunden 22,6 % einbüßte.

Die New York Stock Exchange ist die weltgrößte Wertpapierbörse und in der Wall Street beheimatet.

Vergleiche hierzu auch Seite 108 (Band 2A).

Millennium-Bug (Y2K-Bug)

Viel harmloser als befürchtet verlief der Jahrtausendwechsel. Der „Millennium-Bug" (Y2K-Bug) verursachte nur wenige Probleme, unter anderem auch, da weltweit etwa 1,2 Milliarden US-Dollar in die Korrekturen der Software investiert wurden. Nur in Gambia gab es flächendeckende Stromausfälle und Computerabstürze im Verkehrs- und Finanzwesen.

Cyberattacke im Kalten Krieg

1982 kam es zu einer der größten Explosionen der Welt, welche etwa 20 % der Stärke der Hiroshima-Bombe entsprach. Schuld daran war ein Software-Bug, wobei bis heute nicht ganz geklärt ist, ob dieser Bug nicht absichtlich in den Programmcode geschrieben wurde. In diesem Fall wäre dies der erste Auftritt einer Cyberattacke.

Was war passiert? Während des Kalten Krieges versuchte die Sowjetunion, eine Software zur Steuerung von Gas-Pipeline-Systemen zu erlangen, was ihr auch gelang. Allerdings sollen die USA den Softwarecode manipuliert haben, sodass einige Monate nach Einsatz der Software diese abstürzte und Pipelines in Flammen aufgingen. Menschen wurden zum Glück nicht verletzt, aber der wirtschaftliche Schaden war immens. Während die CIA behauptet, dass dies Teil einer geglückten Operation gegen die UdSSR war, dementierte diese die Darstellung.

Weitere Beispiele

Es gibt noch unzählige Beispiele, in denen kleine Fehler große Probleme auslösten, die teilweise beinahe in einer Katastrophe endeten. Manche klingen auf den ersten Blick eher belustigend, für die betreffenden Unternehmen sind sie jedoch meist ein finanzielles Desaster. So wurde beispielsweise in Denver bei der Neueröffnung des Flughafens eine High-Tech-Gepäckverteilungsanlage eingeführt. Diese entpuppte sich jedoch als absolutes Debakel: Gepäckstücke gingen verloren, wurden zerquetscht, sollten auf Wagen geworfen werden, die aber noch gar nicht bereitstanden, Wagen fielen aus den Fahrspuren heraus usw. Immer wieder musste nachgebessert werden. In der Zwischenzeit wurde wieder von Hand sortiert. Hauptproblem war eine Überlastung des Netzwerks. Das System bestand aus 150 Rechnern, 4000 Wagen, 5000 Sensoren und über 50 Barcode-Lesern, die Schienen erstreckten sich dabei auf einer Strecke von 34 km Länge. Die Software war mit einer derart komplexen Anlage schlichtweg überfordert. Die Gesamtkosten beliefen sich schließlich auf 5,2 Milliarden US-Dollar, 3,2 Milliarden mehr als geplant.

Exkurs

Virtuelle Pandemie

Im Vergleich zu Softwarefehlern, die zu Todesopfern führten, sind Bugs in Computerspielen natürlich harmlos, können aber für betreffende Unternehmen auch unangenehm werden. Beim weltweit bekannten World of Warcraft (WoW) bekamen die Spieler 2005 einen Endgegner, der über den Schwächezauber „Corrupted Blood" eine Seuche in Gang setzte, die nahezu alle Spieler infizierte und tötete, die mit der fehlerhaften Version spielten. Eigentlich hätte die Wirkung des Zaubers auf ein kleines Gebiet beschränkt sein sollen, ein Fehler führte jedoch dazu, dass sich die Seuche auch außerhalb verbreiten konnte. Der Entwickler musste schließlich alle Server neu aufsetzen und sah sich heftiger Kritik ausgesetzt. Interessant ist in diesem Zusammenhang, dass die Epidemiologen Nina Fefferman und Eric Lofgren der Tufts University bei Boston das Verhalten der Spieler bei der virtuellen Seuche wissenschaftlich untersuchten und Parallelen zu einer echten Pandemie zogen. Da sich viele Spieler nicht an die vom Entwickler empfohlene „Quarantäne" hielten, konnte die Seuche nicht mehr gestoppt werden. 2020 bekam die Studie während der Corona-Krise erneut Aufmerksamkeit.

Herkunft des Namens Bug

Das Wort Bug wurde bereits im 19. Jahrhundert in den USA von Elektroingenieuren für kleine Fehler in der Elektrik oder Mechanik verwendet, beispielsweise bei Störungen in der Telefonleitung oder beim Telegrafieren. Man sagte (scherzhaft), kleine Tiere verursachten die Probleme. Auch der US-amerikanische Erfinder Thomas Alva Edison (1847 – 1931) verwendete den Begriff Bug. Die US-Amerikanerin Grace Hopper, eine Informatikerin und Flottillenadmiral der US Navy Reserve (vgl. auch Seite 108, Band 2A), hat dann schließlich maßgeblich zur Verbreitung des Begriffs Bug im Zusammenhang mit Programmfehlern beigetragen. Als der Großrechner Harvard Mark II an der Harvard University am 9. September 1947 nicht mehr ordnungsgemäß funktionierte, fand ein Techniker die Ursache: eine Motte in einem der Relais. Die tote Motte wurde in das Logbuch geklebt und es wurde darunter geschrieben: "First actual case of bug being found."

Sehr wahrscheinlich hat der Techniker Bill Burke die Motte eingeklebt und den Satz notiert und nicht Grace Hopper, wie oft behauptet wird, doch hat Hopper diese Geschichte immer wieder gern erzählt.

bug (engl.): Wanze, Käfer, Insekt

Debuggen: Finden und Beseitigen von Programmfehlern

Bugfix (Patch): Software zur Behebung eines Programmfehlers

Grace Brewster Murray Hopper (1906 – 1992)

Zurzeit (Stand: Juli 2020) befindet sich das Logbuch an der Smithsonian Institution in Washington, D.C.

The Patriot Missile Failure

Wie kam es dazu, dass die amerikanische Patriot-Rakete, wie auf Seite 234 beschrieben, ihr Ziel verfehlte? Zuerst muss man sich an dieser Stelle die Binärdarstellung von Brüchen ansehen, da der Computer intern nur im Zweiersystem rechnen kann.

Zehnersystem: Binärsystem:

$$\ldots\ 10^3\ 10^2\ 10^1\ 10^0\ 10^{-1}\ 10^{-2}\ 10^{-3}\ \ldots \qquad \ldots\ 2^3\ 2^2\ 2^1\ 2^0\ 2^{-1}\ 2^{-2}\ 2^{-3}\ \ldots$$

Zum Zweiersystem sagt man auch Binärsystem oder Dualsystem.

Die Zahl 13 im Zehnersystem $(1\cdot 10^1 + 3\cdot 10^0)$ wird beispielsweise im Binärsystem als 1101 $(1\cdot 2^3 + 1\cdot 2^2 + 0\cdot 2^1 + 1\cdot 2^0 = 8 + 4 + 1)$ dargestellt, also $13_{10} = 1101_2$.

Bei den Stellen nach dem Komma funktioniert das Verfahren analog. So ist $\frac{1}{2}$ beispielsweise $1\cdot 2^{-1}$, entspricht also 0,1 im Binärsystem. Ebenso gilt $\left(\frac{1}{4}\right)_{10} = (0{,}01)_2$, $\left(\frac{1}{8}\right)_{10} = (0{,}001)_2$ usw. Dies hat zur Folge, dass endliche Dezimalbrüche oft unendlich-periodische Binärbrüche sind und deswegen nur genähert dargestellt werden können.

Versucht man etwa, den Bruch $\frac{1}{10}$ des Zehnersystems im Binärsystem darzustellen, also als Summe von Zweierpotenzen, so erhält man:

$$\frac{1}{2} > \frac{1}{10} \qquad\qquad \Rightarrow 0\cdot 2^{-1} \qquad\qquad \frac{3}{32} + \frac{1}{64} = \frac{7}{64} > \frac{1}{10} \qquad \Rightarrow 0\cdot 2^{-6}$$

$$\frac{1}{4} > \frac{1}{10} \qquad\qquad \Rightarrow 0\cdot 2^{-2} \qquad\qquad \frac{3}{32} + \frac{1}{128} = \frac{13}{128} > \frac{1}{10} \qquad \Rightarrow 0\cdot 2^{-7}$$

$$\frac{1}{8} > \frac{1}{10} \qquad\qquad \Rightarrow 0\cdot 2^{-3} \qquad\qquad \frac{3}{32} + \frac{1}{256} = \frac{25}{256} < \frac{1}{10} \qquad \Rightarrow 1\cdot 2^{-8}$$

$$\frac{1}{16} < \frac{1}{10} \qquad\qquad \Rightarrow 1\cdot 2^{-4} \qquad\qquad \frac{25}{256} + \frac{1}{512} = \frac{51}{512} < \frac{1}{10} \qquad \Rightarrow 1\cdot 2^{-9}$$

$$\frac{1}{16} + \frac{1}{32} = \frac{3}{32} < \frac{1}{10} \qquad \Rightarrow 1\cdot 2^{-5} \qquad\qquad \text{usw.}$$

$$\frac{1}{16} + \frac{1}{32} + \frac{1}{256} + \frac{1}{512} + \ldots = 0\cdot 2^{-1} + 0\cdot 2^{-2} + 0\cdot 2^{-3} + 1\cdot 2^{-4} + 1\cdot 2^{-5} + 0\cdot 2^{-6} + 0\cdot 2^{-7} + 1\cdot 2^{-8} + 1\cdot 2^{-9} + \ldots$$

Also gilt $(0{,}1)_{10} = (0{,}000110011001100\ldots)_2 = (0{,}0\overline{0011})_2$.

Zum Abfangen sich nähernder Scud-Raketen verwendete das Patriot-System den „Range-Gate-Algorithmus". Während die interne Uhr die verstrichene Zeit in Zehntelsekunden als Integer zählte, wurde die Geschwindigkeit in einer Fließkommazahl angegeben. Um beide Werte miteinander verrechnen zu können, wurde die Zeit mit $\frac{1}{10}$ multipliziert, um so Sekunden zu erhalten. Hierfür standen jedoch nur 24-Bit-Speicher zur Verfügung, d.h., die Binärdarstellung für $\frac{1}{10}$ war der gerundete Wert $0{,}00011001100110011001100$, welcher einen Fehler von $0{,}00000000000000000000001\overline{1001100}$, also im Zehnersystem etwa $9{,}5\cdot 10^{-8}$ hat. Die Zeitangabe weicht bei der Umrechnung einer Zehntelsekunde in Sekunden folglich um $9{,}5\cdot 10^{-8}\,\text{s}$ von der Realität ab.

A **1** **Umrechnungen von Dezimalsystem ins Binärsystem und umgekehrt**

a) Wandle ins Binärsystem um: 32; 77; 100; 317.

b) Gib die Binärzahlen 1001; 11010; 111111; 11001100 im Zehnersystem an.

c) Ermittle die durch den Binärbruch 0,10101 dargestellte Dezimalzahl.

d) Bestimme den Binärbruch zu $\frac{2}{9}$.

2 **Berechnung des Rundungsfehlers**

a) Berechne die Abweichung nach 100 Betriebsstunden.

b) Berechne die innerhalb des in Teilaufgabe a) ermittelten Zeitraums zurückgelegte Distanz einer Scud-Rakete, die sich mit einer Geschwindigkeit von $3750\,\text{mph} \approx 6035\,\frac{\text{km}}{\text{h}}$ bewegt.

Exkurs

Viren, Würmer und Trojaner

Will man Hollywood Glauben schenken, so kann ein Computervirus ein System nicht nur lahmlegen, sondern sogar ein Eigenleben entwickeln, welches von den Menschen nicht mehr kontrollierbar ist und deren Unterwerfung und Vernichtung zum Ziel hat.
Ganz so drastisch ist es zwar nicht, dennoch sind Viren, Würmer und Trojaner sicher die größten Feinde eines jeden PC-Nutzers und die Schattenseite der Programmierung.

Viren

Computerviren sind prinzipiell nichts anderes als Programme, die von einem Rechner ausgeführt werden, wobei sie dem Anwender dabei mehr oder minder großen Schaden zufügen. Wie bei echten Viren soll sich die Seuche möglichst weit verbreiten. Ist ein Rechner erst einmal mit einem derartigen Programm infiziert, so kann er als Wirt für dessen weitere Verbreitung, beispielsweise über das Internet, dienen.
Die erste Definition für einen Computervirus lieferte 1984 der Informatiker Fred Cohen in seiner Doktorarbeit auf dem Gebiet der Elektrotechnik mit dem Titel „Computer Viruses – Theory and Experiments": "We define a computer 'virus' as a program that can 'infect' other programs by modifying them to include a possibly evolved copy of itself."

Die Leitung der University of South California, Cohens Universität, wollte seine Arbeit aus Sorge, sie könne eine Gefahr darstellen, zunächst unter Verschluss halten. Cohen hatte zu Testzwecken einen Virus programmiert, der schnell das gesamte Rechenzentrum der Universität verseucht hatte.

Ein Computervirus verbreitet sich also, indem er Dateien infiziert, d.h. sich in einen bestehenden Programmcode integriert und somit Teil der ursprünglichen, ausführbaren Datei wird. Wird eine der so infizierten Dateien weitergegeben, so überträgt sich der Virus auf das nächste System.

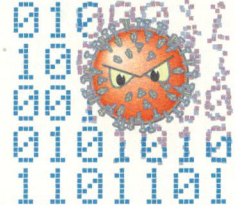

Würmer

Würmer dagegen bleiben nicht passiv und warten nicht darauf, bis sie anhand infizierter Dateien weitergegeben werden, sondern versuchen auf verschiedenste Weise, aktiv weitere Rechner zu infizieren, indem sie sich beispielsweise an alle Computer innerhalb eines Netzwerkes oder über sämtliche E-Mail-Adressen im Adressbuch verschicken.

Trojanische Pferde

Besonders heimtückisch sind trojanische Pferde (Trojaner). In der griechischen Mythologie verwendeten die Griechen ein großes Holzpferd, um ihre Soldaten unbemerkt in die Stadt Troja zu schmuggeln. Durch diese List gewannen die Griechen demnach den Trojanischen Krieg.

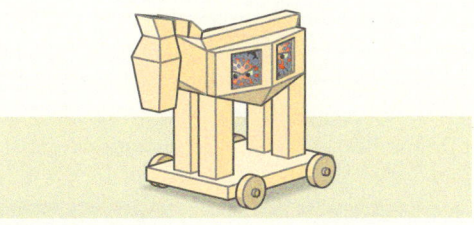

Ähnlich funktionieren derartige Computerprogramme. Getarnt als nützliche Anwendung oder als vermeintliche Rechnung im Anhang einer E-Mail wird im Hintergrund ohne Wissen des Benutzers ein weiteres Programm gestartet, welches zum Beispiel dem Angreifer gestattet, vollen Zugriff auf den infizierten Rechner zu erhalten, oder aber eigene Dokumente verschlüsselt, sodass der Nutzer keinen Zugriff mehr auf diese hat. In harmloseren Fällen sammelt das versteckte Programm dagegen nur Daten und schickt diese weiter, blendet Werbung ein oder startet sonstige, dem Anwender unbekannte Prozesse.

Beispiele für Malware

Heute sind meistens Mischformen von Viren, Würmern und Trojanern im Umlauf. Umgangssprachlich werden diese oft synonym verwendet. Tatsache ist, dass alle diese Programme mehr oder weniger großen Schaden zufügen, weshalb der englische Bezeichner „Malware" für derartige Schadsoftware ebenfalls weit verbreitet ist.

Malware: englische Verknüpfung aus malicious (bösartig) und Software.

Die ersten Viren „in freier Wildbahn" verbreiteten sich Mitte der 80er-Jahre. Besonders bösartig war der Trojaner „Gotcha". Er war dem Programm EGABTR angehängt und sollte dem Anwender Anpassungen der Grafikdarstellung ermöglichen, löschte im Hintergrund aber sämtliche Daten auf der Festplatte und gab auf dem Bildschirm „Arf, arf, Gotcha!" aus. Während Viren früher oft schnell erkannt wurden und entfernt werden konnten (in *BASIC*-Programmen wurde z. B. einfach die Zeile `kill *.*` hinzugefügt, welche sämtliche erreichbaren Dateien löscht) und aufgrund der dadurch geringen Verbreitung auch kaum Schaden anrichteten, wurde das Auffinden und Eliminieren eines Virus im Laufe der Zeit schwerer. Viele Firmen haben sich daher schließlich auf den Schutz vor Viren und anderen Schädlingen spezialisiert und versorgen ihre Kunden täglich mit Updates. Eines der ersten Unternehmen, das sich auf die Bekämpfung von Computerviren spezialisiert hatte, verzeichnete 1988 noch 19 Viren auf seiner Liste. Laut Aussage des damaligen Präsidenten des Verbandes Bitkom tauchten bereits im Jahr 2015 täglich 350 000 (!) neue Varianten von Schadsoftware im Internet auf. Viele davon sind relativ harmlos und richten kaum Schaden an, andere dagegen werden zu einer weltweiten Plage. Der erste Computervirus, dem wohl weltweit in der Presse Aufmerksamkeit geschenkt wurde, war „Jerusalem", der am Freitag, dem 13. Mai 1988 wie eine Bombe einschlug, da er im Gegensatz zu den vorherigen Viren gezielt programmiert wurde, um Daten zu vernichten und als erster speicherresidenter Virus gilt.

residere (lat.): sich setzen, sich niederlassen

1991 wurde der Bootsektor-Virus „Michelangelo" bekannt, da er am 6. März (dem Geburtstag des Namensgebers) die ersten 256 Sektoren des Datenträgers überschrieb und somit den Rechner völlig lahmlegte. Der Schaden war derart immens, dass im folgenden Jahr rechtzeitig über die Medien gewarnt wurde. Weitere bekannte Beispiele sind:

- Ende der 90er-Jahre verbreitete sich „Back Orifice", ein Backdoor-Programm der Hackergruppe „Cult of the Dead Cow", sehr stark. Als Fernwartungstool für Windows wird es jedoch oft illegal, da ohne Wissen des PC-Eigentümers, eingesetzt.
- Der „I love you"-Virus verbreitete sich 2000 rasend schnell weltweit und verursachte besonders in größeren Unternehmen durch Netzüberlastung Milliardenschäden.
- Im Januar 2003 wurden durch den Wurm „SQL-Slammer" innerhalb einer Stunde mindestens 75 000 *SQL*-Server infiziert und somit für mehrere Stunden das Internet lahmgelegt. Als Folge blieben 14 000 Postämter in Italien geschlossen, in Seattle waren die Notrufnummern von Polizei und Feuerwehr nicht erreichbar, die Automaten der Bank of America fielen aus und der Online-Börsenhandel verzeichnete drastische Einbußen.

Das Programmieren von Malware ist kein Kavaliersdelikt und kann strafrechtliche Konsequenzen haben. Ein damals 17-jähriger niedersächsischer Schüler programmierte den Wurm „Sasser", der weltweit Millionen Rechner infizierte. Nach dem Tipp eines Mitschülers wurde er verhaftet und 2005 zu einem Jahr und neun Monaten Jugendstrafe auf Bewährung verurteilt.

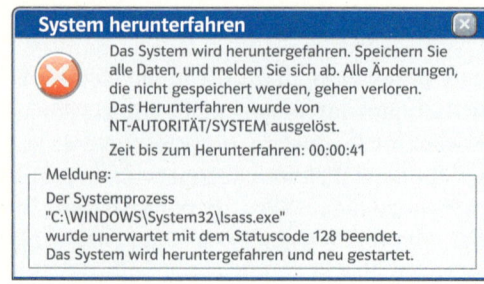

Microsoft setzte damals ein „Kopfgeld" von 250 000 US-Dollar für Hinweise auf die Verursacher aus.

Exkurs

Um das Jahr 2016 wurden leider insbesondere solche Trojaner immer populärer, die bestimmte Dateien des infizierten Rechners verschlüsseln und ein Lösegeld verlangen, wenn man auf seine eigenen Dokumente oder Fotos wieder zugreifen möchte. Aus Verzweiflung sind viele Menschen bereit, für wichtige Dateien oder liebgewonnene Erinnerungsbilder Hunderte Euro zu bezahlen, ohne die Garantie zu haben, dass sie wirklich den Code zur Entschlüsselung ihrer Dateien erhalten. Solche „Erpressungstrojaner" (Ransomware) sind besonders perfide, da sie sich schnell im Netzwerk ausbreiten und auch vor Krankenhäusern und Behörden nicht haltmachen. Oft zielt Ransomware sogar bewusst auf öffentliche Einrichtungen. Dazu genügt es, dass ein unvorsichtiger Mitarbeiter einen E-Mail-Anhang öffnet und so das ganze interne Netzwerk der Institution infiziert. Bekannt wurde beispielsweise schnell der Trojaner „Locky", der 2016 u.a. eine Klinik in Los Angeles lahmlegte, die daraufhin zur Entschlüsselung ihrer Dateien 17 000 US-Dollar in Bitcoin zahlte. Auch in Deutschland wurden mehrere Krankenhäuser und die Deutsche Bahn Opfer einer Ransomware-Attacke.

ransom (engl.): Lösegeld

Durch eine weltweite Attacke der Ransomware „WannaCry" wurden im Mai 2017 insgesamt wohl mehrere Millionen Computer befallen. Dadurch waren die Anzeigetafeln der Bahn gestört, in Spanien war der größte Telekommunikationskonzern und in den USA ein großer Paketdienstleister betroffen.

Das Bundesamt für Sicherheit in der Informationstechnik (BSI) befasst sich mit allen Fragen rund um die IT-Sicherheit in der Informationsgesellschaft. Das BSI wurde am 1. Januar 1991 gegründet und gehört zum Geschäftsbereich des Bundesministeriums des Innern.

Auch das BSI warnt regelmäßig vor neuen Attacken und Varianten und empfiehlt, nicht zu bezahlen, sondern Anzeige bei der Polizei zu erstatten, insbesondere da neuere Trojaner wie „German Wiper" die Daten unwiderruflich löschten und eine Verschlüsselung nur vortäuschten. Sogar während der Corona-Pandemie 2020 wurde beispielsweise die Universitätsklinik der tschechischen Stadt Brünn Opfer einer derartigen Attacke, was zur Folge hatte, dass der komplette Krankenhausbetrieb nahezu lahmgelegt wurde.

Hoaxes

Eine andere, nicht zu unterschätzende Gefahr sind Hoaxes – Warnungen vor angeblichen Viren, die per E-Mail verbreitet werden, aber fast immer jeder Grundlage entbehren. Gutgläubige Menschen werden jedoch verunsichert oder sogar dazu verleitet, wichtige Systemdateien zu löschen, weil die E-Mail ihnen weismacht, dass es sich dabei um einen Virus handelt. Seriöse Firmen warnen nie über diesen Weg! Leider werden oft tragische Anlässe dazu genutzt, das Mitleid der Leser zu erregen, um das Weiterleiten der E-Mail zu veranlassen. Typische Beispiele sind E-Mails, in denen nach einem Knochenmark-Spender gesucht wird. Oft werden dabei sogar reale Telefonnummern angegeben, ohne dass die betreffenden Personen etwas davon wissen. Das Universitätsklinikum Regensburg musste unter einer in einem derartigen Kettenbrief angegebenen Telefonnummer eine Bandansage schalten, da über Jahre hinweg täglich 30 bis 40 Anrufe eingingen.

hoax (engl.), **hocus** (altengl.): Scherz

Sicherheitshinweise zum Schutz vor Angriffen

- Verwende ein Antiviren-Programm und aktualisiere es regelmäßig, am besten täglich.
- Öffne nie Dateianhänge von E-Mails, ohne ganz sicher zu sein, dass diese virenfrei sind. Auch Freunde und Bekannte können dir ohne ihr Wissen einen Trojaner geschickt haben.
- Mache regelmäßig Backups deiner Dateien auf externen Laufwerken oder in einer Cloud.
- Leite niemals Kettenmails weiter und lass dich von Virenwarnungen nicht in Panik versetzen. Informiere dich im Internet, beispielsweise auf den Hoax-Seiten der TU Berlin.
- Surfe nur auf seriösen Seiten. Besonders bei Erotik-Angeboten lauern viele Gefahren.

Klassenbeziehungen

Beziehungen zwischen Klassen ermöglichen eine Interaktion zwischen den entsprechenden Objekten.
Klassenbeziehungen werden unterschieden nach
(1) ihrer **Multiplizität**: 1:1, 1:n bzw. m:n,
(2) ihrer Richtung: **unidirektional** bzw. **bidirektional**.

Das folgende Klassendiagramm zeigt eine einfache Situation in einer Firma.

Implementierung von Klassenbeziehungen

In einer Klasse, die eine 1:1-Beziehung zu einer anderen Klasse herstellt, legt man ein Attribut oder eine Variable für eine **Referenz** auf ein Objekt der anderen Klasse fest.
Ist die Beziehung bidirektional, so erhält jede Klasse ein Attribut für die Speicherung der Referenz des Objektes der anderen Klasse.

Bei einer 1:n-Beziehung wird in der Klasse auf der Seite mit Multiplizität 1 ein Feld aus Referenzen auf Objekte der anderen Klasse deklariert.

Die Beziehungen aus dem obigen Beispiel kann man z.B. mit den in den folgenden Klassenkarten eingetragenen Attributen implementieren.
Die m:n-Beziehung *ist_beteiligt_an* zwischen PROJEKT und MITARBEITER wird dabei über eine Assoziationsklasse realisiert.

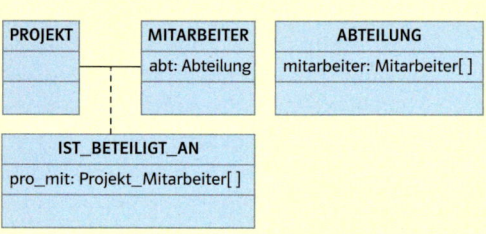

Eine Möglichkeit, m:n-Beziehungen zu realisieren, bietet die Definition einer eigenen **Assoziationsklasse**, in der ein Feld definiert wird, dessen Objekte je ein Attribut für die Referenzierung eines der an einer Beziehung beteiligten Objekte enthalten.

Polymorphismus

Bei Klassen, die in einer Klassenhierarchie in Ober- und Unterklassen strukturiert sind, kommt das Konzept des **Polymorphismus** zum Tragen, und zwar bei Methoden, die von einer gemeinsamen Oberklasse geerbt und in den Unterklassen unterschiedlich überschrieben worden sind. Der identische Methodenaufruf kann in der Ausführung während der Laufzeit zu unterschiedlichen Abläufen führen. Man spricht auch von **polymorphen Methoden**.

Nachfolgend ist TIER als Oberklasse von FISCH, VOGEL und KÄFER modelliert. Die Methode *bewegen* sollte jedoch in den drei Unterklassen unterschiedlich überschrieben werden, da Fische schwimmen, Vögel fliegen und Käfer krabbeln.

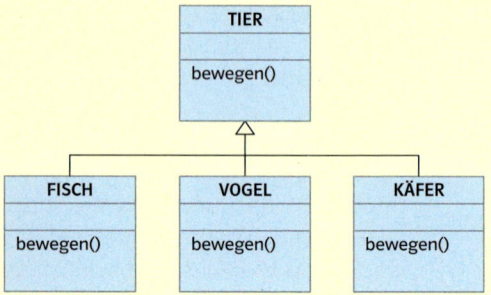

Training

A 1 Bibliotheken, Bücher und Bücherregale

Bibliotheken enthalten eine Sammlung von Büchern, die in Regalen angeordnet sind und an Kunden verliehen werden. Ein Buch ist charakterisiert durch den Namen des Autors, den Buchtitel und die Verlagsdaten. Die Verlagsdaten umfassen den Namen des Verlags, die Nummer der Auflage und das Erscheinungsjahr.

a) Gib eine Klassenkarte an, die die Klasse `Buch` beschreibt, und implementiere sie. Definiere im Konstruktor die wesentlichen Daten des Buches.

b) Im Weiteren soll ein Bücherregal als Feld von Büchern implementiert werden. Dabei hat das Bücherregal folgende Eigenschaften:
Ein Bücherregal kann leer sein oder eine Anzahl von Büchern enthalten. Wenn es voll ist, kann es erweitert werden. Im Bücherregal kann man ein neues Buch einstellen, nach einem Buchtitel suchen und ein Buch mit einem gewünschten Buchtitel entnehmen. Identifiziere aus dieser Beschreibung eines Bücherregals die Methoden, die eine Klasse `Buecherregal` zur Verfügung stellen sollte. Gib an, welche Attribute für eine derartige Klasse nötig sind. Gib anschließend die Klassenkarte des Bücherregals an und implementiere das Modell. Beachte bei der Implementierung Folgendes:
  - Für das Auffüllen des Regals gibt es keine Vorschrift. Ein Auffüllen kann von links nach rechts, umgekehrt oder beliebig erfolgen.
  - Die beim Entnehmen eines Buches entstandene Lücke soll geschlossen werden.
  - Bei vollem Regal sollte das Regal automatisch erweitert werden.

c) Die Bücher sollen nun alphabetisch sortiert werden. Der Einfachheit halber darf davon ausgegangen werden, dass verschiedene Buchtitel mit unterschiedlichen Buchstaben beginnen. Verwende dazu die Implementierung des *Bubblesort*-Algorithmus von Aufgabe 3 auf Seite 204. Beachte dabei, dass nun die Titel von Objekten der Klasse `Buch` miteinander verglichen werden müssen.

d) In einer Bibliothek kann der Ausleihvorgang und die Rückgabe eines Buches als Kommunikation zwischen Objekten der Klassen `Kunde`, `Bibliothek` und `Buch` beschrieben werden. Stelle einen solchen Kommunikationsvorgang im Klassenmodell durch geeignete Assoziationen und Methoden dar und ergänze deine Implementierung entsprechend.

2 Ochsenrennen

Im Folgenden soll mithilfe der Bibliotheksklasse aus Aufgabe 2 auf Seite 199 eine Simulation für ein Ochsenrennen implementiert werden. Dabei soll es drei Lauftypen geben: Ochsen, die mit einer je nach Laune zu Rennbeginn gewählten Geschwindigkeit gleichmäßig dahintrotten und sich durch nichts aus der Ruhe bringen lassen, Ochsen, die zwischen Laufschritt und unterschiedlich langen Pausen wechseln, und Ochsen, die zickzack laufen. Diese Typen sollen mit verschiedenen Grafiksymbolen (Kreis, Quadrat und Dreieck) visualisiert werden. Dabei soll das Prinzip des Polymorphismus für die Methoden *zeichnen* und *rennen* angewandt werden.

a) Modelliere ein Klassendiagramm, welches den oben beschriebenen Anforderungen Rechnung trägt.

b) Implementiere die verschiedenen Klassen sowie eine Klasse `Rennen`, welche im Konstruktor eine während der Laufzeit festgesetzte Anzahl von teilnehmenden Ochsen erzeugt und mit einer eigenen Methode für den Start des Rennens sorgt. Am Ende sollen die Daten des Siegers ausgegeben werden.

Projekte

Auf der Website einer großen Ferienregion soll ein spezieller Fahrradroutenplaner zur Verfügung gestellt werden. Neben der Ausgabe fahrradfreundlicher Verbindungen zwischen verschiedenen Orten können ebenso attraktive Tourenvorschläge von einem beliebigen Ort aus geplant werden. Dabei sollen auch Kombinationen mit öffentlichen Verkehrsmitteln einbezogen werden. Bestimmte Optionen wie „Wege im Grünen", „geringe Steigungen" oder „Sehenswürdigkeiten" können eingestellt und die Ausgabe nach dieser Kategorie sortiert werden.
Erstelle eine grobe Planung für diese Aufgabe. Gib dazu auch die wichtigsten Anforderungen und mögliche Phasen für die Durchführung an.

Bei der Konzeption und Erstellung größerer Softwaresysteme ist wie bei allen industriellen Projekten Arbeitsteilung unumgänglich. Die Arbeit muss auf einzelne Gruppen aufgeteilt werden, deren Vorgehen sorgfältig geplant und koordiniert werden muss. Den Ablauf der Projekte strukturiert man mithilfe spezieller Vorgehensmodelle.

Industrielles Projektmanagement

Größere Softwareprojekte führen in der Regel nur dann zu einem qualitativ akzeptablen Produkt, wenn sie sorgfältig vorbereitet und kontrolliert durchgeführt werden. Dabei spielen die folgenden Begriffe eine wichtige Rolle:

- **Ressource**
  Materielles oder immaterielles Element, das nicht in beliebigem Umfang zur Verfügung steht und daher sorgfältig verplant werden muss (z.B. Personal, Geräte, Geld und Zeit).
- **Meilenstein**
  Zeitpunkt im Projektverlauf, zu dem auf der Basis des bis dahin erreichten Projektestands wichtige Entscheidungen über den weiteren Verlauf getroffen werden müssen.
- **Produkt**
  Erzeugnis oder Ergebnis des Projektes. Dabei kann es sich um ein materielles Produkt wie ein Gerät, eine Ware, einen Artikel oder auch um ein immaterielles Produkt wie Software oder eine Dienstleistung handeln.

Im Projektmanagement unterscheidet man die folgenden vier Phasen.

1. Projektdefinition

Bevor man in die eigentliche Projektarbeit einsteigt, müssen folgende Fragen möglichst präzise geklärt werden:
Welche Kenngrößen weist das Projekt auf (Projektname, Leitung, Kurzbeschreibung, Auftraggeber und Zeitrahmen)?
Welche Ziele verfolgt man mit dem Projekt (Anforderungsbeschreibung in einem Pflichtenheft, Leistungskatalog und Produktspezifikation)?
Wie steht es mit der Wirtschaftlichkeit des Vorhabens (Umsatz, Kosten, Nutzen, Ergebnis, Rendite und Gewährleistung)?
Wie soll das Projekt organisiert werden (beteiligte Personen bzw. Gruppen, Organisationsform, Gremien und Befugnisse)?
Wie soll das Projekt ablaufen (Abschnitte, Phasen, Schritte, Meilensteine und Ergebnisse)?

2. Projektplanung

In die Planung eines Projektes müssen alle wesentlichen Aspekte des Projektablaufs einbezogen werden. Zuerst werden die Projekt-, Produkt- und Kostenstrukturen geklärt. Daran schließt sich oft die Aufwandsschätzung an. Besondere Bedeutung hat die Arbeitsplanung, in der Aufgaben, Termine und Ressourcen eingeteilt werden. Kostenplanung und Risikomanagement schließen die Planungsphase ab. Bei schulischen Projekten muss vor allem die Kooperation der Gruppen geplant werden.

3. Projektdurchführung mit Projektkontrolle

Während der Arbeiten am Projekt wird ständig der Fortschritt des Projektes mit seiner Definition und Planung abgeglichen. Temine, Aufwand und Kosten sowie Produktionsfortschritt werden beobachtet. Qualitätssicherung und Projektdokumentation begleiten den Prozess.

4. Projektabschluss

Am Ende des Projektes erfolgt die Produktabnahme durch den Auftraggeber. Danach wird das Projekt rückwirkend analysiert. Dabei sollten nochmals alle ursprünglichen Ziele besprochen und ihre Umsetzung kontrolliert werden. Auch die Sicherung der Erfahrung aus dem Projekt mit Methoden des Wissensmanagements spielt heute eine wichtige Rolle in der Industrie. Schließlich endet das Projekt mit seiner Auflösung.

Wasserfallmodell

Dieses historisch sehr bedeutende Vorgehensmodell beschreibt den Softwareentwicklungsprozess als Folge bestimmter Phasen, die streng sequenziell aufeinanderfolgen müssen. Jede Phase kann erst beginnen, wenn die vorausgehende vollständig abgeschlossen ist. Heutige Versionen bestehen meist aus den fünf Phasen Analyse, Entwurf, Implementierung, Test mit Integration sowie Einsatz mit Wartung, die in der grafischen Darstellung des Modells durch Übergangspfeile verbunden werden. Die abwärts gerichteten Pfeile sind mit den Ergebnissen der jeweiligen Ausgangsphase markiert (Fig. 1).

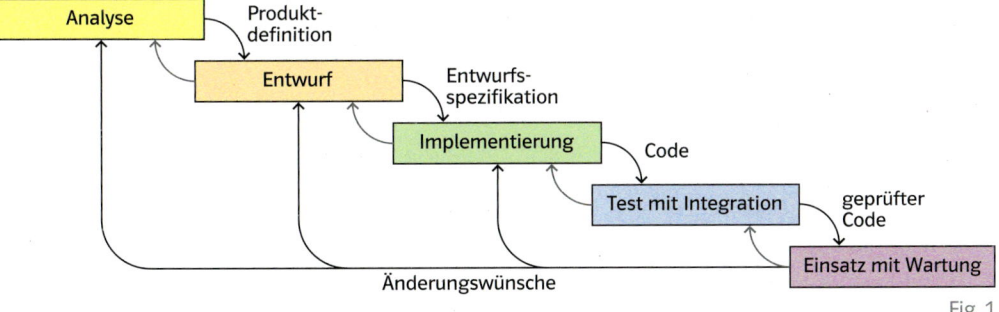

Fig. 1

Das Wasserfallmodell wurde 1970 als Reaktion auf die damals oft sehr schlechte Qualität industrieller Software entwickelt. Einige seiner Phasen wurden bereits 1956 von Herbert D. Benington beschrieben. Das eigentliche Wasserfallmodell wurde dann von Winston Walker Royce (1929 – 1995) im Jahre 1970 vorgeschlagen, der es zur Programmierung von Raumfahrtprojekten entwickelt hatte. Royce schlug damals ursprünglich sieben Phasen vor: system requirements, software requirements, analysis, program design, coding, testing und operations. In einer ersten Variante war keine Rückkehr zu einer vorausgehenden Phase vorgesehen (wie in einem echten „Wasserfall"), was jedoch umgehend geändert werden musste. Im Laufe der Zeit haben sich verschiedene Varianten dieses Modells gebildet, von denen heute die fünfstufige aus Fig. 1 am gebräuchlichsten ist.

Das Wasserfallmodell weist leider auch einige Nachteile auf. So liegt erst relativ spät lauffähige Software vor, die dem Kunden als Prototyp zur Feinabstimmung seiner Anforderungen präsentiert werden kann. Auch wird der Auftraggeber nur in der ersten Phase beteiligt.
Ein Überziehen der geplanten Dauer einer Phase führt oft zu Abstrichen in den folgenden Phasen, schlimmstenfalls sogar beim Testen, das auch erst relativ spät im Projekt vorgesehen ist. Zudem werden grundsätzliche Fehler im Entwurf oft erst spät erkannt.
In heutigen Softwareentwicklungsprojekten orientiert man sich daher häufig an anderen Vorgehensmodellen, bespielsweise dem Spiralmodell, dem V-Modell, oder agilen Modellen (vgl. Seite 247). Dennoch hat das Wasserfallmodell immer noch eine grundlegende Bedeutung. Einerseits werden darin die wichtigsten Phasen der Softwareentwicklung definiert, abgegrenzt und zueinander in Beziehung gesetzt. Andererseits gibt es besonders bei sehr großen Projekten immer noch kaum Alternativen zur hier beschriebenen Abfolge dieser Phasen, die daher im Folgenden noch etwas ausführlicher beleuchtet werden sollen.

1. Phase: Analyse

Bei der Anforderungsermittlung werden zunächst in enger Zusammenarbeit mit den Kunden deren Erwartungen an das Produkt festgestellt. Der Auftraggeber fasst seine Anforderungen an die Leistungen des Auftragnehmers dann in seinem Lastenheft zusammen, das die Forderungen aus Anwendersicht einschließlich aller Randbedingungen beschreibt. Auf dieser Grundlage erstellt der Auftragnehmer dann eine vollständige, aus technischer Sicht ausreichend detaillierte, eindeutige und testbare Beschreibung der durch das Lastenheft vorgegebenen Systemanforderungen. Diese Anforderungsspezifikation bezeichnet man als Pflichtenheft (vgl. Seite 244).
Im zweiten Schritt (Systemanalyse) wird versucht, das geplante System möglichst vollständig zu verstehen und zu beschreiben. Dazu werden unter Anwendung geeigneter Modellierungstechniken spezielle Modelle für gewisse Aspekte des Systems entwickelt, z. B. Datenflussdiagramme (Zerlegung des Systems in Teilsysteme), Zustandsmodelle (Verhaltensbeschreibung) oder Klassenmodelle (Daten- bzw. Objektstruktur). Aus der Zusammenfassung dieser Modelle entsteht als Ergebnis der Phase das Systemmodell. Darunter versteht man eine detaillierte und strukturierte Produktdefinition, die als Grundlage für den Systementwurf dient. Als Orientierung benutzt man dabei oft konkrete Szenarien, die exemplarische Nutzungsfälle der Software darstellen.

2. Phase: Entwurf

Ausgehend vom Systemmodell wird die Form und Struktur der Lösung geplant. Dazu muss zunächst die Systemarchitektur bzw. -struktur festgelegt werden. Die geplante Software wird dazu sukzessive in Teilsysteme (Subsysteme, Komponenten, Codebausteine und Klassen) aufgeteilt. Dann werden die Schnittstellen zwischen diesen Teilen genau festgelegt und die Funktionen der Teilsysteme beschrieben. Zudem muss die Beziehung des geplanten Systems zu seiner späteren Hard- und Softwareumgebung durch die Beschreibung externer Schnittstellen berücksichtigt werden. Das Ergebnis dieser Phase ist die Entwurfsspezifikation.

3. Phase: Implementierung

Die Entwurfsspezifikation wird in einer oder auch mehreren Programmiersprachen codiert. Der dabei entstandene Programmcode muss dann wiederum kompiliert oder interpretiert werden, um auf einem bestimmten Zielrechner ausgeführt werden zu können. Bei der Codierung müssen alle im Entwurf spezifizierten Teilsysteme ausprogrammiert werden, wozu Algorithmen und Datenstrukturen auszuwählen bzw. selbst zu konstruieren sind. Oft wird auch vorgefertigter Code aus Frameworks bzw. Bibliotheken eingebunden. Abschließend wird aus dem Programmcode durch Übersetzen und gegebenenfalls Verbinden mit anderen Programmteilen lauffähige Software produziert.

Zum Interpreter- bzw. Compiler-Prinzip: vgl. Exkurs auf Seite 232.

4. Phase: Test mit Integration

Die Software wird in ihre Hard- und Softwareumgebung eingefügt und dabei systematisch getestet. Dazu werden bestimmte Eingabedaten ausgewählt und die Korrektheit der jeweils erzeugten Ausgabedaten überprüft.

Um einigermaßen zuverlässige Aussagen über die Fehlerfreiheit der Software machen zu können, müssen sehr viele Einzeltests durchgeführt werden. Testen kann allerdings niemals die Fehlerfreiheit eines Programms nachweisen. Den Abschluss bildet der Abnahmetest, mit dessen Erfolg der Softwareproduzent seine vertraglichen Verpflichtungen gegenüber dem Kunden erfüllt hat. Die im Pflichtenheft festgelegten Gütekriterien stellen nun die Grundlage für eine erfolgreiche Übergabe des Produktes an den Kunden dar.

5. Phase: Einsatz mit Wartung

Nach der Abnahme sind Softwaresysteme oft viele Jahre im Einsatz. Dabei müssen sie immer wieder geändert bzw. angepasst werden, z. B. zur Fehlerbeseitigung, zum Einbau neuer Funktionen, zur Anpassung an neue Hard- oder Softwareumgebungen, an neue Gesetze oder Bedrohungen durch Hackerattacken. Gute Software erleichtert durch ihre Konstruktion solche Anpassungsprozesse.

Agile Vorgehensmodelle

Vor dem Hintergrund der enormen Innovationsgeschwindigkeit im IT-Bereich zeigten sich traditionelle sequenzielle Vorgehensmodelle als zu starr und zu wenig kundenorientiert. Aus dieser Kritik entstand 2001 das „Agile Manifest":

„Wir erschließen bessere Wege, Software zu entwickeln, indem wir es selbst tun und anderen dabei helfen. Durch diese Tätigkeit haben wir diese Werte zu schätzen gelernt:

Individuen und Interaktionen	mehr als	Prozesse und Werkzeuge
Funktionierende Software	mehr als	umfassende Dokumentation
Zusammenarbeit mit dem Kunden	mehr als	Vertragsverhandlung
Reagieren auf Veränderung	mehr als	das Befolgen eines Plans

Obwohl wir die Werte auf der rechten Seite wichtig finden, schätzen wir die Werte auf der linken Seite höher ein."

Auf dieser Grundlage wurden neue, dynamische und flexible Modelle entwickelt, die man oft unter dem Begriff „agil" zusammenfasst, wie beispielsweise Extreme Programming (XP) oder Scrum. Sie betonen die Freiheiten des Projektteams im Hinblick auf Ablauf, Struktur und Kooperationsformen und bieten den Auftraggebern schon während der Erstellung umfangreiche Mitwirkungsmöglichkeiten.

Beim „Agilen Projektmanagement" haben das Softwareprodukt und die Akzeptanz durch die Anwender deutlichen Vorrang gegenüber den rein geschäftlichen Anforderungen wie Termin- oder Kostentreue bzw. der Erfüllung eines vorbestimmten und damit starren Leistungsumfangs. Ein gemeinsames Merkmal agiler Ansätze ist die Unterteilung des Projektes in relativ kurze Iterationszyklen, nach denen dem Auftraggeber jeweils ein vorläufiges Ergebnis (Prototyp) vorgestellt wird, das dann akzeptiert oder zur Änderung zurückgegeben werden kann.

Vorschläge für Softwareprojekte

Vorschlag 1: Webauftritt

Mithilfe einer Hypertextstruktur soll euer Wohnort oder euer Stadtviertel vorgestellt werden. Dabei könnt ihr z. B. auf die öffentlichen Einrichtungen (Schulen, Bibliothek usw.), die Kirchen oder auch die Geschäfte in den verschiedenen Straßen eingehen sowie historische Gesichtspunkte berücksichtigen.

Vorschlag 2: Supermarkt

Es soll ein Programm entwickelt werden, das die Vorgänge in einem Supermarkt simuliert: An jeder Kasse kann eine begrenzte Anzahl von Kunden in einer Warteschlange stehen. Jeder neue Kunde, der bezahlen möchte, reiht sich in eine möglichst kurze Warteschlange ein. Übersteigt die Anzahl der wartenden Kunden ein bestimmtes Maß, wird eine weitere Kasse geöffnet. Wird eine Kasse gesperrt, können sich keine weiteren Kunden dort anstellen.

Vorschlag 3: Börsenspiel

Für den Kauf und Verkauf von Aktien soll ein Softwaresystem entwickelt werden, das folgenden Anforderungen genügt: Nach dem Einloggen kann sich jeder Anleger die auf dem Aktienmarkt verfügbaren Aktien mit den aktuellen Kursen anzeigen lassen. Einzelne Aktienpakete können gekauft und in das eigene Aktiendepot übertragen werden. Die Bezahlung erfolgt vom eigenen Girokonto aus, dessen aktueller Kontostand angezeigt wird. Aus dem Depot können ebenso Aktien mit gewünschter Stückzahl wieder verkauft werden; der entsprechende Geldbetrag wird dann dem Girokonto gutgeschrieben.

Vorschlag 4: Streamingdienst

Bei einem Streamingdienst kann man online Filme kaufen bzw. leihen. Der Kunde führt die Anmeldung durch und das System überprüft die Anmeldedaten. Danach wählt der Kunde den gewünschten Film aus einer Liste aus. Gegebenenfalls kann er eine Suchfunktion für die Auswahl nach Titel und Kategorie nutzen. Nach seiner Auswahl schickt er die Bestellung ab. Die Bestelldaten werden von einem Angestellten des Streamingdienstes abgerufen und anschließend kann der Film gestreamt werden.

Vorschlag 5: Tic-Tac-Toe

Es soll ein Softwareprodukt entwickelt werden, bei dem gegen den Computer oder gegen einen Mitspieler Tic-Tac-Toe gespielt wird. Das Spielbrett besteht aus neun Spielfeldern, welche von den beiden Spielern abwechselnd mit unterschiedlichen Spielsteinen belegt werden. Derjenige gewinnt, der erstmals eine Dreierreihe (horizontal, vertikal oder diagonal) mit seinen Spielsteinen belegen kann.

Vorschlag 6: Kniffel

Bei Kniffel wird mit fünf Würfeln gleichzeitig geworfen. Pro Runde darf jeder Spieler 3-mal würfeln. Nach jedem Wurf kann er entscheiden, welche Würfel er liegen lässt und mit welchen er weiterwürfelt. Nach dem dritten Wurf muss er den Wurfzustand in ein passendes Feld eintragen, das dann die entsprechende Punktzahl berechnet. Gege-

benenfalls gibt es noch Sonderpunkte, wenn im oberen Feld die Punkte einen bestimmten Wert übersteigen. Wenn alle Felder ausgefüllt sind, werden die Punkte zusammengezählt. Informiert euch genauer über die Regeln beim Kniffel. Entwickelt ein (eventuell vereinfachtes) Modell eines Kniffelspiels und implementiert es anschließend.

Objekte, Attribute und Methoden

Textdokumente enthalten **Objekte** wie Zeichen und Absätze; Grafikdokumente enthalten Rechtecke, Ellipsen, Linien oder Textfelder. Die Eigenschaften der Objekte beschreibt man durch **Attribute** und deren **Werte**. In **Punktnotation** schreibt man dies wie folgt: Objektbezeichner.Attributbezeichner = Attributwert.

Benutzer können **Methoden** von Objekten aufrufen, die dann von den Objekten ausgeführt werden. Dabei werden mögliche Parameterwerte in Klammern angegeben.
Allgemein lautet ein Methodenaufruf in Punktnotation:
Objektbezeichner.Methodenbezeichner(Parameterwert1, Parameterwert2, Parameterwert3, …).

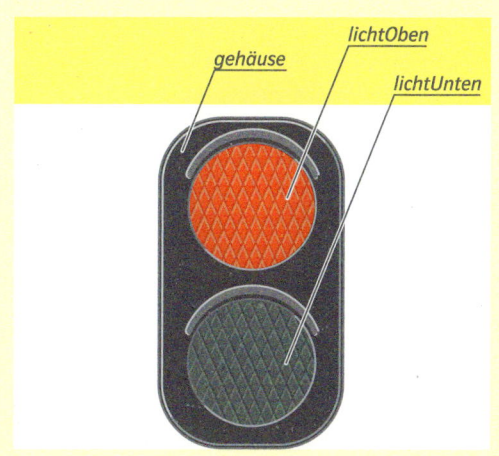

Die obige Fußgängerampel mit zwei Lichtern enthält unter anderem die Objekte *lichtOben* und *lichtUnten* der Klasse KREIS sowie das Objekt *gehäuse* der Klasse RECHTECK.

Für die aktuellen Attributwerte des Attributs *füllfarbe* der Objekte *lichtOben* und *lichtUnten* gilt:
lichtOben.füllfarbe = rot
und
lichtUnten.füllfarbe = schwarz.

Klassen

Gleichartige Objekte beschreibt man durch eine gemeinsame **Klasse**. Objekte derselben Klasse haben stets dieselben Attribute und Methoden. Objekte derselben Klasse haben zwar genau dieselben Attribute, doch können sich ihre Werte unterscheiden. Beispielsweise sind die aktuellen Attributwerte von *stundenzeiger* und *sekundenzeiger* der Klasse LINIE einer Uhr durch folgende **Objektkarten** gegeben:

Die beiden Methodenaufrufe
lichtOben.füllfarbeSetzen(schwarz)
und
lichtUnten.füllfarbeSetzen(grün)
bewirken, dass die Ampel von Rot auf Grün umschaltet.

stundenzeiger: LINIE
anfangspunkt = (0,2 cm; −0,1 cm)
endpunkt = (−1,3 cm; 0,5 cm)
linienfarbe = rot
linienstärke = 0,15 cm
linienart = durchgezogen
linienanfangssymbol = −
linienendsymbol = pfeil
…

sekundenzeiger: LINIE
anfangspunkt = (−0,1 cm; 0,3 cm)
endpunkt = (0,4 cm; −1,7 cm)
linienfarbe = grün
linienstärke = 0,08 cm
linienart = durchgezogen
linienanfangssymbol = −
linienendsymbol = pfeil
…

Eine Klasse wird durch eine **Klassenkarte** dargestellt, wie nachfolgend für die Klassen ZEICHEN und LINIE gezeigt ist.

Eine Digitaluhr zeigt den obigen Text, der verschiedene Objekte der Klasse ZEICHEN enthält.
Es gilt zum Beispiel
zeichen7.schriftfarbe = grün
und
zeichen7.unterstrichen = doppelt.

ZEICHEN
symbol
schriftart
schriftgröße
schriftfarbe
fett
kursiv
unterstrichen
…
schriftartSetzen(schrift)
schriftgrößeSetzen(größe)
kopieren()
einfügen()
…

LINIE
anfangspunkt
endpunkt
linienfarbe
linienstärke
linienart
linienanfangssymbol
linienendsymbol
…
verschieben(dx, dy)
drehenUm(x, y, winkel)
kopieren()
einfügen()
…

Beide Klassen stellen **universelle Methoden** zum Kopieren und Einfügen zur Verfügung. Die **Zwischenablage** dient dabei als Speicher für verschiedene Objekte.

Das Objekt *zeichen7* kann z. B. als Kopie von *zeichen1* durch folgende Methodenaufrufe erzeugt und angepasst worden sein:
zeichen1.kopieren(),
zeichen1kopie.einfügen(),
zeichen7.schriftfarbeSetzen(grün) und
zeichen7.unterstrichenSetzen(doppelt).

Die *enthält*-Beziehung

Mehrere Objekte können in einem weiteren Objekt enthalten sein. Beispielsweise enthält ein Objekt der Klasse GRUPPE mehrere Objekte anderer Klassen.

Diese *enthält*-Beziehungen werden in Objekt- und Klassendiagrammen durch Linien veranschaulicht. Ein dicker Punkt im Klassendiagramm am Ende einer Linie gibt an, dass beispielsweise ein Gruppenobjekt mehrere Grafikobjekte enthalten kann. Ein Grafikobjekt gehört dagegen immer zu genau einem Gruppenobjekt.

Vektor- und Pixelgrafikdokumente

Grafikdokumente enthalten entweder verschiedene Grafikobjekte (z. B. Kreise und Linien), die durch mathematische Zusammenhänge beschrieben werden (**Vektorgrafik**), oder viele kleine verschiedenfarbige Bildpunkte (Pixel), die ähnlich einem Mosaik zusammengesetzt ein Bild ergeben (**Pixelgrafik**).

Bei Vektorgrafiken lassen sich einzelne Objekte verschieben und sie bleiben scharf, wenn man sie vergrößert. Bei Pixelgrafiken kann man einzelne Farbpunkte bearbeiten; bei einer Vergrößerung wird das Bild jedoch unscharf.

Textdokumente

Textdokumente enthalten Objekte der Klasse ABSATZ, die wiederum u.a. Objekte der Klassen ZEICHEN, PIXELGRAFIK oder VEKTORGRAFIK enthalten. Textdokumente können aber auch Objekte der Klassen TABELLE oder TABULATOR enthalten (vgl. Klassendiagramm).

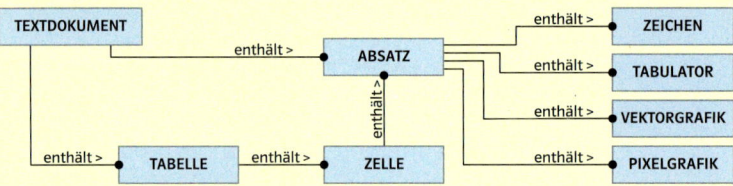

Multimediadokumente

Multimediadokumente können im **Entwurfsmodus** eines Präsentationsprogramms erstellt werden. Dazu werden Objekte der Klasse FOLIE erzeugt, auf denen Objekte unterschiedlicher Klassen (Texte, Bilder, Grafiken, Geräusche …) angeordnet werden. Diese Objekte können zusätzlich animiert werden, d.h., sie erscheinen z. B. erst beim Mausklick oder werden nach einer festgelegten Zeit ausgeblendet.

Im **Präsentationsmodus** werden die **Folien** entsprechend der zuvor eingestellten Vorgaben nacheinander angezeigt.

Urheberrecht

Werke der Kunst, Literatur und Wissenschaft sind durch Gesetze geschützt. Nur der **Urheber** derartiger Werke darf diese veröffentlichen oder vervielfältigen oder anderen Nutzungsrechte einräumen. Wird ein Werk genutzt, muss die Quelle stets angegeben werden.

Die Vektor-Smiley-Grafik besteht aus fünf Objekten, die im folgenden Objektdiagramm dargestellt werden.

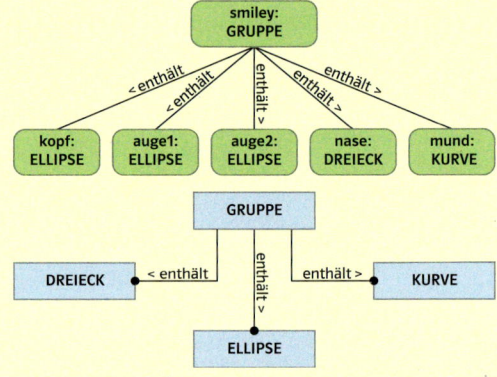

Würde man das Smiley als Pixelgrafik zeichnen, könnte man bei entsprechender Vergrößerung das Raster erkennen.

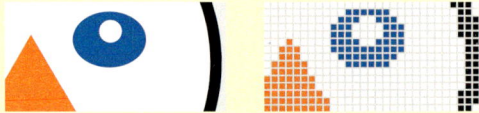

Die Pixel-Smiley-Grafik besteht aus vielen Pixeln. Die meisten haben den Farbwert weiß, die anderen sind blau, orange, rot oder schwarz.

Die nachfolgend dargestellte Präsentation enthält nur die beiden Folien *folie1* und *folie2*.
Gezeigt wird der Einblendeffekt, der beim Aufruf *folie2.anzeigen()* ausgelöst wird.

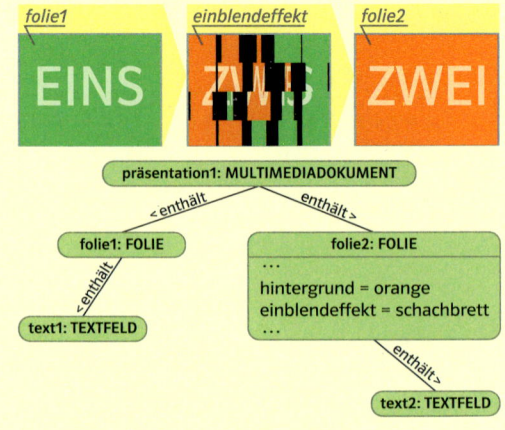

Dokumente und Dateien

Softwarewerkzeuge arbeiten mit Objekten der Klasse DOKUMENT. Diese Objekte befinden sich im Arbeitsspeicher des Computers, solange sie geöffnet sind. Um ein **Dokument** dauerhaft zu sichern, stellt die Klasse DOKUMENT Methoden zum Speichern zur Verfügung, die ein Dokument in eine **Datei** „einpacken" und dann auf persistenten Speichermedien ablegen können.

Objekte der Klasse DATEI können mithilfe eines **Dateimanagers** verwaltet werden. Zum Öffnen benötigt man ein geeignetes Softwarewerkzeug. Beim Öffnen wird das zur Datei gehörige Dokument in den Arbeitsspeicher geladen.

Saskia hat einen Schülerzeitungsartikel über die neuen Schülersprecher erstellt.

text1: TEXTDOKUMENT
autor = Saskia
titel = Schülersprecher
ausrichtung = hochformat
…

Dieses Textdokument wird in der Datei *schülerspr* auf Saskias Speicherstick dauerhaft gespeichert.

schülerspr: DATEI
dateiname = schülerspr
typ = Text
größe = 19 288 Bytes
…

Ordner

Das **Dateisystem** organisiert die Ablage von Dateien auf einem persistenten Speichermedium. Dieses ermöglicht das Anlegen von **Ordnern**, in die Dateien gespeichert werden können. Auf diese Weise lässt sich die Dateiablage auf einem Speichermedium strukturieren und ordnen. Zwischen Objekten der Klasse ORDNER und Objekten der Klasse DATEI besteht eine *enthält*-Beziehung.

Auf dem Stick gibt es einen Ordner *saskias_artikel*, in dem sich neben der Datei *schülerspr* noch zwei weitere Dateien mit Artikeln für die Schülerzeitung befinden.

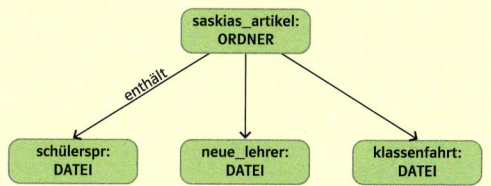

Ordnerbäume

Ordner können neben Dateien weitere Ordner enthalten; es liegt also eine *enthält*-Beziehung zwischen Objekten derselben Klasse vor.

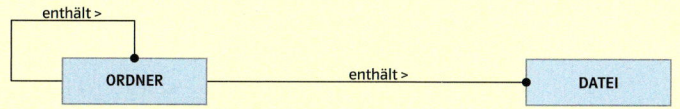

Dadurch bekommt ein Objektdiagramm aus Ordnern und Dateien die Struktur eines **Baumes**.

Den Weg von der Wurzel des Baumes über alle Ordner bis zu einer bestimmten Datei bzw. zu einem bestimmten Ordner heißt **Pfad** der Datei bzw. des Ordners. Mithilfe des Pfades lässt sich die Lage einer Datei oder eines Ordners in einem Baum angeben.

Hierarchische Informationsstrukturen

Baumdiagramme werden häufig genutzt, um Informationen übersichtlich darzustellen. Voraussetzung für eine Baumstruktur ist, dass eine Beziehung zwischen den beteiligten Objekten vorliegt, die eine **Hierarchie** bildet. Dabei dürfen jedem Objekt beliebig viele Objekte untergeordnet sein, aber es darf höchstens ein unmittelbar übergeordnetes Objekt geben.

Für die Oktober-Ausgabe der Schülerzeitung sammelt die Redaktion alle Dateien mit den Artikeln und legt sie für jeden Verfasser in einem eigenen Ordner ab.

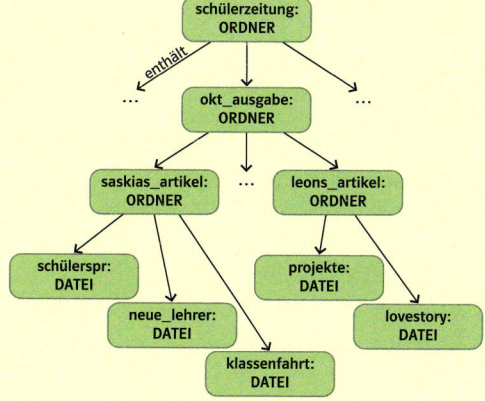

Der Pfad zu Saskias Datei über die Schülersprecher könnte folgendermaßen notiert werden:
schülerzeitung\okt_ausgabe\saskias_artikel\schülerspr.txt

Verweise und Hypertextdokumente

Über **Verweise** in Dokumenten (häufig auch **Hyperlinks** oder kurz **Links** genannt) kann man schnell zu einer anderen Stelle im selben Dokument oder zu einem anderen Dokument gelangen. Verweise sind Objekte der Klasse VERWEIS. Dokumente, die Verweise enthalten, heißen **Hypertextdokumente**.
Klassendiagramm:

Das folgende Objektdiagramm zeigt das Dokument *meineHobbys*, das einen Verweis *fußball* enthält.

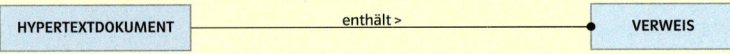

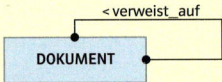

Hypertextstrukturen

Meist liegt das Verweisziel eines Verweises in einem anderen Dokument als der Verweis. So entsteht eine *verweist_auf*-Beziehung zwischen dem Dokument, das den Verweis enthält, und dem Dokument, das das Verweisziel enthält.
Ein Dokument kann auf beliebig viele andere verweisen und umgekehrt kann auf dieses Dokument auch von beliebig vielen anderen Dokumenten verwiesen werden.
Klassendiagramm:

Der Verweis *fußball* zielt auf den Anfang des Dokumentes *fcBayern*. Dieser Sachverhalt lässt sich kurz als *verweist_auf*-Beziehung zwischen den beteiligten Dokumenten auffassen, wie folgendes, vereinfachtes Objektdiagramm zeigt.

Dadurch entsteht eine netzartige Struktur, die man **Hypertextstruktur** nennt. Das entsprechende Objektdiagramm ist ein Beispiel für einen **Graphen**.

Hypertextdokumente im Internet

Auf Servern im Internet liegen Hypertextdokumente bereit, die von **Clients** angefordert und anschließend in einem Browser dargestellt werden können. **Router** sorgen dafür, dass zwischen Client und **Server** ein Weg zur Datenübertragung gefunden wird. Die Adresse des Hypertextdokumentes wird als **URL** angegeben.

Im Attribut *zieladresse* des Verweises wird die URL als Wert eingetragen. Die Objektkarte des Verweises *fußball* könnte damit z.B. folgendermaßen aussehen:

fußball: VERWEIS

auslöser = Mein Lieblingsverein
zieladresse = file:///E:/hobbys/fcBayern.html

Informationsbeschaffung im Internet

Sucht man im Internet nach Dokumenten zu einem bestimmten Thema, kann man eine entsprechende Anfrage an eine **Suchmaschine** stellen. Als Ergebnis liefert die Suchmaschine eine Liste mit Verweisen. Wie gut diese Trefferliste tatsächlich zum gesuchten Thema passt, hängt meist davon ab, wie geschickt die Suchanfrage gestellt wurde. Unabhängig davon sollten Suchergebnisse hinsichtlich Qualität und Wahrheitsgehalt stets kritisch bewertet werden.

Elektronische Kommunikation

Elektronische Kommunikation kann auf unterschiedliche Weise erfolgen:

- **E-Mail-artige Systeme** mit exakt festgelegten Empfängern: Hier können beide Kommunikationspartner Sender und Empfänger sein.
- **Instant Messenger:** Hier sind die Kommunikationspartner ebenfalls festgelegt und die Kommunikation kann in beide Richtungen laufen. Zudem kann sie in Echtzeit erfolgen, d.h., das Senden und Empfangen kann zeitlich nahezu unverzögert (instantan) erfolgen.
- Veröffentlichungen im Internet, z.B. auf einer Webseite: Hier gibt es einen Sender und beliebig viele Empfänger. Die Rolle von Sender und Empfänger ist nicht austauschbar.
- Veröffentlichungen für einen beschränktem Kreis von Empfängern: Hierzu zählt etwa die Veröffentlichung in einem Nachrichtenforum oder in einem Forum, bei dem sich die Empfänger registrieren müssen. Auch hier ist die Rolle von Sender und Empfänger festgelegt.

Die Wahl eines geeigneten Kommunikationssystems erfolgt in Abhängigkeit von den Zielen, Rahmenbedingungen und Inhalten der Kommunikation.

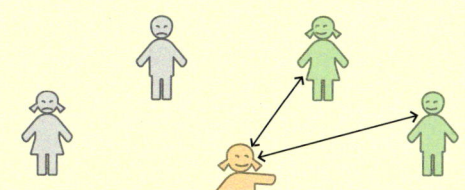

Bei E-Mail und Instant Messenger können alle an der Kommunikation beteiligten Personen gleichberechtigt senden und empfangen.

In Nachrichtenforen oder sozialen Netzwerken erfolgt die Kommunikation mit einem eingeschränkten Kreis von Empfängern.

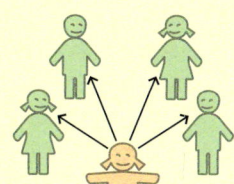

Bei einer Veröffentlichung im Internet ist der Kreis der Empfänger nicht beschränkt.

Datensicherheit

Durch **Datensicherheit** wird gewährleistet, dass

- nur autorisierte Benutzer Zugriff auf den Datenbestand haben,
- die Daten vor versehentlicher oder mutwilliger Veränderung geschützt sind (Integrität) und
- die Daten jederzeit verfügbar sind (Verfügbarkeit).

Eine regelmäßige Sicherung **(Backupstrategie)** der Daten auf einem externen Datenträger schützt vor Datenverlust und sichert die Verfügbarkeit.

Passwörter sind die Voraussetzung für eine autorisierte Verwendung eines Datenbestands. Hier ist auf eine sorgfältige Festlegung des Passworts zu achten.

Eine **Firewall** macht die Rechner des lokalen Netzwerks für externe Rechner unsichtbar und damit nicht angreifbar.

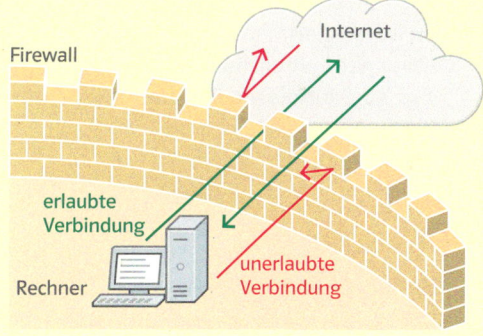

Datenschutz

Während die Datensicherheit den technischen Schutz der Daten umfasst, versteht man unter **Datenschutz** den gesetzlichen Schutz personenbezogener Daten vor Missbrauch durch andere Personen oder Institutionen.

Der Datenschutz umfasst auch Persönlichkeitsrechte wie etwa das Recht am eigenen Bild. Ein zurückhaltender Umgang mit den eigenen Daten bildet eine vorbeugende Maßnahme zu deren Schutz.

Sequenz von Anweisungen

Ein Programm, das lediglich eine **Sequenz** von Methodenaufrufen an ein Objekt enthält, wird genau in der angegebenen Reihenfolge abgearbeitet.
Das Beispiel zeigt eine Sequenz mit vier Methodenaufrufen an Roboter *karli*.

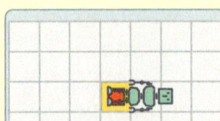

Die linke Abbildung zeigt Karli vor, die rechte Abbildung nach Ablauf der abgebildeten Sequenz mit vier Methodenaufrufen.

```
karli.ziegelHinlegen()
karli.vorwärtsGehen()
karli.rechtsDrehen()
karli.markeSetzen()
```

Wiederholungen

Soll eine Sequenz wiederholt werden, wobei die Anzahl der Ausführungen vorher feststeht, so wird dies durch eine **feste Anzahl von Wiederholungen** realisiert.
Das Beispiel zeigt eine Anweisung zur viermaligen Wiederholung der Sequenz aus obigem Beispiel.

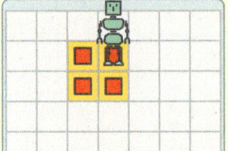

```
wiederhole 4-mal
    karli.ziegelHinlegen()
    karli.vorwärtsGehen()
    karli.rechtsDrehen()
    karli.markeSetzen()
endeWiederhole
```

Die Abbildung zeigt Karlis Boden nach viermaliger Wiederholung der obigen Sequenz.

Bedingte Anweisungen

Bei Anweisungen, die nur unter einer bestimmten Bedingung ausgeführt werden, unterscheidet man zwischen **bedingter Anweisung** und **bedingter Anweisung mit Alternative**. Falls die Bedingung nicht erfüllt ist, wird im ersten Fall keine Anweisung, im zweiten Fall eine alternative Sequenz ausgeführt.
Im linken Beispiel wird – falls Karli nicht vor einem Ziegel steht – keine der aufgelisteten Methoden ausgeführt, im rechten Beispiel legt Karli für diesen Fall einen Ziegel vor sich hin.

Bedingte Anweisung:

```
falls karli.vorZiegel()
    karli.ziegelAufheben()
    karli.vorwärtsGehen()
    karli.markeSetzen()
endeFalls
```

Bedingte Anweisung mit Alternative:

```
falls karli.vorZiegel()
    karli.ziegelAufheben()
    karli.vorwärtsGehen()
    karli.markeSetzen()
sonst
    karli.ziegelHinlegen()
endeFalls
```

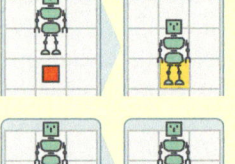

Die jeweils linke (rechte) Abbildung zeigt Karli vor (nach) Ablauf der bedingten Anweisung bzw. bedingten Anweisung mit Alternative.

Bedingte Wiederholung

Soll eine Sequenz wiederholt werden, bis bzw. solange eine bestimmte Bedingung erfüllt ist, verwendet man eine **bedingte Wiederholung**. Es wird die Bedingung vor jeder Ausführung der Sequenz geprüft. Im Beispiel setzt Karli von einem beliebigen Standpunkt aus eine Reihe mit Marken bis zur nächsten Wand.

Algorithmen

Algorithmen entstehen durch Kombination der oben genannten Strukturelemente, die beliebig verschachtelt werden können.

```
wiederhole bis
        karli.vorWand()
    karli.markeSetzen()
    karli.vorwärtsGehen()
endeWiederhole
```

Die linke Abbildung zeigt Karli vor, die rechte Abbildung zeigt Karli nach Ablauf der bedingten Wiederholung.

Projektarbeit

Eine umfangreiche, einmalige Aufgabe mit klarer Zielvorgabe, die arbeitsteilig innerhalb eines vorgegebenen Zeitrahmens erledigt wird, wie z. B. das Programmieren von Mikrocontrollern, bezeichnet man als **Projekt**.

Inhalte von Zellen

Die **Zellen** von Tabellenblättern können **konstante Werte (Daten)** oder **Formeln** enthalten. **Werte** können mithilfe von **Zellbezügen** als Eingabe für Formeln verwendet werden. Eine Formel berechnet zu jedem Satz von Eingabewerten jeweils genau einen Ausgabewert.

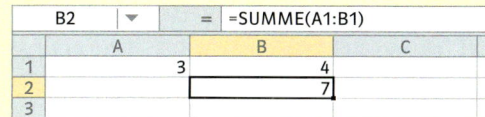

Anpassung von Zellbezügen

Beim Kopieren einer Formel in eine andere Zelle des Tabellenblattes werden **Zellbezüge** in der Regel automatisch an die neue Lage angepasst **(relative Zellbezüge)**. Will man dies verhindern, so verwendet man **absolute Zellbezüge** (gekennzeichnet durch $). Beim Ausschneiden und anschließenden Einfügen einer Formel in eine andere Zelle werden die Zellbezüge dagegen nicht geändert.

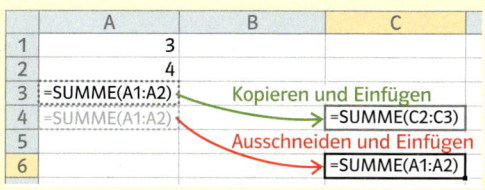

Datentypen

Als konstante Werte werden in den Zellen eines Tabellenblattes genau genommen nur Texte oder Zahlen gespeichert. Über die **Formatierung** einer Zelle kann man ihren Zahlenwert in einer Vielzahl verschiedener Datenformate darstellen, z.B. als Datum, Uhrzeit, Bruch oder Wahrheitswert.

	A	B	C
1	Zahlenwert	formatiert als	ergibt
2	12,1234	Datum	12.01.1900
3		Uhrzeit	02:57:42
4		Bruch	12 1/8

Funktionen

Eine Zuordnung heißt **Funktion**, wenn jedem Element der Ausgangsmenge höchstens ein Element der Zielmenge zugeordnet wird. Tabellenkalkulationssysteme enthalten viele fertig eingebaute Funktionen.

Funktionen einer Tabellenkalkulation:
LÄNGE; RÖMISCH

Mehrstellige Funktionen:
RUNDEN(1,3342;2); FINDEN(„Peter";A2;1)

Mehrstellige Funktionen

In der Informatik trifft man oft auf Funktionen mit zwei oder noch mehr Argumenten.
Manche Funktionen kommen sogar mit einer beliebigen Anzahl von Argumenten zurecht.
Bei zweistelligen Funktionen unterscheidet man zwischen **Präfix-** und **Infixschreibweise.**

Funktionen mit einer beliebigen Anzahl von Argumenten:

MITTELWERT; SUMME

Präfixschreibweise: SUMME(3;4)
Infixschreibweise: 3 + 4

Verkettung von Funktionen

Bei der **Verkettung** zweier Funktionen übernimmt eine Funktion den Wert einer anderen Funktion als Argument.
Verkettete Funktionen kann man sehr übersichtlich in Datenflussdiagrammen darstellen. Will man hierbei ein Zwischenergebnis mehrfach verwenden, kann man dies durch Einbau eines **Datenverteilers** erreichen.

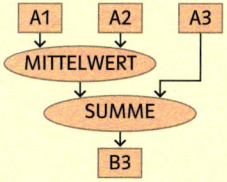

SUMME(MITTELWERT(A1;A2);A3)

WENN-Funktion

In Termen, die je nach Wert einer bestimmten Bedingung unterschiedliche Berechnungsverfahren erfordern, verwendet man die **WENN-Funktion.**

WENN(A1>A2;A1–A2;A2–A1)

Objekte und Klassen

Nicht nur elektronische Dokumente enthalten eine Vielzahl von **Objekten**, die ganze Welt ist aus verschiedenen Objekten aufgebaut. Jedes Objekt wird dabei durch seine Eigenschaften **(Attribute)** mit ihren aktuellen **Attributwerten** beschrieben. Jedes Objekt gehört zu einer **Klasse**.

Klassen beschreiben gleichartige Objekte. Sie dienen auch als Vorlage zur Erzeugung von neuen Objekten. Zwei Objekte derselben Klasse besitzen stets dieselben Attribute, können sich jedoch in ihren Attributwerten unterscheiden.
Im Gegensatz zu einer **Klassenkarte** beschreibt eine **Objektkarte** genau ein konkretes Objekt.

gob: SERIE
name = Game of Bones
staffeln = 8
episoden = 274
erscheinungsjahr = 2021
produzent = John Snowflake
...

Objektkarte

SERIE
name
staffeln
episoden
erscheinungsjahr
produzent
...

Klassenkarte

Eine andere Serie kann zwar den gleichen Produzenten haben, hat aber ansonsten andere Attributwerte als *gob*.

Tabellen

Daten werden in **Tabellen** gespeichert.
Die Spalten der Tabelle stehen für die Attribute der zugrunde liegenden Klasse und bilden das **Schema** der Tabelle.
Jede Zeile der Tabelle steht für ein einzelnes Objekt, enthält dessen Attributwerte und steht somit für einen Datensatz.

Der **Primärschlüssel** der Tabelle besteht aus einem Attribut oder mehreren Attributen (Spalten), durch deren Werte jeder Datensatz eindeutig identifiziert werden kann. In der Praxis werden so gut wie immer **künstliche Schlüssel** verwendet.

Schlüssel
Schema
Daten-
satz

MEINE_SCHULFREUNDE				
Nr	Name	Vorname	GebDat	Strasse
1	Aurich	Lukas	10.08.2006	Kranichweg 8
2	Bergmann	Hanna	20.10.2006	Zusestr. 11b
3	Gütnitz	Paul	01.01.2007	Moorweg 3
4	Jacobi	Mia	30.11.2006	Zuseweg 20
5	Keller-Fink	Johanna	03.06.2007	Hollerithstr. 121
6	Keller-Fink	Max	03.06.2007	Hollerithstr. 121
7	Feldmeier	Luisa	02.04.2007	Borkenstr. 40
...	...	...	...	...

Das Schema der Tabelle lautet:
MEINE_SCHULFREUNDE[*Nr; Name; Vorname; GebDat; Strasse*]
Primärschlüssel: *Nr*   Bezeichner der Attribute

Die Tabelle MEINE_SCHULFREUNDE hat die Attribute *Nr*, *Name*, *Vorname*, *GebDat* und *Strasse*.

Jeder Datensatz steht für ein Objekt dieser Klasse, also einen Schulfreund.

Abfragen

Mithilfe von **Abfragen** lassen sich Informationen aus Tabellen filtern. Eine Abfrage ist eine Funktion mit den drei Eingabeparametern *Tabelle*, *Bedingung* und *Spaltenliste*.
Abfrage(Tabelle; Bedingung; Spaltenliste) liefert in der **Ergebnistabelle** die gewünschten Spalten derjenigen Datensätze der angesprochenen Tabelle, die die übergebene Bedingung erfüllen.

In der Sprache *SQL* lautet der entsprechende Befehl
SELECT Spalten
FROM TABELLE
WHERE Bedingung

Mehrere Bedingungen können mithilfe der logischen Funktionen **UND** bzw. **ODER** miteinander verknüpft werden. In *SQL* funktioniert das mit AND bzw. OR.

Abfrage(MEINE_SCHULFREUNDE; *Name* = 'Keller-Fink'; [*Vorname*, *Strasse*]) liefert die folgende Ergebnistabelle.

Vorname	Strasse
Johanna	Hollerithstr. 121
Max	Hollerithstr. 121

In *SQL* lautet diese Abfrage wie folgt.
SELECT Vorname, Strasse
FROM MEINE_SCHULFREUNDE
WHERE Name = 'Keller-Fink'

Algorithmen und algorithmische Strukturelemente

Ein **Algorithmus** ist ein Verfahren, das sich durch eine präzise, tatsächlich ausführbare Handlungsvorschrift endlicher Länge beschreiben lässt. Die einzelnen Operationen können Methodenaufrufe sein, die eventuell wieder selbst als Algorithmus dargestellt werden können.

Elementare **Strukturelemente** von Algorithmen sind: **Sequenz, bedingte Anweisung, bedingte Anweisung mit Alternative, Wiederholung mit fester Anzahl** und **bedingte Wiederholung**. Strukturelemente können ineinander verschachtelt werden. **Stuktogramme** können neben der textuellen Darstellung zur Veranschaulichung der Struktur von Algorithmen dienen.

Jedes Programm stellt Kontrollstrukturen zur Implementierung der algorithmischen Strukturelemente zur Verfügung.

```
Methode titelSpielen(nr):
Falls CD eingelegt
    Falls nr existiert auf CD
        Wiederhole nr-mal
            Springe zum nächsten Titel
        EndeWiederhole
        Spiele betreffenden Titel
    EndeFalls
Sonst
    Melde „CD fehlt"
EndeFalls
```

Definition von Klassen

Jede Klasse muss mit einem **eindeutigen Bezeichner** versehen werden. Jede Klasse beinhaltet

– die **Deklaration von Attributen** mit jeweiliger Angabe des Datentyps und Attributbezeichners,

– die **Definition von Methoden** mit jeweiliger Angabe des Typs des Rückgabewertes, des Methodenbezeichners und in Klammern die Angabe eventueller Eingabeparameter mit jeweiligem Typ (**Methodenkopf**).

Der **Methodenrumpf** beschreibt den Algorithmus, der nach dem Aufruf der Methode ausgeführt wird. Dabei können innerhalb der Methodendefinition ebenso auch Methodenaufrufe stehen. Der **Konstruktor** ist eine spezielle Methode ohne Rückgabewert, der bei der Erzeugung neuer Objekte aufgerufen wird. Konstruktoren haben denselben Bezeichner wie die Klasse.

Java

```java
class Strecke {
    int x1; int y1; int x2; int y2;
    String linienfarbe;
    Strecke(int x1N, int y1N, int x2N,
            int y2N) {
        x1 = x1N; y1 = y1N;
        x2 = x2N; y2 = y2N;
        linienfarbe = "schwarz";
    }
    double laengeBerechnen() {
        double ergebnis;
        ergebnis = diffQuad(x1, x2) +
                diffQuad(y1, y2);
        ergebnis = Math.sqrt(ergebnis);
        return ergebnis;
    }
    void linienfarbeSetzen(String
            fNeu) {
        linienfarbe = fNeu;
    }
    double diffQuad(int a, int b) {
        return (a - b) * (a - b);
    }
}
```

Wertzuweisung

Wertzuweisungen dienen der direkten Änderung eines Attribut- oder Variablenwertes. Der bisherige Wert geht dabei verloren. Sie haben in *Java* die Form *Bezeichner = Term*.

Ober- und Unterklassen

Klassen mit gemeinsamen Merkmalen können (als **Unterklassen**) zu einer allgemeineren, d.h. abstrakteren Klasse (**Oberklasse**) generalisiert werden. Die Unterklassen stellen dabei **Spezialisierungen** der Oberklasse dar. Die Unterklassen erben alle in der Oberklasse deklarierten Attribute und Methoden.

Soll eine Methode einer Oberklasse in einer Unterklasse anders implementiert werden, muss sie dort neu definiert, also **überschrieben** werden.

Durch fortgeführte Generalisierung bzw. Spezialisierung kann die Klassenbeziehung zu einer baumartigen Klassenhierarchie ausgebaut werden.

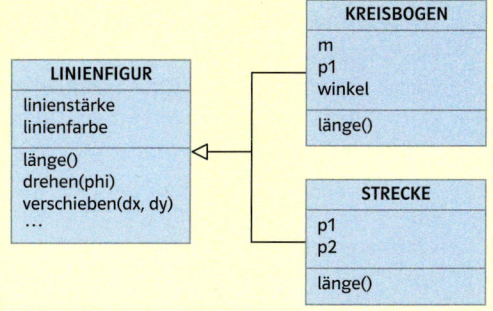

Die Methode *länge* ist in beiden Unterklassen überschrieben.

Regelungen zum Datenschutz

Grundlage für den Datenschutz ist die Überzeugung, dass jeder Mensch ein Recht auf **Privatsphäre** hat. Aus diesem Recht leitet man ab, dass jeder selbst darüber bestimmen kann, welche seiner **personenbezogenen Daten** erhoben, verarbeitet und genutzt werden dürfen. Dieses **Verbot mit Erlaubnisvorbehalt** ist das Grundprinzip des Datenschutzes in Deutschland und der EU.

Im Einzelnen ist die Verarbeitung personenbezogener Daten sowie der Datenverkehr innerhalb der EU in der **Datenschutz-Grundverordnung (DSGVO)** geregelt, die für alle EU-Mitgliedsstaaten gleichermaßen gilt.

Das Recht auf Datenschutz kann jedoch auch eingeschränkt werden, wenn es von öffentlichem Interesse ist, wie etwa bei der Strafverfolgung oder der Terrorabwehr. Es ist Aufgabe des Datenschutzes, hierbei für die Balance zu sorgen zwischen dem Persönlichkeitsrecht des Einzelnen und den Interessen des Staates. Somit beugt der Datenschutz gegen übertriebene oder willkürliche Überwachungsmaßnahmen vor. Ebenso ist es Aufgabe des Datenschutzes, wirtschaftliche Interessen an personenbezogenen Daten in die Schranken gesetzlicher Regelungen zu verweisen.

Das Recht auf Privatsphäre wird zu den Persönlichkeitsrechten gezählt.

In Artikel 5 der DSGVO sind sieben Grundsätze für die Verarbeitung personenbezogener Daten festgeschrieben.

In anderen Ländern herrschen mitunter andere Auffassungen zum Datenschutz, die sich ganz wesentlich von denen in der EU unterscheiden können.

In diesem Spannungsfeld kam es in der Vergangenheit schon öfter zu heftigen politischen Auseinandersetzungen, etwa beim Großen Lauschangriff, bei Videoüberwachungen oder bei Gesetzesvorhaben zur Vorratsdatenspeicherung.

Umgang mit persönlichen Daten

Persönliche Daten im Internet werden genutzt, um sich ein Bild über die betreffende Person zu machen. Dahinter können private Interessen stecken, aber auch kommerzielle oder politische. Persönliche Daten können auch in rufschädigender oder krimineller Absicht missbraucht werden.
Deswegen sollte man mit seinen Daten sehr sparsam umgehen und sich genau überlegen, was man über sich veröffentlichen möchte. Man sollte auch prüfen, welche Daten bei der Nutzung einer bestimmten App oder eines bestimmten Geräts preisgeben werden. Wenn möglich, sollten die App- bzw. Geräte-Einstellungen so gewählt werden, dass die Übermittlung der Daten auf ein notwendiges Minimum reduziert wird. Im Zweifel sollte man ganz auf die Nutzung der App bzw. des Geräts verzichten.

Ein häufiger Fall von Datenmissbrauch ist der Identitätsdiebstahl. Hierbei werden die personenbezogenen Daten eines anderen in betrügerischer Absicht genutzt.

Die Einwilligung zur Verarbeitung seiner Daten gibt man oft unbemerkt, weil man den Nutzungsbedingungen (AGB) zustimmt, ohne sie gelesen zu haben.

Auch nicht personenbezogene Daten lassen sich unter Umständen nachträglich wieder einer Person zuordnen.

Data-Mining

Beim **Data-Mining** werden bereits erhobene und gespeicherte Daten über den eigentlichen Zweck ihrer Erhebung hinaus mithilfe geeigneter Algorithmen analysiert. Dadurch lassen sich aus den vorhandenen Daten mit vergleichsweise geringem Aufwand neue Informationen gewinnen.
Der Einsatz von Data-Mining birgt Chancen und Risiken. Durch Data-Mining gewonnene Erkenntnisse können die Gesellschaft voranbringen. Die Resultate von Data-Mining-Analysen wirken sich allerdings auch auf das Leben vieler Menschen aus – mit positiven und auch mit negativen Folgen für den Einzelnen und für die Gesellschaft.

Häufige Verfahren beim Data-Mining sind Clustering, Klassifikation, Assoziationsanalyse und Vorhersagen. Dabei kommen verschiedene Algorithmen zum Einsatz.

1 SQL als Abfragesprache

Mithilfe von SQL als Abfragesprache können (eventuell mit weiteren Eingabeargumenten) neue Tabellen berechnet werden. Die Eingabetabelle wird dabei nicht verändert!

Abfragen an eine Tabelle	Bedeutung	Beispiel
		Gegeben ist die Tabelle FAHRRAD mit den Spalten *RahmenNr, Fahrradtyp, Hersteller, EKP* (Einkaufspreis) und *UVP* (unverbindliche Preisempfehlung).

`SELECT *`
`FROM TABELLE;`
	Ausgabe der gesamten Tabelle (alle Datensätze mit allen Spalten).	`SELECT *`
		`FROM FAHRRAD;`
		liefert alle Daten der Tabelle FAHRRAD.

`SELECT Spalte1,`
`   Spalte2 ...`
`FROM TABELLE;`
	Ausgabe von Spalte1, Spalte2 ... aller Datensätze (Projektion).	`SELECT RahmenNr, UVP`
		`FROM FAHRRAD;`
		liefert von allen Datensätzen nur die Spalten *RahmenNr* und *UVP*.

`SELECT *`
`FROM TABELLE`
`WHERE Bedingung;`
	Ausgabe aller Spalten derjenigen Datensätze, welche die Bedingung erfüllen (Selektion).	`SELECT *`
		`FROM TABELLE`
		`WHERE Fahrradtyp = 'Rennrad';`
		liefert alle Datensätze, bei denen *Fahrradtyp* = 'Rennrad' gilt.

FAHRRAD

RahmenNr	Fahrradtyp	Hersteller	EKP	UVP
121A3	Mountainbike	RADMAX	336,00 €	419,00 €
23U78	Rennrad	RADMAX	479,00 €	599,00 €
236KK	Mountainbike	WindTec	640,00 €	980,00 €
55AB5	Trekkingrad	WindTec	125,50 €	169,90 €
98GH1	Rennrad	WindTec	890,00 €	1.199,00 €
71AK3	Rennrad	Global	630,00 €	790,50 €

RahmenNr	Fahrradtyp	Hersteller	EKP	UVP
121A3	Mountainbike	RADMAX	336,00 €	419,00 €
23U78	Rennrad	RADMAX	479,00 €	599,00 €
236KK	Mountainbike	WindTec	640,00 €	980,00 €
55AB5	Trekkingrad	WindTec	125,50 €	169,90 €
98GH1	Rennrad	WindTec	890,00 €	1.199,00 €
71AK3	Rennrad	Global	630,00 €	790,50 €

RahmenNr	UVP
121A3	419,00 €
23U78	599,00 €
236KK	980,00 €
55AB5	169,90 €
98GH1	1.199,00 €
71AK3	790,50 €

RahmenNr	Fahrradtyp	Hersteller	EKP	UVP
23U78	Rennrad	RADMAX	479,00 €	599,00 €
98GH1	Rennrad	WindTec	890,00 €	1.199,00 €
71AK3	Rennrad	Global	630,00 €	790,50 €

Abfragen an eine Tabelle	Bedeutung	Beispiel	
`SELECT Spalte1, Spalte2 ... FROM TABELLE WHERE Bedingung;`	Ausgabe von Spalte1, Spalte2 ... derjenigen Datensätze, welche die Bedingung erfüllen.	`SELECT Fahrradtyp, Hersteller FROM TABELLE WHERE UVP < 600;` liefert von allen Datensätzen, bei denen die unverbindliche Preisempfehlung kleiner als 600 € ist, die Spalten *Fahrradtyp* und *Hersteller*.	**Fahrradtyp / Hersteller** Mountainbike / RADMAX Rennrad / RADMAX Trekkingrad / WindTec
`SELECT * FROM TABELLE WHERE Spalte1 LIKE '%text%';`	Ausgabe aller Datensätze, deren Wert in Spalte1 die Zeichenkette 'text' enthält. Dabei ist % ein Platzhalter für eine Zeichenfolge aus keinem, einem oder mehreren Zeichen.	`SELECT * FROM FAHRRAD WHERE Fahrradtyp LIKE '%rad';` liefert alle Datensätze, deren Fahrradtyp mit 'rad' endet, da der Platzhalter % nur davorsteht.	siehe Tabelle unten
`SELECT Spalte1 AS SpalteA, Spalte2 AS SpalteB FROM TABELLE;`	Ausgabe von Spalte1 und Spalte2, die jedoch die Aliasnamen SpalteA bzw. SpalteB erhalten.	`SELECT RahmenNr AS Nummer, UVP AS Preis FROM FAHRRAD;` liefert von allen Datensätzen die Spalten *RahmenNr* und *UVP*, die jedoch in *Nummer* bzw. *Preis* umbenannt wurden.	**Nummer / Preis** 121A3 / 419,00 € 23U78 / 599,00 € 236KK / 980,00 € 55AB5 / 169,90 € 98GH1 / 1.199,00 € 71AK3 / 790,50 €
`SELECT DISTINCT Spalte1 FROM TABELLE;`	Ausgabe aller verschiedenen Werte innerhalb von Spalte1.	`SELECT DISTINCT Hersteller FROM FAHRRAD;` liefert alle verschiedenen Hersteller.	**Hersteller** RADMAX WindTec Global

Tabelle zur zweiten Zeile:

RahmenNr	Fahrradtyp	Hersteller	EKP	UVP
23U78	Rennrad	RADMAX	479,00 €	599,00 €
55AB5	Trekkingrad	WindTec	125,50 €	169,90 €
98GH1	Rennrad	WindTec	890,00 €	1.199,00 €
71AK3	Rennrad	Global	630,00 €	790,50 €

Abfragen an mehrere Tabellen

Abfragen an mehrere Tabellen	Bedeutung	Beispiel
		Gegeben sind drei Tabellen MITGLIED, SPORTGRUPPE und IST_AKTIV_IN. Jeder Teilnehmer kann bei beliebig vielen Sportgruppen Mitglied sein. IST_AKTIV_IN ist Beziehungstabelle mit den beiden Fremdschlüsseln, die auf die Tabellen MITGLIED bzw. SPORT-GRUPPE verweisen.

MITGLIED

Nr	Name	m_w	Geburtsdatum
10	Paula Frei	w	15.05.1988
11	Peter Schmid	m	01.01.1971
12	Anton Klar	m	28.04.1993

SPORTGRUPPE

ID	Sportart	Kursbeitrag
F1w	Fußball	15 €
F1m	Fußball	20 €
V4mw	Volleyball	29 €

IST_AKTIV_IN

Mitglied	Sportgruppe
10	F1w
11	F1m
11	V4mw
12	F1m

```
SELECT *
FROM TABELLE1, TABELLE2;
```

Kreuzprodukt (kartesisches Produkt) zweier Tabellen.

```
SELECT *
FROM MITGLIED, SPORTGRUPPE;
```

Jedes Mitglied wird mit jedem Datensatz der Tabelle SPORTGRUPPE verknüpft. Dies führt auch zu sinnlosen Datensätzen.

Nr	Name	m_w	Geburtsdatum	ID	Sportart	Kursbeitrag
10	Paula Frei	w	15.05.1988	F1w	Fußball	15 €
10	Paula Frei	w	15.05.1988	F1m	Fußball	20 €
10	Paula Frei	w	15.05.1988	V4mw	Volleyball	29 €
11	Peter Schmid	m	01.01.1971	F1w	Fußball	15 €
11	Peter Schmid	m	01.01.1971	F1m	Fußball	20 €
11	Peter Schmid	m	01.01.1971	V4mw	Volleyball	29 €
12	Anton Klar	m	28.04.1993	F1w	Fußball	15 €
12	Anton Klar	m	28.04.1993	F1m	Fußball	20 €
12	Anton Klar	m	28.04.1993	V4mw	Volleyball	29 €

```
SELECT *
FROM TABELLE1, TABELLE2
WHERE
    TABELLE2.Fremd-
    schlüssel =
    TABELLE1.Primär-
    schlüssel;
```

Join zweier Tabellen, wobei TABELLE2 einen Fremdschlüssel hat, der auf den Primärschlüssel von TABELLE1 verweist.

```
SELECT *
FROM MITGLIED, IST_AKTIV_IN
WHERE
    IST_AKTIV_IN.MITGLIED =
    MITGLIED.Nr;
```

gibt die Informationen über alle Mitglieder mit der ID derjenigen Sportgruppe an, in der sie Mitglied sind.

Nr	Name	m_w	Geburtsdatum	Mitglied	Sportgruppe
10	Paula Frei	w	15.05.1988	10	F1w
11	Peter Schmid	m	01.01.1971	11	F1m
11	Peter Schmid	m	01.01.1971	11	V4mw
12	Anton Klar	m	28.04.1993	12	F1m

Abfragen an mehrere Tabellen

Ergebnistabelle:

Nr	Name	Sportgruppe	Sportart	Kursbeitrag
10	Paula Frei	F1w	Fußball	15 €
11	Peter Schmid	F1m	Fußball	20 €
11	Peter Schmid	V4mw	Volleyball	29 €
12	Anton Klar	F1m	Fußball	20 €

Bedeutung	Beispiel
Join dreier Tabellen, wobei TABELLE3 als Beziehungstabelle zwei Fremdschlüssel hat. Einer verweist auf den Primärschlüssel von TABELLE1, der andere auf den Primärschlüssel von TABELLE2.	```SELECT MITGLIED.Nr, MITGLIED.Name, IST_AKTIV_IN.Sportgruppe, SPORTGRUPPE.Sportart, SPORTGRUPPE.Kursbeitrag FROM MITGLIED, SPORTGRUPPE, IST_AKTIV_IN WHERE IST_AKTIV_IN.Mitglied = MITGLIED.Nr AND IST_MITGLIED_IN.Sportgruppe = SPORTGRUPPE.ID;```

```
SELECT *
FROM TABELLE1, TABELLE2,
    TABELLE3
WHERE
    TABELLE3.Fremdschlüs-
    sel1 = TABELLE1.Pri-
    märschlüssel
    AND
    TABELLE3.Fremdschlüs-
    sel2 = TABELLE2.Pri-
    märschlüssel;
```

```
SELECT
    MITGLIED.Nr,
    MITGLIED.Name,
    IST_AKTIV_IN.Sportgruppe,
    SPORTGRUPPE.Sportart,
    SPORTGRUPPE.Kursbeitrag
FROM
    MITGLIED,
    SPORTGRUPPE,
    IST_AKTIV_IN
WHERE
    IST_AKTIV_IN.Mitglied =
        MITGLIED.Nr AND
    IST_MITGLIED_IN.Sportgrup-
        pe = SPORTGRUPPE.ID;
```

Erweiterung und Gruppierung einer Tabelle

GEBRAUCHTWAGEN

Nr	Firma	Modell	Baujahr	Km-Stand	Preis	Ratenmonate
2007-1	PBM	Eco	2016	75000	4.200 €	12
2007-13	Lopa	Ole	2016	148000	11.700 €	24
2005-9	Merz	3000	2007	268000	1.050 €	3
2004-33	PBM	Lux	2016	190000	5.250 €	6
2006-63	PBM	Kap	2020	13000	8.550 €	18
2007-14	Merz	1000	2018	4370	6.300 €	6
2000-8	Lopa	Baro	2007	190000	4.296 €	12
2006-45	Lopa	Vogue	2013	244000	1.020 €	1

Nr	Firma	Modell	Rate
2007-1	PBM	Eco	350 €
2007-13	Lopa	Ole	487,50 €
2005-9	Merz	3000	350 €
2004-33	PBM	Lux	875 €
2006-63	PBM	Kap	475 €
2007-14	Merz	1000	1.050 €
2000-8	Lopa	Baro	358 €
2006-45	Lopa	Vogue	1.020 €

Bedeutung	Beispiel
	Gegeben ist die Tabelle GEBRAUCHTWAGEN eines Autohändlers. Der größte Teil der Gebrauchtwagen kann in mehreren Monatsraten abbezahlt werden. Wenn dies nicht vorgesehen ist, gilt *Ratenmonate* = 1.
Ausgabe einer Tabelle mit einer neuen Spalte (Erweiterung). Der Rechenterm gibt die Operation an, die auf jeden Datensatz angewandt wird.	Neben *Nr*, *Firma* und *Modell* wird die fällige Monatsrate in der Spalte *Rate* ausgegeben.

```
SELECT Spalte1,
    Spalte2 ...,
    Rechenterm AS SpalteNEU
FROM TABELLE
```

```
SELECT Nr, Firma, Modell,
    (Preis / Ratenmonate) AS Rate
FROM GEBRAUCHTWAGEN;
```

Erweiterung und Gruppierung einer Tabelle	Bedeutung	Beispiel

`SELECT Spalte1`
`FROM TABELLE`
`GROUP BY Spalte1;`
	Ausgabe der verschiedenen Werte von Spalte1, nach der die Tabelle gruppert worden ist (Gruppierung nach einer Spalte).	`SELECT Firma`
		`FROM GEBRAUCHTWAGEN`
		`GROUP BY Firma;`
		
		gibt alle Herstellerfirmen der vorhandenen Autos aus.
		
		Hinweis:
		Die Abfrage
		
		`SELECT DISTINCT Firma`
		`FROM GEBRAUCHTWAGEN;`
		
		liefert dasselbe Ergebnis.
		
		| Firma |
		|---|
		| PBM |
		| Lopa |
		| Merz |

`SELECT Spalte1,`
`       FKT(Spalte2) AS`
`       SpalteNEU`
`FROM TABELLE`
`GROUP BY Spalte1;`
	Ausgabe der verschiedenen Werte von Spalte1 mit einer zusätzlichen Spalte von Funktionswerten einer Aggregatfunktion (Gruppierung nach der Spalte1 und Erweiterung um SpalteNEU). FKT steht für eine der Aggregatfunktionen, z.B. MIN, MAX, COUNT, AVG oder SUM.	`SELECT Firma, COUNT(Nr) AS`
		`       Anzahl, MAX(Baujahr) AS`
		`       NeuesterWagen`
		`FROM GEBRAUCHTWAGEN`
		`GROUP BY Firma;`
		
		liefert eine Tabelle mit den Herstellerfirmen, der jeweiligen Anzahl vorhandener Autos und dem jeweiligen Baujahr des neuesten vorhandenen Autos.

Tabelle zum zweiten Beispiel:

Firma	Anzahl	NeuesterWagen
PBM	3	2020
Lopa	3	2016
Merz	2	2018

2 SQL als Definitionssprache

Mit SQL können auch die Struktur von Datenbanktabellen festgelegt und neue Tabellen erzeugt werden.

Befehl	Bedeutung	Beispiel

`CREATE TABLE TABELLE1(`
`  Spalte1 Datentyp1,`
`  Spalte2 Datentyp2, ...,`
`  PRIMARY KEY(Spalte1)`
`);`
	Definiert und erzeugt eine neue Tabelle TABELLE1 mit den Spalten und zugehörigen Wertebereichen (Datentypen). Die Festlegung des Primärschlüssels erfolgt am Ende.	`CREATE TABLE SCHULE(`
		`  Nr INTEGER,`
		`  Art VARCHAR(20),`
		`  Name VARCHAR(50),`
		`  Adresse VARCHAR(50),`
		`  PRIMARY KEY(Nr)`
		`);`
		
		legt eine Tabelle SCHULE mit den Spalten *Nr*, *Art*, *Name* und *Adresse* fest. Als Primärschlüssel wird die Spalte *Nr* gewählt.
		Die Datentypen bedeuten:
		INTEGER: ganze Zahl und
		VARCHAR(20): eine Zeichenkette mit maximal 20 Zeichen.
		Es gibt noch:
		DATE: Datumswert und
		DECIMAL: Dezimalzahl.

`CREATE TABLE TABELLE2(`
`  Spalte1 Datentyp1,`
`  Spalte2 Datentyp2, ...,`
`  SpalteF DatentypF,`
`  PRIMARY KEY(Spalte1),`
`  FOREIGN KEY(SpalteF)`
`  REFERENCES`
`  TABELLE1(Spalte1)`
`  ON DELETE CASCADE`
`);`
	Definiert und erzeugt eine neue Tabelle TABELLE2, die zusätzlich einen Fremdschlüssel (SpalteF) enthält, der auf den Primärschlüssel von TABELLE1 verweist. Der Zusatz ON DELETE CASCADE bewirkt, dass beim Löschen des Datensatzes in TABELLE1 ebenso der davon abhängige Datensatz in TABELLE2 gelöscht wird.	`CREATE TABLE SCHUELER(`
		`  Snr INTEGER,`
		`  Name VARCHAR(50),`
		`  GebDat DATE,`
		`  Geschlecht VARCHAR(1),`
		`  Jahrgangsstufe INTEGER,`
		`  BesuchteSchule INTEGER,`
		`  PRIMARY KEY(SNr),`
		`  FOREIGN KEY(BesuchteSchule)`
		`    REFERENCES SCHULE(Nr)`
		`    ON DELETE CASCADE`
		`);`
		
		definiert und erzeugt eine Tabelle SCHUELER mit dem Fremdschlüssel *BesuchteSchule*, der auf die Spalte *Nr* der Tabelle SCHULE verweist. Wird eine Schule aufgelöst und in der Tabelle SCHULE gelöscht, so werden automatisch alle Schüler mit der entsprechenden Schulnummer in der Spalte *BesuchteSchule* ebenso gelöscht (vergleiche die Tabelle auf Seite 266).

Befehl	Bedeutung	Beispiel

`CREATE VIEW ABFRAGE1 AS`
`  SELECT ...`
`  FROM ...`
`  WHERE ...`
	Erzeugt eine Sicht (View). Damit können Ergebnistabellen von Abfragen dauerhaft gespeichert werden. In vielen Datenbanksystemen kann jede Abfrage als Sicht gespeichert werden.	`CREATE VIEW SCHUELER_IN_SCHULE AS`
		`  SELECT SCHUELER.Snr,`
		`         SCHUELER.Name,`
		`         SCHULE.Name`
		`  FROM SCHUELER, SCHULE`
		`  WHERE SCHUELER.BesuchteSchule = SCHULE.Nr;`
		
		erzeugt eine Sicht mit den Schülernummern, Schülernamen und den Namen der besuchten Schulen.

3 *SQL* als Datenmanipulationssprache

Im Gegensatz zu Abfragen, bei denen lediglich eine neue Tabelle berechnet wird, führt die Anwendung von *SQL* als Datenmanipulationssprache zu einer Veränderung der ursprünglichen Tabelle. Es wird also keine neue Tabelle berechnet.

Befehl	Bedeutung	Beispiel
`INSERT INTO TABELLE1 VALUES (Datum1, Datum2 ...);`	Einfügen neuer Datensätze in TABELLE1.	```INSERT INTO SCHUELER VALUES (12,'Lisa Alt', 12.12.2005,'w',10,122); INSERT INTO SCHUELER VALUES (13,'Paul Anthoff', 10.08.2007,'m',8,122); INSERT INTO SCHUELER VALUES (93,'Lena Erl', 14.12.2003,'w',12,431); INSERT INTO SCHUELER VALUES (136,'Maja Fuchs', 12.03.2004,'w',12,289); INSERT INTO SCHUELER VALUES (137,'Stefan Fuchs', 09.03.2005,'m',11,289);``` Hier werden in die Tabelle SCHUELER fünf Datensätze eingefügt. Zu beachten ist, dass die jeweiligen letzten Werte als Schulnummern in der Tabelle SCHULE bereits existieren müssen.
`DELETE FROM TABELLE1 WHERE Bedingung;`	Löschen vorhandener Datensätze, die eine bestimmte Bedingung erfüllen.	```DELETE FROM SCHUELER WHERE Jahrgangsstufe = 12;``` Die Schülerinnen und Schüler aller Schulen der Jahrgangsstufe 12 werden gelöscht.
`UPDATE Tabelle1 SET Spalte1 = Wert1, Spalte2 = Wert2 WHERE Bedingung;`	Verändern von Werten bestimmter Spalten mit gegebener Bedingung.	```UPDATE SCHUELER SET BesuchteSchule = 289 WHERE BesuchteSchule = 122;``` Alle Schülerinnen und Schüler, die die Schule mit Schulnummer 122 besuchen, werden in die Schule mit der Nummer 289 verlegt, und zwar jeweils in dieselbe Jahrgangsstufe.

SCHUELER

SNr	Name	Geburts-datum	Ge-schlecht	Jahrgangs-stufe	Besuchte-Schule
12	Lisa Alt	12.12.2005	w	10	122
13	Paul Anthoff	10.08.2007	m	8	122
93	Lena Erl	14.12.2003	w	12	431
136	Maja Fuchs	12.03.2004	w	12	289
137	Stefan Fuchs	09.03.2005	m	11	289

SCHUELER

SNr	Name	Geburts-datum	Ge-schlecht	Jahrgangs-stufe	Besuchte-Schule
12	Lisa Alt	12.12.2005	w	10	122
13	Paul Anthoff	10.08.2007	m	8	122
137	Stefan Fuchs	09.03.2005	m	11	289

SCHUELER

SNr	Name	Geburts-datum	Ge-schlecht	Jahrgangs-stufe	Besuchte-Schule
12	Lisa Alt	12.12.2005	w	10	289
13	Paul Anthoff	10.08.2007	m	8	289
93	Lena Erl	14.12.2003	w	12	431
136	Maja Fuchs	12.03.2004	w	12	289
137	Stefan Fuchs	09.03.2005	m	11	289

1 Datentypen

In *Java* gibt es zwei Arten von Typen: primitive Datentypen und Referenz- bzw. Objekttypen.

Primitive Datentypen

Typname	Beschreibung	Länge in Byte	Wertebereich
boolean	Boole'scher Wert (wahr oder falsch, 1 Bit)	1	true, false
char	einzelnes Zeichen (16 Bit)	2	alle Unicode-Zeichen, z.B. 'a', ..., 'z', 'A', ..., 'Z', '3', '%' ... (Zeichen werden in einfache Hochkommata gesetzt)
byte	ganze Zahl (8 Bit)	1	$-2^7, ..., 2^7 - 1$ ($-128, ..., 127$)
short	ganze Zahl (16 Bit)	2	$-2^{15}, ..., 2^{15} - 1$ ($-32\,768, ..., 32\,767$)
int	ganze Zahl (32 Bit)	4	$-2^{31}, ..., 2^{31} - 1$ ($-2\,147\,483\,648, ..., 2\,147\,483\,647$)
long	ganze Zahl (64 Bit)	8	$-2^{63}, ..., 2^{63} - 1$ ($-9\,223\,372\,036\,854\,775\,808, ..., 9\,223\,372\,036\,854\,775\,807$)
float	Fließkommazahl (32 Bit)	4	$-3{,}402\,823\,47 \cdot 10^{38}, ..., 3{,}402\,823\,47 \cdot 10^{38}$ $-45 < \text{Exponent} \leq 38$
double	Fließkommazahl (64 Bit)	8	$-1{,}797\,693\,134\,862\,315\,70 \cdot 10^{308}, ..., -1{,}797\,693\,134\,862\,315\,70 \cdot 10^{308}$ $-324 < \text{Exponent} \leq 308$

Alle primitiven Datentypen haben entsprechend dem Speicherplatzbedarf eine feste Länge.

1 Bit ist eine Informationseinheit (wahr oder falsch, 0 oder 1). 8 Bit ergeben 1 Byte. Wird eine Variable beispielsweise als byte deklariert, so wird für diese 1 Byte Speicher zur Verfügung gestellt. Folglich kann man hier nur Zahlen verwenden, für die im Dualsystem maximal sieben Stellen benötigt werden, das achte Bit wird für das Vorzeichen benötigt.

Die möglichen Operatoren sind auf Seite 269 aufgelistet.

Referenztypen (Objekttypen)

Zu den Referenztypen gehören Objekte, Strings und Arrays.

Typname	Beschreibung	Beispiel
String	Zeichenkette (Text)	"Hallo!"
Array (z.B. int[ ])	Feld (hier ganzzahlig)	{1, 2, 3, 4, 5}

Strings und Arrays sind streng genommen auch Objekte, können aber ohne Aufruf des new-Operators erzeugt werden.

Variablendeklaration

(1) Bei primitiven Datentypen
Syntax:
`(<Zugriffsmodifikator>) <Datentyp> <Bezeichner> (= <Wert>)`

`<Zugriffsmodifikator>`	**private** oder **public** (oder **protected**)
	Innerhalb der Klassendefinition (als globale Variable) prinzipiell `private`, innerhalb einer Methode als lokale Variable wird der Zugriffsmodifikator meist weggelassen.
`<Datentyp>`	Vergleiche Liste auf Seite 267, z.B. `int`, `boolean` oder `char`.
`<Bezeichner>`	Beliebiger Name, sollte aber den Inhalt der Variablen charakterisieren. So sagt etwa `jahre` als Bezeichner mehr aus als `x`.
`<Wert>`	Der Variablen kann gleich ein Wert zugewiesen werden, die Zuweisung ist jedoch nicht zwingend notwendig.

Beispiel	Erläuterung
`private int summe;`	Es wird eine ganzzahlige Variable mit dem Bezeichner `summe` deklariert.
`private int jahre = 13;`	Es wird eine ganzzahlige Variable mit dem Bezeichner `jahre` deklariert und ihr der Wert `13` zugewiesen.
`private boolean weiblich;`	Es wird eine Boole'sche Variable mit dem Bezeichner `weiblich` deklariert.
`private boolean neu = true;`	Es wird eine Boole'sche Variable mit dem Bezeichner `neu` deklariert, die den Wert `true` erhält.
`char b = 'x';`	Es wird eine Variable vom Typ *Zeichen* deklariert und mit dem Wert `x` belegt.
`double pi = 3.14159;`	Eine reellwertige Variable namens `pi` wird deklariert und erhält den Wert `3.14159`.

(2) Bei Referenztypen
Zur Erzeugung eines Objektes wird im Allgemeinen der `new`-Operator verwendet.
Zeichenketten (Strings) können oft wie primitive Datentypen behandelt werden, manchmal aber auch nicht (z.B. hinsichtlich des Vergleichs mit `==`).

Beispiel	Erläuterung
`String vorname;`	Es wird eine String-Variable mit dem Bezeichner `vorname` deklariert.
`String nachname = "Müller";`	Eine Variable mit dem Bezeichner `nachname` vom Typ *Zeichenkette* wird deklariert und mit dem Wert `Müller` belegt.
`int[] primz = {2, 3, 5, 7, 11};`	Es wird ein ganzzahliges Feld der Länge 5 mit dem Bezeichner `primz` erzeugt und das Feld mit den ersten fünf Primzahlen aufgefüllt.
`int[] noten = new int[10];`	Es wird ein leeres Feld mit dem Bezeichner `noten` erzeugt, welches insgesamt zehn ganzzahlige Werte aufnehmen kann.
`double[] messwerte;`	Es wird ein Feld mit dem Namen `messwerte` deklariert. Bevor es jedoch Werte aufnehmen kann, muss es mit dem `new`-Operator erzeugt werden.
`int[][] = new int[2][3];`	Es wird ein zweidimensionales Feld der Größe $2 \cdot 3$, d.h. eine Matrix mit zwei Zeilen und drei Spalten erzeugt, welche ganzzahlige Werte aufnehmen kann.
`Kreis kreis1;`	Es wird eine Variable mit dem Bezeichner `kreis1` vom Typ *Kreis* deklariert. Mit `kreis1 = new Kreis()` wird der Konstruktor aufgerufen, das Objekt erzeugt und dem Bezeichner `kreis1` zugewiesen.

2 Operatoren und Typumwandlung

Operatoren

Operator	Erläuterung	Bemerkung/Beispiel
+	positives Vorzeichen	`+ i` ist gleichbedeutend mit `i`.
–	negatives Vorzeichen	`– i` dreht das Vorzeichen von `i` um.
+	Addition	`x + y` ergibt die Summe von `x` und `y`.
–	Subtraktion	`x – y` ergibt die Differenz von `x` und `y`.
*	Multiplikation	`x * y` ergibt das Produkt von `x` und `y`.
/	Division	`x / y` ergibt den Quotienten von `x` und `y`. Achtung: Sind `x` und `y` beide ganzzahlig, so ist auch `x / y` ganzzahlig, d.h., `x / y` liefert die ganzzahlige Division ohne Rest (Beispiel: `7 / 3` liefert 2). Ist `x` oder `y` jedoch ein Fließkommawert, so ist auch `x / y` ein Fließkommawert (Beispiel: `7.0 / 3` liefert `2.3333333333333333`).
%	modulo	`x % y` ergibt den ganzzahligen Rest bei Division von `x` durch `y`. (`7 % 3` liefert 1.)
++	Inkrement	`i++` entspricht `i = i + 1` und erhöht den Wert von `i` um 1.
– –	Dekrement	`i– –` entspricht `i = i – 1` und erniedrigt den Wert von `i` um 1.
=	Zuweisung	`x = y` weist `x` den Wert von `y` zu.
==	Vergleich	`x == y` ergibt wahr, wenn `x` gleich `y` ist bzw. wenn bei Referenztypen beide Werte auf dasselbe Objekt zeigen.
<	kleiner	`x < y` ergibt wahr, wenn `x` kleiner als `y` ist.
<=	kleiner gleich	`x <= y` ergibt wahr, wenn `x` kleiner oder gleich `y` ist.
>	größer	`x > y` ergibt wahr, wenn `x` größer ist als `y`.
>=	größer gleich	`x >= y` ergibt wahr, wenn `x` größer oder gleich `y` ist.
!= <>	ungleich	`x != y` (oder `x<>y`) ergibt wahr, wenn `x` ungleich `y` ist bzw. wenn bei Referenztypen beide Werte auf verschiedene Objekte zeigen.
!	logisches NICHT	`! x` ergibt wahr, wenn `x` falsch ist und umgekehrt.
&&	logisches UND	`x && y` ergibt wahr, wenn sowohl `x` als auch `y` wahr sind.
||	logisches ODER	`x || y` ergibt wahr, wenn mindestens einer der beiden Ausdrücke `x` oder `y` wahr ist.
^	exklusives ODER	`x^y` ergibt wahr, wenn `x` wahr ist und zugleich `y` falsch oder umgekehrt.
new	new-Operator	zur Erzeugung von Objekten
instanceof	instanceof-Operator	`x instanceof y` liefert wahr, wenn `x` eine Instanz der Klasse `y` oder einer ihrer Unterklassen ist. So lässt sich herausfinden, zu welcher Klasse ein bestimmtes Objekt gehört.

Typumwandlung (Casting)

Eine **automatische (implizite) Typumwandlung** erfolgt beispielsweise, wenn eine `short`-Variable und eine `int`-Variable gemeinsam in einem Additionsausdruck verwendet werden. Der kleinere Datentyp (`short`) wird dabei dem größeren (`int`) angepasst. Diese Konvertierung erfolgt automatisch durch den Compiler.

Eine **explizite Typumwandlung** erfolgt meist durch Verlust von Informationen und wird nicht vom Compiler selbstständig vorgenommen. Man verwendet dazu den **Type-Cast-Operator**.

Beispiel	**Erläuterung**

```double x = 7.0;```
```double y = 3.0;```
```int z;```
```z = (int)(x + y);```
	Zwei Fließkommazahlen x und y sowie eine ganze Zahl z werden deklariert.
	Die Zuweisung `z = x + y` würde ohne Typumwandlung Probleme bereiten. Mit Type-Cast-Operator (`int`) wird dagegen das Ergebnis von x + y in eine ganze Zahl konvertiert.

```z = (int)(7.0/3.0);```	Dieser Term wird zu 2 ausgewertet.
```int b = 65;``` ```System.out.println((char)(b + 1));```	b + 1 ergibt 66. Anschließend wird wegen des Operators (`char`) das Zeichen mit der Nummer 66 auf dem Bildschirm ausgegeben, nämlich das Zeichen B.

3 Methodendefinition

Syntax:
```
(<Zugriffsmodifikator>) <Rückgabetyp> <Bezeichner> (<Parameter>) { ... }
```

Beispiel	**Erläuterung**

```public void hello(String name) {```
``` System.out.print("Hallo " + name);```
```}```
	Die öffentliche Methode `hello` gibt auf dem Bildschirm „Hallo XYZ" aus, wenn ihr „XYZ" beim Aufruf übergeben wurde.

```public double mittelwert(double x,```
``` double y) {```
``` return (x + y) / 2;```
```}```
	Die Methode `mittelwert` gibt den Mittelwert zweier reeller Zahlen x und y zurück.

```public void neuzeichnen() {```
``` loeschen();```
``` zeichnen();```
```}```
	Die Methode `neuzeichnen` hat keinen Rückgabewert, keine Parameter und ruft nacheinander die Methoden `loeschen` und `zeichnen` auf.

Eine besondere *Java*-Methode ist die `main`-Methode. Wird in einer Klasse eine `main`-Methode definiert, dann wird diese Methode beim Aufruf des *Java*-Interpreters mit dem zugehörigen Klassennamen als Erstes ausgeführt, d.h. die Klasse bzw. das Programm „gestartet". Soll ein direkt ausführbares und lauffähiges Programm erzeugt werden, so muss eine solche Hauptklasse mit `main`-Methode existieren.

Syntax:
```
public static void main(String args[]) {
   // Hier beginnt das Programm.
}
```

`static` bedeutet hierbei, dass zum Aufruf der Methode kein Objekt dieser Klasse existieren muss.

4 Klassendefinition

Normale Klassendefinition

Syntax:

```
(<Zugriffsmodifikator>) class <Bezeichner> {
  // Attribute
  // Methoden
}
```

Beispiel	**Erläuterung**
```public class Kugel {```	Kopf
``` // Attribute```	Deklaration der Attribute:
``` private int radius;```	Es werden ein ganzzahliges Attribut für den Radius sowie jeweils
``` private double xPos;```	eine reellwertige Variable für die x- bzw. y-Position der Kugel
``` private double yPos;```	deklariert.
``` //Methoden```	Methodendefinition
``` Kugel(int kugelradius) {```	Der Konstruktor zur Erzeugung des Objektes hat den gleichen
``` radius = kugelradius;```	Namen wie die Klasse selbst.
``` xPos = 0.0;```	
``` yPos = 0.0;```	
``` }```	
``` public double rauminhalt() {```	Methode, die als Rückgabewert den Rauminhalt der Kugel
``` return 4 * radius * radius```	berechnet
``` * radius * Math.PI / 3;```	
``` }```	
```} // Ende Kugel```	Ende der Klassendefinition

Definition einer Unterklasse bei Vererbung:

Syntax:

```
(<Zugriffsmodifikator>) class <Unterklasse> extends <Oberklasse> {
  // Attribute
  // Methoden
}
```

(Ein Beispiel folgt auf der nächsten Seite.)

Beispiel	Erläuterung
| ```
class Ball extends Kugel {
``` | Die neue Klasse `Ball` wird von `Kugel` (vgl. Seite 271) abgeleitet. |
| ```
  // Attribute
  private String farbe;
  private String material;
``` | Deklaration der Attribute:<br>Die Klasse `Ball` hat dieselben Attribute wie die Klasse `Kugel` und zusätzlich noch ein Attribut für die Farbe und das Material. |
| ```
  // Methoden
  Ball(int rad, String far, String mat) {
``` | Methodendefinition<br>Konstruktor |
| ```
    super(rad);
    farbe = far;
    material = mat;
  }
``` | `super` ruft den Konstruktor der Oberklasse mit den angegebenen Parameterwerten auf, hier also `Kugel(rad)`. Den von der Oberklasse geerbten Attributen werden also folgende Werte zugewiesen: `radius = rad`, `xPos = 0.0` und `yPos = 0.0`. |
| ```
  public void farbeSetzen(String
        f_neu) {
    farbe = f_neu;
  }
``` | Methode, die die Farbe des Balles ändert |
| ```
} // Ende Ball
``` | Ende der Klassendefinition |

* Abstrakte Klassen

Abstrakte Klassen werden durch das Schlüsselwort `abstract` definiert. Von derartigen Klassen können keine Instanzen erzeugt werden.

Syntax:
```
(<Zugriffsmodifikator>) abstract class <Klassenbezeichner> {
  // Attribute
  // Methoden
}
```

Abstrakte Klassen können abstrakte Methoden besitzen, die ebenso mit dem Schlüsselwort `abstract` gekennzeichnet und in der abstrakten Klasse selbst nicht implementiert werden:

Beispiel	Erläuterung
| ```
public abstract class Mitarbeiter {
``` | Kopf |
| ```
  // Attribute
  protected double grundgehalt;
  protected double verdienst;
``` | Deklaration der Attribute:<br>Die Attribute `grundgehalt` und `verdienst` sind geschützte Attribute (`protected`), auf die (nur) von allen Unterklassen aus zugegriffen werden kann. |
| ```
  // Methoden
  public abstract double verdienst-
      Berechnen();
``` | Methodendefinition<br>Abstrakte Methode, die in den Unterklassen implementiert wird |
| ```
} // Ende Mitarbeiter
``` | Ende der Klassendefinition |

* Interfaces

Interfaces sind ähnlich wie Klassen aufgebaut, enthalten aber neben Konstantendefinitionen ausschließlich Methodensignaturen und keine Implementierung. Sie legen ein allgemeines Verhalten fest, d.h., welche Methoden (stets abstrakt) vorhanden sein sollen und was sie bewirken, ohne diese jedoch inhaltlich genau zu definieren. Man muss nur ihre Signatur kennen, um sie aufrufen zu können. Wie die Methode im Einzelnen abgearbeitet wird, ist für den Aufrufer irrelevant.

Syntax:
```
(<Zugriffsmodifikator>) interface <Bezeichner> {
  // abstrakte Methoden
}
```

Klassen können von Interfaces mithilfe des Schlüsselwortes `implements` Attribut- und Methodendeklarationen übernehmen, müssen diese aber alle selbst implementieren.
Syntax:
```
(<Zugriffsmodifikator>) class <Unterklasse>
      implements <Interface> {
  // Attribute
  // Methoden
}
```

Beispiel	Erläuterung
`public interface Koerper {`	Kopf
`  // Attribute gibt es nicht`	
`  // Methoden`	Methodendefinition
`  public double oberflaeche();`	Es werden die Signatur für `oberflaeche` und `volumen`
`  public double volumen();`	festgelegt. Der Rumpf der Methoden wird weggelassen.
`} // Ende Koerper`	Ende der Interface-Definition
`public class Kugel implements Koerper {`	Kopf (Alternative zur Klasse `Kugel` von Seite 271)
`  // Attribute`	
`  private double radius ;`	
`  // Methoden`	Methodendefinition
`  public double oberflaeche() {`	Hier werden die im Interface deklarierten Methoden
`    return 4 * Math.PI * radius * radius;`	`oberflaeche` und `volumen` überschrieben.
`  }`	
`  public double volumen() {`	
`    return 4 * Math.PI * radius * radius`	
`        * radius / 3;`	
`  }`	
`} // Ende Kugel`	Ende der Klassendefinition
`public class Koerperrechner {`	Die Klasse `Koerperrechner` verfügt über Methoden, um die Oberfläche und das Volumen beliebiger Körper zu berechnen.
`  // Attribute`	
`  // Methoden`	Es wird lediglich die Methode der Schnittstelle `Koerper`
`  public double oberflBer(Koerper k) {`	aufgerufen, die dann durch das konkrete Objekt `k` abgear-
`    return k.oberflaeche();`	beitet wird. Erst zur Laufzeit des Programms ist bekannt, ob
`  }`	es sich bei dem als Parameter übergebenen Körper `k` z. B.
`  public double volumenBer(Koerper k) {`	um einen Quader, eine Kugel oder einen Zylinder handelt.
`    return k.volumen();`	
`  }`	
`} // Ende Koerperrechner`	Ende der Klassendefinition

5 Kontrollstrukturen

Sequenz

Jede Anweisung wird mit einem Semikolon abgeschlossen.
Mehrere Anweisungen nacheinander ergeben eine Sequenz.

Beispiel
```
kreis1.farbeSetzen("rot");
kreis2.farbeSetzen("schwarz");
ampel1.zustandSetzen("Rotlicht");
```

Struktogramm

Farbe von kreis1 auf rot setzen
Farbe von kreis2 auf schwarz setzen
Zustand von ampel1 auf rotlicht setzen

Bedingte Anweisung (Fallunterscheidung)

Syntax:
Die bedingte Anweisung gibt es in zwei Formen: mit oder ohne Alternative.

(1) Mit Alternative
Syntax:
```
if (<Bedingung>) {
   <Anweisungen>
}
else {
   <Anweisungen>
}
```

Beispiel
```
if (divisor == 0) {
   System.out.println("Fehler!
      Division durch null!");
}
else {
   ergebnis = dividend / divisor;
}
```

Struktogramm

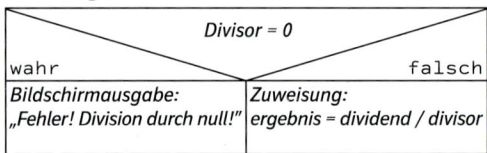

(2) Ohne Alternative
Hier wird der `else`-Teil einfach weggelassen.
Syntax:
```
if (<Bedingung>) {
   <Anweisungen>
}
```

Beispiel
```
if (divisor != 0) {
   ergebnis = dividend / divisor;
}
```

Struktogramm

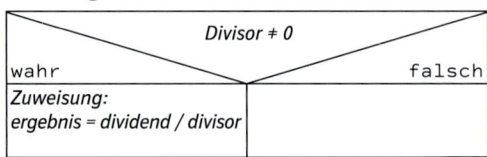

Mehrfachauswahl

Die `switch`-Anweisung kann beliebig viele Fälle untersuchen.
Die zu überprüfende Variable muss vom Typ `byte`, `short`, `int` oder `char` sein.

Syntax:

```
switch (<Variable>) {
  case <Wert1>:
    <Anweisungen1>;
    break;
  case <Wert2>:
    <Anweisungen2>;
    break;
  ...
  default:
    <Anweisungen3>;
    break;
}
```

```
switch (<Variable>) {
  case <Wert1>:
  case <Wert2>:
    <Anweisungen1>;
    break;
  case <Wert3>:
  case <Wert4>:
  case <Wert5>:
    <Anweisungen2>;
    break;
  ...
  default:
    <Anweisungen3>;
    break;
}
```

Beispiel

```
switch (wochentag) {
  case 6:
    wochenende = true;
    break;
  case 7:
    wochenende = true;
    break;
  default:
    wochenende = false;
    break;
}
```

```
switch (note) {
  case 1:
    wortlaut = "sehr gut";
    break;
  case 2:
    wortlaut = "gut";
    break;
  case 3:
    wortlaut = "befriedigend";
    break;
  case 4:
    wortlaut = "ausreichend";
    break;
```

Struktogramm und Erläuterung

	wochentag = ?	
6	7	default
wochenende = wahr	wochenende = wahr	wochenende = falsch

Falls die ganzzahlige Variable `wochentag` den Wert 6 oder 7 annimmt (für „Samstag" oder „Sonntag"), wird der Boole'schen Variablen `wochenende` der Wert `true`, ansonsten der Wert `false` zugewiesen.

					note = ?
1	2	3	4	5	6
wortlaut = „sehr gut"	wortlaut = „gut"	wortlaut = „befriedigend"	wortlaut = „ausreichend"	wortlaut = „mangelhaft"	wortlaut = „ungenügend"

Die ganzzahlige Variable `note` wird untersucht und entsprechend ihrem Wert wird der String-Variablen `wortlaut` die Übersetzung der Note zugewiesen.

```
    case 5:
      wortlaut = "mangelhaft";
      break;
    case 6:
      wortlaut = "ungenügend";
      break;
}

switch (buchstabe) {
    case 'a':
    case 'e':
    case 'i':
    case 'o':
    case 'u':
      art = "Vokal";
      break;
    case 'ä':
    case 'ö':
    case 'ü':
      art = "Umlaut";
      break;
    default:
      art = "Konsonant";
      break;
}
```

	buchstabe = ?	
'a' – 'e' – 'i' – 'o' – 'u'	'ä' – 'ö' – 'ü'	default
art = „Vokal"	art = „Umlaut"	art = „Konsonant"

Bemerkungen

Die `default`-Klausel deckt alle nicht explizit aufgeführten Fälle ab und kann gegebenenfalls auch weggelassen werden. Eventuell wird dann gar kein Fall ausgeführt.

Die `break`-Anweisung nach einem Fall sorgt dafür, dass weitere Fälle nicht mehr durchlaufen werden. Nach der `default`-Anweisung ist ein `break` nicht notwendig, wird jedoch üblicherweise als guter Programmierstil betrachtet.

Wiederholung mit fester Anzahl

Syntax:

```
for (<Initialisierung>; <Bedingung>; <Update>) {
  <Anweisungen>
}
```

<Initialisierung>

Deklaration einer ganzzahligen Lauf- oder Zählvariablen und Zuweisung ihres Anfangswertes (oft `int i = 0`)

<Bedingung>

Solange die von der Zählvariablen abhängige Bedingung (z.B. `i < 10`) erfüllt ist, werden nachfolgende Anweisungen ausgeführt, andernfalls bricht die Wiederholung ab. Dabei wird die Bedingung jeweils vor dem Durchlauf getestet.

<Update>

Das Update erfolgt nach jedem Durchlauf und ändert die Laufvariable entsprechend der angegebenen Zuweisung (oft `i++`).

Beispiel

```
int summe = 0;
for (int i = 0; i <= 100; i++) {
  summe = summe + i;
}
```

Struktogramm und Erläuterung

Es ist summe gleich 0 und i gleich 0.
wiederhole bis *i = 100*
(Erhöhe i jedes Mal um 1.)
Addiere i zum aktuellen Wert von summe

Berechnet die Summe aller ganzen Zahlen von 0 bis 100. Als Laufvariable wird die ganze Zahl `i` deklariert, ihr Anfangswert ist `0`. Die Anweisung soll so lange wiederholt werden, bis `i` den Wert `100` erreicht (einschließlich), wobei `i` bei jedem Durchlauf um `1` erhöht wird. Der aktuelle Wert von `i` wird dabei dem Wert der Variablen `summe` hinzugezählt (die Anfangsbelegung von `summe` sollte `0` sein).

```
int[] potvzwei = new int[20];
potvzwei[0] = 1;
for (int i = 1; i < 20; i = i + 1) {
  potvzwei[i] = potvzwei[i - 1] * 2;
  System.out.println(potvonzwei[i]);
}
```

Definiere und erzeuge ein ganzzahliges Feld potvzwei der Länge 20
Weise dem ersten Feldelement und i jeweils den Wert 1 zu
wiederhole bis *i = 19*
(Erhöhe i jedes Mal um 1.)
potvzwei[i] = potvzwei[i – 1]*2
Bildschirmausgabe von potvzwei[i]

Es wird ein ganzzahliges Feld namens `potvzwei` (Potenzen von 2) der Länge 20 erzeugt, das erste Feldelement (mit Index 0) erhält den Wert 1 (2^0).

Beim Durchlauf der `for`-Wiederholung wird jedem der verbleibenden 19 Feldelemente die dem Index entsprechende Potenz von 2 zugewiesen und auf dem Bildschirm ausgegeben.

Wiederholung mit Anfangsbedingung

Syntax:

```
while (<Bedingung>) {
    <Anweisungen>
}
```

Die Bedingung wird vor der Ausführung der Anweisungen getestet, sodass nachfolgende Anweisungen möglicherweise gar nicht ausgeführt werden.

Beispiel

```
int a = eingabe();
while (a != 710) {
    System.out.println("Die Zahl war
        falsch. Versuchen Sie es noch
        einmal.");
    a = eingabe();
}
```

Struktogramm und Erläuterung

Gib eine ganze Zahl a ein

wiederhole solange *a ≠ 710*
Bildschirmausgabe: *„Die Zahl war falsch. Versuchen Sie es noch einmal."*
Gib erneut eine ganze Zahl a ein

Zuerst wird eine Variable a vom Typ *Integer* deklariert. Die Zuweisung erfolgt über eine Methode `eingabe`, welche ermöglicht, eine ganze Zahl über die Tastatur einzugeben und diese als Rückgabewert liefert.

Solange a nicht den Wert `710` hat, wird der angegebene Satz auf dem Bildschirm ausgegeben und zur erneuten Eingabe einer Zahl aufgefordert.

Wiederholung mit Endbedingung

Syntax:

```
do {
    <Anweisungen>
} while (<Bedingung>);
```

Die Bedingung wird nach der ersten Ausführung der Anweisungen getestet, sodass die Wiederholung wenigstens einmal durchlaufen wird.

Beispiel

```
do {
    System.out.println("Bitte Passwort
        eingeben.");
    passwort = stringeingabe();
} while (passwort != "Sesam, öff-
    ne dich");
```

Struktogramm

Bildschirmausgabe: *„Bitte Passwort eingeben."*
Gib das Passwort ein

wiederhole solange *Passwort ungleich „Sesam öffne dich"*

6 *Java*-Packages und Importe

Java verfügt über unzählige vorgefertigte Klassen und Schnittstellen. Thematisch zusammengehörende Klassen und Schnittstellen werden zu einem Paket *(package)* zusammengefasst. Die so entstehende *Java*-Bibliothek ist riesig und enthält tausende verschiedener Klassen mit unterschiedlichsten Methoden. Um sich einer dieser Klassen bedienen zu können, muss man sie in das gewünschte Projekt importieren. In *Java* funktioniert das mit dem Schlüsselwort `import`.

Syntax:

`import` `<paketname>.<klassenname>;`   Importiert nur die gewünschte Klasse des angesprochenen Paketes.

`import` `<paketname>.*;`   Importiert sämtliche Klassen des angesprochenen Paketes.

Beispiel	Erläuterung
`import java.util.Random;`	Importiert die Klasse `Random` des Paketes `java.util`.
`import java.util.*;`	Importiert das vollständige Paket `java.util`.

Es ist unmöglich, über die vollständige Bibliothek Bescheid zu wissen. Die *Java*-Bibliothek ist jedoch gut dokumentiert. Daher gilt die *API*-Dokumentation *(Application Programming Interface)* des *Java*-Entwicklers Sun als wichtige Informationsquelle für jeden *Java*-Programmierer.

Einige Pakete mit ausgewählten Klassen sind hier beispielhaft aufgelistet:

package	Erläuterung
`java.awt`	Das Paket enthält Klassen zur Erstellung von grafischen Benutzeroberflächen und Bildern. Es stellt beispielsweise folgende Klassen zur Verfügung:
`Button`	Erstellt einen beschrifteten Knopf.
`Canvas`	Mit der Klasse `Leinwand` kann ein leerer rechteckiger Bereich auf dem Bildschirm erzeugt werden, auf dem gezeichnet werden kann.
`javax.swing`	Weiterentwicklung von `java.awt`. Beispielsweise enthält das Paket folgende Klassen:
`JButton`	Erstellt einen beschrifteten Knopf.
`JFrame`	Ein Fenster, welches weitere Komponenten aufnehmen kann.
`JLabel`	Ein Bereich für einen kurzen Text, ein Bild oder beides.
`java.lang`	Enthält besonders wichtige Klassen, z.B.:
`Math`	Enthält Methoden für grundlegende mathematische Operationen, beispielsweise die Quadradwurzel (`sqrt`), trigonometrische Funktionen oder die Potenz (`pow`).
`java.net`	Stellt Klassen für Netzwerk- und Internetapplikationen zur Verfügung.
`java.util`	Stellt verschiedene nützliche Klassen zur Verfügung, beispielsweise:
`ArrayList`	Ein Feld mit variabler Länge (eine Liste).
`Currency`	Repräsentiert eine Währung.
`Random`	Mit einer Instanz dieser Klasse lassen sich Zufallszahlen erzeugen.

UML-Überblick

Theorie

Beispiele

Assoziation

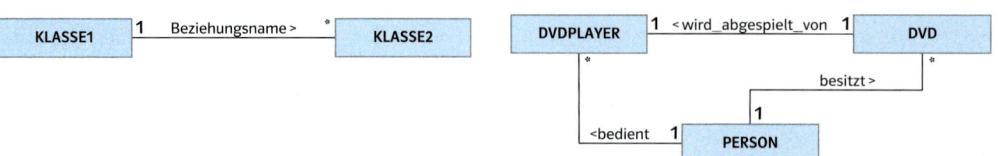

Das Symbol * steht für „unbeschränkt viele".

Aggregation

Vererbung

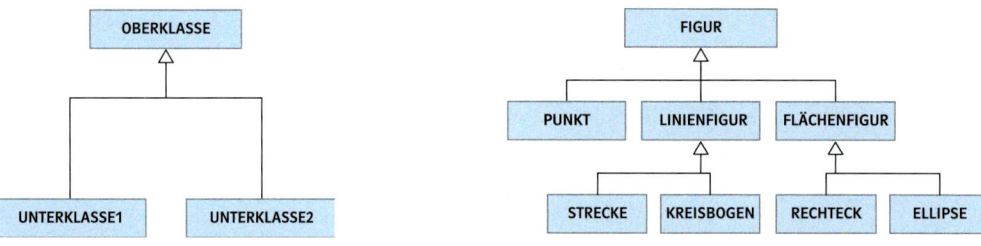

Objektkarte und Klassenkarte

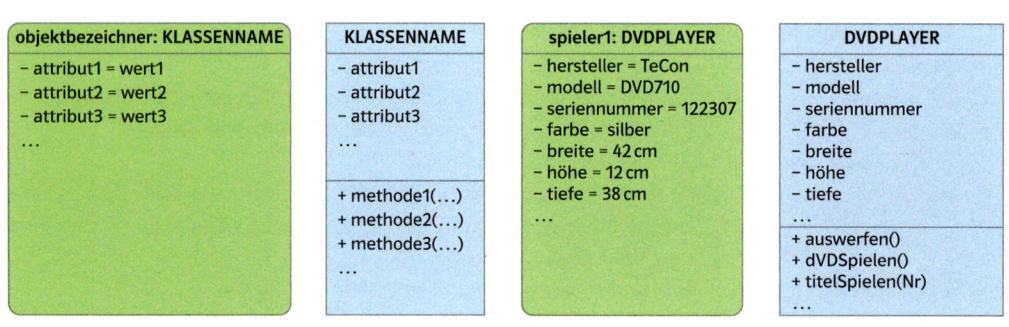

– privates Element (`private`)
+ öffentliches Element (`public`)

1 Abiturprüfung

a) `SELECT Name`
`FROM AUFSICHT A, LEHRER L`
`WHERE (A.A1 = L.Kuerzel) AND (Tag = '12. Mai') AND (Std = 6)`
Hinweis: Für den Fall, dass *Tag* als Datumswert (Date) gespeichert wurde, wäre die Abfrage entsprechend anzupassen, beispielsweise
`... AND (Tag = '12.05.2021') ...`

b) `SELECT Name, Vorname`
`FROM AUFSICHT A, LEHRER L, LEHRER M`
`WHERE (A.A1 = L.Kuerzel) AND (A.A2 = M.Kuerzel)`
`      AND (Tag = '12. Mai') AND (Std = 4)`
Hier gilt der gleiche Hinweis wie bei Teilaufgabe a).
Das Besondere an dieser Aufgabe ist, dass die Tabelle Lehrkraft zweimal „gejoint" werden muss, für jede Aufsicht einmal. Würde man stattdessen fälschlicherweise
`SELECT Name, Vorname`
`FROM AUFSICHT A, LEHRER L`
`WHERE (A.A1 = L.Kuerzel) AND (A.A2 = L.Kuerzel)`
`      AND (Tag = '12. Mai') AND (Std = 4)`
schreiben, so würde man eine leere Tabelle erhalten, da es sicherlich keinen Datensatz gibt, in dem erste und zweite Aufsicht identisch sind.

c) `SELECT Tag, Std`
`FROM AUFSICHT A, LEHRER L, LEHRER M`
`WHERE (A.A1 = L.Kuerzel) AND (A.A2 = M.Kuerzel)`
`      AND (L.Name = 'Engels' OR M.Name = 'Engels')`

2 Reisen bildet

a) Die Klassen KUNDE, REISELEITUNG und UNTERKUNFT sollten um einen künstlichen Schlüssel erweitert werden, da keines der vorhandenen Attribute ein geeigneter Schlüsselkandidat wäre. In der Klasse REISE kann man jedoch davon ausgehen, dass das Attribut *kennung* bereits ein künstlicher Schlüssel ist.
Vollständiges Klassendiagramm:

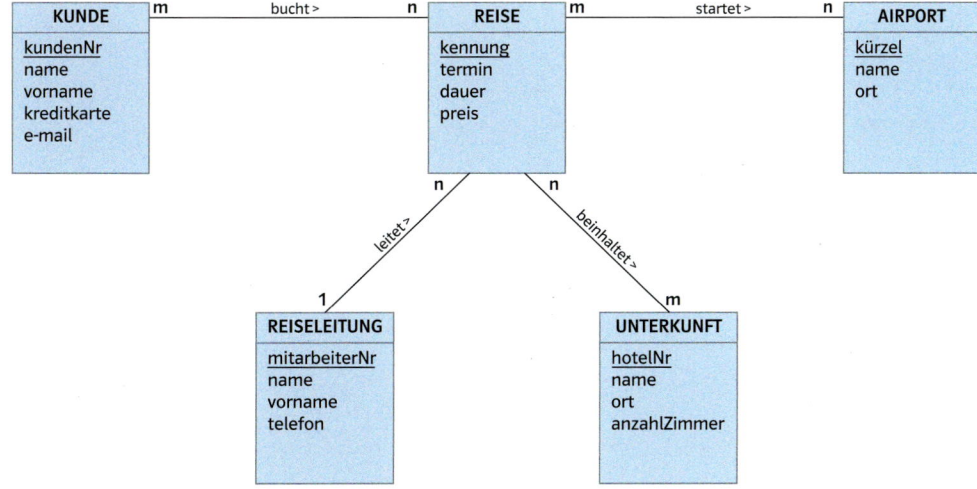

b) KUNDE[*KdNr*; *Name*; *Vorname*; *Kreditkarte*; *E-Mail*]
REISE[*Kennung*; *Termin*; *Dauer*; *Preis*; *Reiseleiter*]
REISELEITUNG[*MitarbeiterNr*; *Name*; *Vorname*; *Telefonnr*]
UNTERKUNFT[*HotelNr*; *Name*; *Ort*; *AnzahlZimmer*]
AIRPORT[*Kürzel*; *Name*; *Ort*]   BUCHT[*Kunde*; *Reise*]
BEINHALTET[*Reise*; *Unterkunft*]   STARTET[*Airport*; *Reise*]

Die Bezeichner der Fremdschlüssel wurden gleich dem betreffenden Tabellenbezeichner gewählt. So verweist z. B. der Fremdschlüssel *Kunde* auf den Primärschlüssel *KdNr* der Tabelle KUNDE.

c)
```
SELECT Name, E-Mail
FROM KUNDE K, REISE R, UNTERKUNFT U, BUCHT B, BEINHALTET IN
WHERE (K.KdNr = B.Kunde) AND (B.Reise = R.Kennung)
      AND (R.Kennung = IN.Unterkunft)
      AND (IN.Unterkunft = U.HotelNr) AND (Ort = 'Rom')
```

Kapitel VI, Training, Seite 243

1 Bibliotheken, Bücher und Bücherregale

a) Klassenkarte der Klasse BUCH:

BUCH
auflage: int autor: String erscheinungsjahr: int titel: String verlag: String
BUCH(t: String, a: String, v: String, al: int, e: int) titelGeben(): String

Implementierung der Klasse Buch (kann über den Code r76yi4 heruntergeladen werden):

```
class Buch {
  private String titel;
  private String autor;
  private String verlag;
  private int auflage;
  private int erscheinungsjahr;

  public Buch (String t, String a, String v, int al, int e) {
    autor = a;
    titel = t;
    verlag = v;
    auflage = al;
    erscheinungsjahr = e;
  }

  // Notwendig für Teilaufgabe b)
  public String titelGeben() {
    return titel;
  }
}
```

b) Die für das Modell notwendigen Attribute und Methoden können der Klassenkarte entnommen werden. Zusätzlich sind bereits die Methoden *tauschen* bzw. *bubblesortBuecherregal* aus Teilaufgabe c) mit aufgenommen.

Klassenkarte der Klasse BÜCHERREGAL:

BÜCHERREGAL
anzahlBücher: int bücherregal: Buch[] regalerweiterung: int
BÜCHERREGAL() anzahlBücherGeben(): int bubblesortBücherregal(): void buchEinstellen(b: Buch): void buchMitTitelEntnehmen(titel: String): Buch buchMitTitelFinden(titel: String): Buch istLeer(): boolean istVoll(): boolean erweitern(): void tauschen(i: int, j: int): void

Die Klasse BUCH erhält ein neues Attribut *imRegal* sowie zwei zusätzliche Methoden *insRegalStellen* und *ausDemRegalNehmen*.

BUCH
auflage: int autor: String erscheinungsjahr: int imRegal: boolean titel: String verlag: String
BUCH(t: String, a: String, v: String, al: int, e: int) insRegalStellen(): void stehtImRegal(): boolean titelGeben(): String ausDemRegalNehmen(): void

Implementierung der Klasse Buch mit den Ergänzungen (kann über den Code r76yi4 heruntergeladen werden):

```
class Buch {
  private String titel;
  private String autor;
  private String verlag;
  private int auflage;
  private int erscheinungsjahr;
  private boolean imRegal;

  public Buch (String t, String a, String v, int al, int e) {
    autor = a;
    titel = t;
    verlag = v;
    auflage = al;
    erscheinungsjahr = e;
    imRegal = false;
  }

  public void insRegalStellen() {
    imRegal = true;
  }
```

```
   public void ausDemRegalNehmen() {
      imRegal = false;
   }

   public boolean stehtImRegal() {
      return imRegal;
   }

   // Notwendig für Teilaufgabe b)
   public String titelGeben() {
      return titel;
   }
}
```

Implementierung der Klasse `Buecherregal`:

```
class Buecherregal {
   private int regalerweiterung;
   private Buch[] buecherregal;
   private int anzahlBuecher;

   public Buecherregal() {
      regalerweiterung = 5;
      buecherregal = new Buch[regalerweiterung];
      anzahlBuecher = 0;
   }

   private void erweitern() {
      Buch[] buecherregalNeu = new Buch[buecherregal.length +
            regalerweiterung];
      for (int index=0; index < anzahlBuecher; index++) {
         buecherregalNeu[index] = buecherregal[index];
      }
      buecherregal = buecherregalNeu;
   }

   public boolean istVoll() {
      return anzahlBuecher == buecherregal.length;
   }

   public boolean istLeer() {
      return anzahlBuecher == 0;
   }

   public int anzahlBuecherGeben() {
      return anzahlBuecher;
   }
```

```
public Buch[] buecherregalGeben() {
  return buecherregal;
}

public void buchEinstellen(Buch b) {
  if (istVoll()) {
    erweitern();
  }
  b.insRegalStellen();
  buecherregal[anzahlBuecher] = b;
  anzahlBuecher = anzahlBuecher + 1;
}

public Buch buchMitTitelFinden(String titel) {
  Buch buchMitTitel=null;
  for (int index = 0; index<anzahlBuecher; index++) {
    if (buecherregal[index].titelGeben().equals(titel)) {
      buchMitTitel = buecherregal[index];
    }
  }
  return buchMitTitel;
}

public Buch buchMitTitelEntnehmen(String titel) {
  Buch buchMitTitel = new Buch("", "", "", 0, 0); // Dummy-Buch
  for (int index = 0; index < anzahlBuecher; index++) {
    if (buecherregal[index].titelGeben().equals(titel)) {
      buchMitTitel = buecherregal[index];
      buecherregal[index] = buecherregal[anzahlBuecher - 1];
      buecherregal[anzahlBuecher - 1] = null;
      anzahlBuecher=anzahlBuecher - 1;
    }
  }
  buchMitTitel.ausDemRegalNehmen();
  return buchMitTitel;
}
}
```

c) Implementierung (kann über den Code r76yi4 heruntergeladen werden):

```
class Buecherregal {
  ...
  public void bubblesortBuecheregal() {
    for (int i = 0; i < anzahlBuecher; i++) {
      for (int j = 0; j < anzahlBuecher - 1; j++) {
        if (buecherregal[j].titelGeben().charAt(0) >
              buecherregal[j + 1].titelGeben().charAt(0)) {
          tauschen(j, j + 1);
        }
      }
    }
  }
```

```
    private void tauschen(int i, int j) {
      Buch h = buecherregal[i];
      buecherregal[i] = buecherregal[j];
      buecherregal[j] = h;
    }
  }
```

d) In dieser Teilaufgabe werden nur die drei Klassen KUNDE, BIBLIOTHEK und BUCH berücksichtigt. Klassendiagramm:

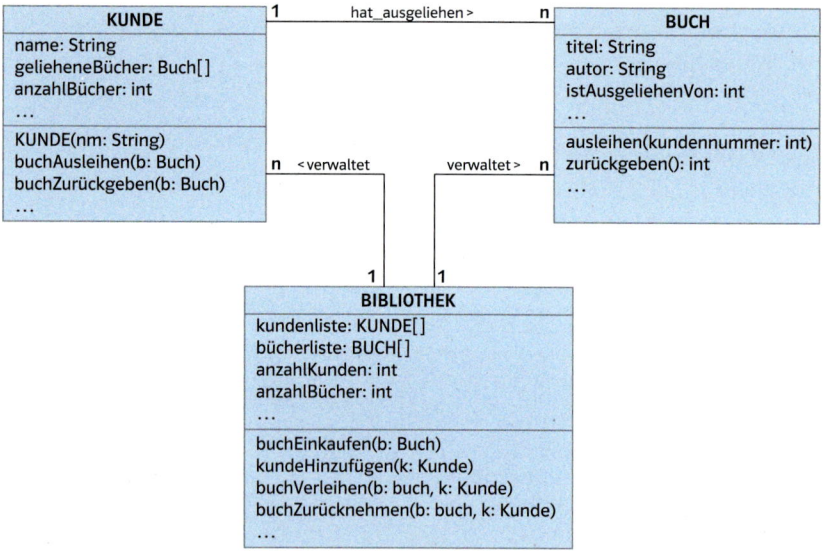

Implementierung der Klasse `Kunde` (kann über den Code r76yi4 heruntergeladen werden):

```
class Kunde {
  private String name;
  private Buch[] ausgelieheneBuecher;
  private int anzahlBuecher;

  public Kunde(String nm) {
    name = nm;
    ausgelieheneBuecher = new Buch[5];
    anzahlBuecher = 0;
  }

  public void buchAusleihen(Buch b) {
    if (anzahlBuecher < ausgelieheneBuecher.length) {
      ausgelieheneBuecher[anzahlBuecher] = b;
      anzahlBuecher = anzahlBuecher + 1;
    }
    else {
      System.out.println("Du darfst höchstens " + ausgeliehene-
          Buecher.length + " Bücher gleichzeitig ausleihen.");
    }
  }
```

```
public Buch buchZurueckgeben(Buch b) {
  Buch rueckgabe = new Buch("", "", "", 0, 0);
  int indexRueckgabe = ausgelieheneBuecher.length;
  for (int i = 0; i < anzahlBuecher; i++) {
    if (b.equals(ausgelieheneBuecher[i])) {
      indexRueckgabe = i;
      ausgelieheneBuecher[i] = null;
    }
  }
  for (int i = indexRueckgabe; i < anzahlBuecher - 1; i++) {
    ausgelieheneBuecher[i] = ausgelieheneBuecher[i + 1];
  }
  ausgelieheneBuecher[anzahlBuecher - 1] = null;
  anzahlBuecher = anzahlBuecher - 1;
  return rueckgabe;
}

public String nameGeben() {
  return name;
}

public Buch[] ausgelieheneBuecherGeben() {
  return ausgelieheneBuecher;
}

public int anzahlBuecherGeben() {
  return anzahlBuecher;
}
}
```

Implementierung der Klasse Bibliothek (kann über den Code r76yi4 heruntergeladen werden):

```
class Bibliothek {
  private Buecherregal buecherregal;
  private Buch[] buecherliste;
  private Kunde[] kundenliste;
  private int anzahlBuecher;
  private int anzahlKunden;

  public Bibliothek() {
    buecherregal = new Buecherregal();
    buecherliste = new Buch[30];
    kundenliste = new Kunde[10];
    anzahlBuecher = 0;
    anzahlKunden = 0;
  }
```

```
public void kundeHinzufuegen(Kunde k) {
  kundenliste[anzahlKunden] = k;
  anzahlKunden = anzahlKunden + 1;
}

public void buchEinkaufen(Buch b) {
  buecherliste[anzahlBuecher] = b;
  anzahlBuecher = anzahlBuecher + 1;
}

public void buecherregalSortieren() {
  buecherregal.bubblesortBuecheregal();
}

public void nichtEingeraeumteBuecherInsRegalStellen() {
  for (int i = 0; i< anzahlBuecher; i++) {
    if (!buecherliste[i].stehtImRegal()) {
      buecherregal.buchEinstellen(buecherliste[i]);
    }
  }
}

public void buchVerleihen(Buch b, Kunde k) {
  buecherregal.buchMitTitelEntnehmen(b.titelGeben());
  b.ausDemRegalNehmen();
  k.buchAusleihen(b);
}

public void buchZuruecknehmen(Buch b, Kunde k) {
  k.buchZurueckgeben(b);
  b.insRegalStellen();
  buecherregal.buchEinstellen(b);
}
}
```

2 Ochsenrennen

a) Das folgende Klassendiagramm berücksichtigt die Klasse RENNEN sowie die Klasse
   OCHSE als Oberklasse von GLEICHOCHSE, LAUFPAUSEOCHSE und ZICKZACKOCHSE.

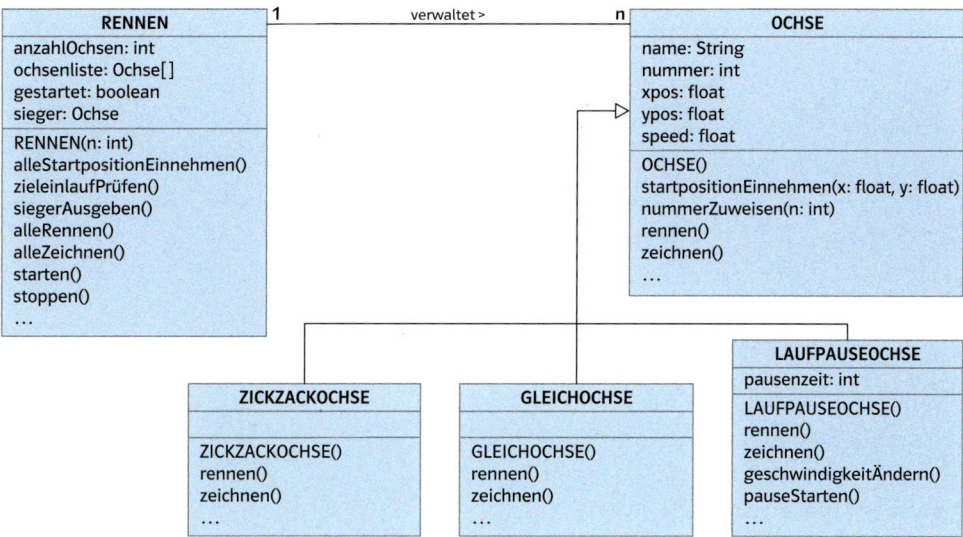

b) Individuelle Lösung, z. B. in einer Umsetzung mit der Entwicklungsumgebung *Processing*
   (kann über den Code r76yi4 heruntergeladen werden):

```
class Rennen {
  private int anzahlOchsen;
  private Ochse[] ochsenliste;
  private boolean gestartet;
  private Ochse sieger;

  public Rennen(int n) {
    anzahlOchsen = n;
    ochsenliste = new Ochse[n];
    for (int i = 0; i< n; i++) {
      float zufallstyp = random(30);
      if (zufallstyp < 10) {
        ochsenliste[i] = new LaufPauseOchse();
      }
      else if (zufallstyp < 20) {
        ochsenliste[i] = new GleichOchse();
      }
      else {
        ochsenliste[i] = new ZickzackOchse();
      }
    }

    gestartet = false;
    sieger = new Ochse();
    alleStartpositionEinnehmen();
    alleZeichnen();
  }
```

```
public void alleStartpositionEinnehmen() {
  for (int i = 0; i < anzahlOchsen; i++) {
    ochsenliste[i].startpositionEinnehmen(50, i * 50 + 50);
    ochsenliste[i].nummerZuweisen(i + 1);
  }
}

public void alleRennen() {
  for (int i = 0; i < anzahlOchsen; i++) {
    ochsenliste[i].rennen();
  }
}

public void alleZeichnen() {
  for (int i = 0; i < anzahlOchsen; i++) {
    ochsenliste[i].zeichnen();
  }
}

public void siegerAusgeben() {
  fill(255,255,255);
  textSize(20);
  text("Der Sieger heißt „ + sieger.nameGeben() + ".",50,50);
  text("Er hat die Platznummer „ + sieger.nummerGeben(),
      50, 80);
}

public void zieleinlaufPruefen() {
  for (int i = 0; i < anzahlOchsen; i++) {
    if (ochsenliste[i].xposGeben() >= width - 100) {
      sieger=ochsenliste[i];
      stoppen();
      siegerAusgeben();
    }
  }
}

public void starten() {
  gestartet = true;
}

public void stoppen() {
  gestartet = false;
}

public int anzahlOchsenGeben() {
  return anzahlOchsen;
}
```

```java
    public boolean istGestartet() {
        return gestartet;
    }

    public Ochse siegerGeben(){
        return sieger;
    }
}

class Ochse {
    protected String name;
    protected int nummer;
    protected float xpos;
    protected float ypos;
    protected float speed;

    public Ochse() {
        name = "?";
        nummer = 0;
        xpos = 0;
        ypos = 0;
        speed = 0;
    }

    public void zeichnen() {
        ;
    }

    public void rennen() {
        ;
    }

    public int nummerGeben() {
        return nummer;
    }

    public void startpositionEinnehmen(float x, float y) {
        xpos = x;
        ypos = y;
    }

    public void nummerZuweisen(int nr) {
        nummer = nr;
    }

    public float xposGeben() {
        return xpos;
    }
```

```
    public float yposGeben() {
      return ypos;
    }

    public String nameGeben() {
      return name;
    }
}

// Ochse, der gemächlich mit gleicher Geschwindigkeit trottet
class GleichOchse extends Ochse {
    public GleichOchse() {
      name = "Gleich" + round(random(10, 99));
      speed = random(3, 10);
    }

    public void rennen() {
      xpos = xpos + speed;
    }

    public void zeichnen() {
      fill(0, 255, 0);
      circle(xpos, ypos, 20);
      fill(0, 0, 0);
      textSize(12);
      text(nummer, xpos - 8, ypos + 6);
    }
}

// Ochse, der zwischendurch Pause macht
class LaufPauseOchse extends Ochse {
    int pausenzeit;
    public LaufPauseOchse() {
      name = "LaufPause" + round(random(10, 99));
    }

    public void geschwindigkeitAendern() {
      speed = random(10, 30);
    }

      public void pauseStarten() {
      pausenzeit = round(random(30));
    }

    public void rennen() {
      if (pausenzeit < 0) {
        geschwindigkeitAendern();
        xpos = xpos + speed;
      }
```

```
    else {
      pausenzeit = pausenzeit - 1;
    }
    if (random(10) > 9) {
      pauseStarten();
    }
  }

  public void zeichnen() {
    fill(0, 0, 255);
    square(xpos, ypos, 20);
    fill(255, 255, 255);
    textSize(12);
    text(nummer, xpos + 3, ypos + 14);
  }
}


// Ochse, der im Zickzack läuft
class ZickzackOchse extends Ochse {
  public ZickzackOchse() {
    name = "Zickzack" + round(random(10, 99));
    speed = random(3, 9);
  }

  public void rennen() {
    xpos = xpos + speed;
    ypos = ypos + 10 * sin(xpos / 10);
  }

  public void zeichnen() {
    fill(255, 0, 0);
    triangle(xpos - 10, ypos + 10, xpos + 10, ypos, xpos - 10,
        ypos - 10);
    fill(255, 255, 255);
    textSize(10);
    text(nummer, xpos - 9, ypos + 4);
  }
}
```

Die Klasse `Ochsenrennen` ist für den Programmstart, den Ablauf und die Interaktion zuständig.
Bei folgender Umsetzung wird das Rennen mit der Leertaste gestartet und kann durch Drücken der Maustaste gestoppt und wieder gestartet werden. Das Drücken der Taste „s" bewirkt einen Neustart.

```
private Ochsenrennen ren;
public void settings() {
  size(1200, 800);
}
```

```
public void setup() {
  stroke(255, 255, 255);
  frameRate(20);
  hintergrundZeichnen();
  ren = new Rennen(14);
  ren.alleZeichnen();
}

public void draw() {
  if (ren.istGestartet()) {
    hintergrundZeichnen();
    ren.zieleinlaufPruefen();
    ren.alleRennen();
    ren.alleZeichnen();
  }
}

public void mousePressed() {
  if (ren.istGestartet()) {
    ren.stoppen();
  } else {
    ren.starten();
  }
}

public void keyPressed() {
  if (key == 's') {
    hintergrundZeichnen();
    ren.alleStartpositionEinnehmen();
    ren.alleZeichnen();
  }
}

public void hintergrundZeichnen() {
  background(0, 0, 0);
  line(width - 100, 0, width - 100, height);
}
```

Register

Register

Register

Register

Bildquellen

Action Press GmbH, Hamburg (United Archives / De Agostini), **200.1**; akg-images, Berlin (Science Photo Library / Us Naval Historical Center Us Navy), **237.2**; Alamy stock photo, Abingdon (Alexey Stiop), **3.2**; **196.3**; Alamy stock photo, Abingdon (Ancient Art and Architecture), **205.2**; Alamy stock photo, Abingdon (imageBROKER/Konrad Wothe), **243.2**; Alamy stock photo, Abingdon (Juergen Schwarz), **231.1**; Alamy stock photo, Abingdon (PJF Military Collection), **237.1**; Alamy stock photo, Abingdon (UPI/Heinz Ruckemann), **160.1**; Convar, Pirmasens, **192.1**; **192.2**; ddp media GmbH, Hamburg (Mario Moschel), **191.1**; ddp media GmbH, Hamburg (Torsten Silz), **191.2**; Getty Images Plus, München (DigitalVision/Alistair Berg), **164.4**; Getty Images Plus, München (E+/shayes17), **159.3**; Getty Images Plus, München (E+/simonkr), **186.2**; Getty Images Plus, München (E+/Wavebreak), **151.1**; Getty Images Plus, München (iStock/metamorworks), **187.1**; Getty Images Plus, München (iStock/RolandStollner), **167.1**; Getty Images Plus, München (iStock/structuresxx), **172.3**; Getty Images Plus, München (Stone/ David Malan), **156.2**; Getty Images RF, München (Moment/Catherine MacBride), **00.1**; Getty Images, München (Getty Images News/Barton Gellman), **189.1**; https://securelist.com/wannacry-ransomware-used-in-widespread-attacks-all-over-the-world/78351/, **241.1**; imago images, Berlin (Fernando Baptista), **205.1**; imago images, Berlin (Thomas Trutschel), **190.1**; imago images, Berlin (Volkmann), **176.2**; iStockphoto, Calgary, Alberta (Georgios Kollidas), **207.2**; iStockphoto, Calgary, Alberta (Jimak), **154.1**; laif, Köln (Kendrick Brinson/Luceo), **208.1**; Picture-Alliance, Frankfurt/M. (akg-images), **181.1**; Picture-Alliance, Frankfurt/M. (dpa - Fotoreport/Patrick_Hertzog), **235.1**; Picture-Alliance, Frankfurt/M. (dpa-infografik), **234.1**; Picture-Alliance, Frankfurt/M. (Patrick Pleul/dpa-Zentralbild/ZB), **195.1**; Picture-Alliance, Frankfurt/M. (Reuters/Chip East), **193.2**; ShutterStock.com RF, New York (ALPA PROD), **145.1**; ShutterStock.com RF, New York (bokan), **165.1**; ShutterStock. com RF, New York (Ditty_about_summer), **173.2**; ShutterStock.com RF, New York (Rawpixel.com), **193.1**; stock.adobe.com, Dublin (Alexander Limbach), **196.1**; stock.adobe.com, Dublin (alphaspirit), **138.4**; stock.adobe.com, Dublin (ARochau), **244.1**; stock.adobe.com, Dublin (charles taylor), **196.4**; stock.adobe.com, Dublin (Cheattha), **196.2**; stock.adobe.com, Dublin (Countrypixel), **213.1**; stock.adobe.com, Dublin (Denys Prykhodov), **182.2**; stock.adobe.com, Dublin (Günter Menzl), **158.1**; stock.adobe.com, Dublin (Katharina), **228.1**; stock.adobe.com, Dublin (michele goglio), **188.2**; stock.adobe.com, Dublin (Monkey Business), **224.2**; stock.adobe.com, Dublin (Montri), **138.1**; stock.adobe.com, Dublin (Nejron Photo), **248.1**; stock.adobe.com, Dublin (pondchao), **153.5**; stock.adobe.com, Dublin (Superingo), **248.2**; stock.adobe.com, Dublin (Syda Productions), **176.1**; stock.adobe.com, Dublin (Tuomas Kujansuu), **3.1**; **138.3**; stock.adobe.com, Dublin (VadimGuzhva), **220.1**; stock.adobe.com, Dublin (whitehoune), **138.2**; Thinkstock, München (iStock/LenSoMy), **150.3**; Thinkstock, München (iStock/mikdam), **243.1**; Uwe Alfer, Kråksmåla, Alsterbro, **140.1**; **140.2**; **140.3**; **140.4**; **141.1**; **142.1**; **143.1**; **143.2**; **144.1**; **144.2**; **145.2**; **146.1**; **146.2**; **146.3**; **146.4**; **147.1**; **147.2**; **147.3**; **147.4**; **147.5**; **147.6**; **148.1**; **148.2**; **149.1**; **150.1**; **150.2**; **151.2**; **151.3**; **152.1**; **152.2**; **153.1**; **153.3**; **154.2**; **155.1**; **155.2**; **155.3**; **156.1**; **156.3**; **156.4**; **157.1**; **158.2**; **159.1**; **159.2**; **160.2**; **160.3**; **161.1**; **161.2**; **161.3**; **161.4**; **161.5**; **161.6**; **162.1**; **162.2**; **162.3**; **162.4**; **163.1**; **163.2**; **163.3**; **164.1**; **164.2**; **164.3**; **166.1**; **166.2**; **167.2**; **168.1**; **168.2**; **169.1**; **169.2**; **169.3**; **170.1**; **170.2**; **171.1**; **171.2**; **171.3**; **172.1**; **172.2**; **173.1**; **174.1**; **174.2**; **174.3**; **175.1**; **177.1**; **177.2**; **177.3**; **178.1**; **178.2**; **178.3**; **179.1**; **180.1**; **182.1**; **183.1**; **183.2**; **184.1**; **184.2**; **185.1**; **186.1**; **188.1**; **194.1**; **194.2**; **194.3**; **195.2**; **195.3**; **198.1**; **201.1**; **201.2**; **202.1**; **202.2**; **203.1**; **203.2**; **204.1**; **206.1**; **207.1**; **208.2**; **209.1**; **209.2**; **209.3**; **209.4**; **209.5**; **210.1**; **210.2**; **211.1**; **211.2**; **212.1**; **212.2**; **212.3**; **213.2**; **214.1**; **214.2**; **218.1**; **218.2**; **220.2**; **221.1**; **221.2**; **221.3**; **221.4**; **221.5**; **221.6**; **221.7**; **222.1**; **222.2**; **223.1**; **223.2**; **224.1**; **225.1**; **226.1**; **227.1**; **227.2**; **228.2**; **228.3**; **232.1**; **232.2**; **233.1**; **239.1**; **239.2**; **239.3**; **240.1**; **242.1**; **242.2**; **242.3**; **242.4**; **245.1**; **249.1**; **249.2**; **249.3**; **249.4**; **250.1**; **250.2**; **250.3**; **250.4**; **250.5**; **250.6**; **250.7**; **251.1**; **251.2**; **251.3**; **251.4**; **251.5**; **252.1**; **252.2**; **252.3**; **252.4**; **252.5**; **253.1**; **253.2**; **253.4**; **254.1**; **254.2**; **254.3**; **254.4**; **254.5**; **254.6**; **254.7**; **254.8**; **254.9**; **254.10**; **254.11**; **255.1**; **255.2**; **255.3**; **255.4**; **256.1**; **257.1**; **257.2**; **257.3**; **259.1**; **259.2**; **259.3**; **259.4**; **260.1**; **260.2**; **260.3**; **260.4**; **261.1**; **261.2**; **261.3**; **261.4**; **261.5**; **262.1**; **262.2**; **262.3**; **263.1**; **263.2**; **266.1**; **266.2**; **266.3**; **274.1**; **274.2**; **274.3**; **275.1**; **275.2**; **276.1**; **277.1**; **277.2**; **278.1**; **278.2**; **280.1**; **280.2**; **280.3**; **280.4**; **280.5**; **280.6**; **280.7**; **280.8**; **281.1**; **282.1**; **283.1**; **283.2**; **286.1**; **289.1**;

Textquellen

Aus: Computer Viruses - Theory and Experiments. Introduction and Abstract, https://web.eecs.umich.edu/~aprakash/eecs588/handouts/cohen-viruses.html (c) 1984, Fred Cohen, **239.1**; Aus: Jaspers, Karl: Wohin treibt die Bundesrepublik? R. Piper & Co. Verlag, München 1966, **197.1**; Manifest für Agile Softwareentwicklung, Autoren: Kent Beck, Mike Beedle, Arie van Bennekum, Alistair Cockburn, Ward Cunningham, Martin Fowler, James Grenning, Jim Highsmith, Andrew Hunt, Ron Jeffries, Jon Kern, Brian Marick, Robert C. Martin, Steve Mellor, Ken Schwaber, Jeff Sutherland, Dave Thomas. Dt Übers. von Heitor Roriz Filho; Ilja Preuss; Marc Bless; Fabian Ehls; Stefan Roock; Jutta Eckstein; Stefan Hoehn; Bernd Schiffer u.a. http://agilemanifesto.org/iso/de/manifesto.html (c) 2001, bei den Autoren, **247.1**; Modernes Graffito, **139.1**; nach Pressemitteilung des Digitalverbands Bitkom v. 27.03.2015, **240.1**;

Die Reihenfolge und Nummerierung der Bild- und Textquellen im Quellennachweis erfolgt automatisch und entspricht u. U. nicht der Nummerierung der Bild- und Textquellen im Werk. Die automatische Vergabe der Positionsnummern erfolgt in der Regel von links oben nach rechts unten, ausgehend von der linken oberen Ecke der Abbildung.